Tales of teachers:
Case Studies and reflections from CFL classroom in North America

北美故事
美国一线汉语教学案例与反思

刘志刚 —— 主 编
刘 刚　汪海霞　赵英英　栾 奕 —— 副主编

北京大学出版社
PEKING UNIVERSITY PRESS

图书在版编目（CIP）数据

北美故事：美国一线汉语教学案例与反思 / 刘志刚主编. — 北京：北京大学出版社，2021.3

ISBN 978-7-301-31246-9

Ⅰ.①北… Ⅱ.①刘… Ⅲ.①汉语－对外汉语教学－教学研究 Ⅳ.①H195.3

中国版本图书馆CIP数据核字（2020）第017636号

书　　名	北美故事——美国一线汉语教学案例与反思 BEIMEI GUSHI——MEIGUO YIXIAN HANYU JIAOXUE ANLI YU FANSI
著作责任者	刘志刚　主编
责任编辑	路冬月
标准书号	ISBN 978-7-301-31246-9
出版发行	北京大学出版社
地　　址	北京市海淀区成府路 205 号　100871
网　　址	http://www.pup.cn　　新浪微博：@北京大学出版社
电子信箱	zpup@pup.cn
电　　话	邮购部 010-62752015　发行部 010-62750672　编辑部 010-62753374
印刷者	北京中科印刷有限公司
经销者	新华书店
	720 毫米×1020 毫米　16 开本　18.25 印张　379 千字 2021 年 3 月第 1 版　2021 年 6 月第 2 次印刷
定　　价	88.00 元

未经许可，不得以任何方式复制或抄袭本书之部分或全部内容。
版权所有，侵权必究
举报电话：010-62752024　电子信箱：fd@pup.pku.edu.cn
图书如有印装质量问题，请与出版部联系，电话：010-62756370

主编简介

刘志刚

北京语言大学对外汉语专业硕士，汉语教师及汉语教学培训师。2009年硕士毕业后先后任教于厦门大学、上海新东方学校、北京德国使馆学校、美国蒙哥马利奥本大学孔子学院、美国印第安纳国际学校，同时为兰州大学、西北大学、西北师范大学、赣南师范大学等国内多所高校的特聘汉语国际教育专业实践指导教师。

2014年7月出版《麻辣汉语》（商务印书馆），为中国大陆首部对外汉语教学题材大众作品；2016年8月出版《一个对外汉语教师的手记》（世界图书出版公司）；2020年2月出版《多媒体辅助汉语教学案例集》（北京语言大学出版社）。

微信公众号、荔枝微课："麻辣汉语"

个人网站：www.liuzhigang.me

副主编简介

刘 刚

美国卡耐基梅隆大学现代语言系教学副教授，中文项目负责人，《汉语学习与教学研究》执行主编，西宾州中文教师协会董事会成员。美国密西根大学东亚语言文学系博士，加拿大西安大略大学比较文学系硕士，北京语言大学古典文学系硕士。自2010年起在卡耐基梅隆大学现代语言系任教至今，曾开设多门初、中、高级汉语语言课程，以及面向高级汉语学习者的中文文化课程，内容涉及中国传统哲学、古典文学与古典诗歌、鬼故事与鬼文化、中国现代社会热点、中国纪录片等等。研究兴趣包括中国古典诗歌和古典文学、中国笔记小说、对外汉语语言与文化教学理论。著有五册童书系列《洛洛汀神游上古》（新星出版社，2021年）。合编有《传统与现代：海外中文文化教学》《北美故事：美国一线汉语教学案例与反思》《跨文化交际案例：汉语教师海外工作实训教程》《生存攻略案例：汉语教师海外生活实训教程》等书（北京大学出版社）。

汪海霞

美国匹兹堡大学教育学博士，匹兹堡大学亚洲研究中心教学主管，卡耐基梅隆大学高级讲师，美国西宾州中文教师协会董事会成员。曾获梅隆研究基金资助，在剑桥大学李约瑟研究所访学。研究兴趣包括跨文化交际与传播、汉语国际教育、教师培训等，有多年中美大学教学经验，发表中英文论文多篇。合著《当代媒介素养教程》，合编《跨文化交际案例：汉语教师海外工作实训教程》《生存攻略案例：汉语教师海外生活实训教程》《传统与现代：海外中文文化教学》及《北美故事：美国一线汉语教学案例与反思》（北京大学出版社）。

赵英英

拥有汉语言文学学士，美国统合艺术教学硕士学位，从事对外汉语教学十余年，曾任教国内国际学校、双语学校、美国公立小学，擅长寓教于乐，创意学习，并在教学中不断探摸索育人的方法，关注孩子全方位发展，积极进行正面管教，与孩子共情共赢。

奕奕

本科毕业于南开大学汉语言文化学院对外汉语专业，后赴美国纽约大学攻读研究生学位，专业为对外汉语教学和对外英语教学。在毕业及取得纽约州k-12年级中英文教学资格证后，进入纽约皇后市一所公立高中，教授九年级美国学生班的中文课和中国移民学生班的语文课。后加入北美知名媒体并担任纽约部总经理，现为美国知名餐饮品牌公关经理。

PERFACE | 序

我最初关注到志刚老师是在2013年的微博上，那时微博正火，但从事对外汉语工作的博主并不多，志刚老师是微博上比较活跃的少数几个对外汉语教师之一。他经常会分享教学中的心得，短短的文字中洋溢着他对这份工作的热情，也展露出他在教学上独有的灵气，令我这个曾经的汉语教师深感后生可畏。

后来，志刚老师出版了他的处女作《麻辣汉语》，他在微博上做了很多展示宣传。这是一部令人耳目一新的作品。外国学生在学习汉语时，受母语、思维习惯以及文化差异的影响，经常会对汉语词汇进行一些"另类"组合，"发明"出一些奇特的用法。比如，"中国的生活有意思死了""顾客是老天爷"。这些妙语往往令人忍俊不禁。从汉语规范的角度，我们固然可以说它是误用，然而细加玩味，这些意料之外的妙语也有其情理之中的来历。因为这种现象在教学中屡见不鲜，汉语教师们往往将之作为误用纠正了事。而志刚老师却能捕捉到这些奇思妙语作为素材，辅以幽默精准的点评或解读，令读者在解颐一笑中知正误，开包袱。

正是由于欣赏志刚老师这种独到的能力，当他在2015年联系我，表示想要出版一本新书的意愿时，我欣然同意了。当然，我也提出，新书不应是《麻辣汉语》的续集，而应更具特色，更有内涵。志刚老师是那种喜欢挑战自己的作者，我的期待与他的目标不谋而合。在之后半年多的时间里，我们互通了几十封邮件讨论书稿，从框架到内容，从标题到例句，都进行反复切磋。志刚老师在听取我和编辑意见的基础上，不断提出新的创意，加入更精彩的内容，最终完成了一部图文并茂、妙趣横生的佳作《一个对外汉语教师的手记》。

在与志刚老师的合作中，我对他的了解更深了一层。他与很多对外

序 | PERFACE

汉语教师一样，具备吸引学生、驾驭课堂的激情和能力，同时，他还善于捕捉课堂上许多精彩的瞬间和师生交流碰撞的火花，并且他很乐于也很善于将这些亮点提炼淬化为作品，呈现给受众。这正是我们出版人最看重的作者素质。

2016年，志刚老师被教育部中外语言交流合作中心派往美国任教，他很珍惜这个机会，期待在国外的教学带给他更多新的体验和提升。我则鼓励他再接再厉，备战新的选题。由于近年孔子学院的发展，汉语教学的主战场早已转向国外，美国就有大量汉语教师活跃在各类不同的学校、培训班。以我自身的经验和多年来对这个行业的观察了解，不同的课堂，不同的教学形式、教学对象，必能给从教者不同的启迪和灵感，从而生发出多姿多彩的故事，其背后所蕴含的语言交流、文化碰撞、价值认同等多元主题则是非常宝贵的精神矿藏。我于是建议志刚老师，向北美的汉语教师们征集各类好故事，汇编成集，以飨海内外读者。有感于一些我看过的同类作品多有虚假、套路、乏味之弊，我提醒他：希望从这本书中看到美国汉语教师们的各种不同经历和由此引发的思考，希望不是颂歌，不是套话，不是流水账，而是真正能够打动人的真实生动的画面展现，能够挖掘出跨越文化和种族的人性中共通的东西。

之后的策划、组稿和筛选，志刚老师一直与我有交流。他的确遇到了不小的困难，一个优秀的作者往往更不堪忍受做主编的繁难，面对质量参差的稿件、思路各异的作者，难免产生不如自己取而代之的喟叹。志刚老师确曾有过这样的苦闷动摇和改弦易辙之念。此时的我却因面临退休，无法再与他继续原有的合作意向，只能祝愿他找到更好的出版方，谋求最佳的写作方案。但以我对他的了解，我完全相信，他一定能够拿出足以打动读者的好作品。

PERFACE | 序

近三年过去了，我忽然收到志刚老师的微信，告知《北美故事——美国一线汉语教学案例与反思》一书即将出版，希望我为书作序。我还没顾得上看书稿，就在第一时间应允。因为我对这本书期待已久，更对志刚老师信任有加。而当我逐篇阅读书稿时，却不仅感到了期待中的满足，更有超出期待的惊喜与感动。书中所收数十篇文章，角度和风格各有不同，但都真情饱满，情趣盎然，真实再现了北美汉语教学风神各异的原生态。你可以看到面对背景和基础迥异的学生，煞费苦心的老师们如何施展出十八般武艺：教韵母e时咏唱的"鹅，鹅，鹅"，教汉字时的联想式卡片墙，以流行文化来激发学生兴趣的《中国有嘻哈》……而作者们笔下个性鲜活的学生们同样令人掩卷难忘：天真烂漫又暖心的A娃娃，不喜欢中餐的挑剔男生金思，既捣蛋又自尊心强的篮球队长代丹尼，古怪叛逆、原生家庭不幸的女孩凯丽……这些学生对中文从排斥到喜爱的转变背后都有一个老师用爱与沟通演绎出的感人故事。

对外汉语教学所面对的不仅仅是教学技巧、课堂管理、师生关系这类的一般性问题，还需要应对文化差异及种族、宗教等敏感问题。如何应对这些可能引发误解甚至冲突的问题，不仅考验教师的沟通技巧、应变能力，更彰显为师者的精神视野和人文素质。书中有多篇文章记载了汉语教师在遇到各种敏感、棘手问题时展现出的睿智、诚意、同理心和包容心。从口头语"那个"引起的误会尴尬到教成语"凿壁偷光"时学生反馈的啼笑皆非，从666的吉凶两解到礼物风波，老师们直面问题的勇气和真诚，化解矛盾甚至危机时的冷静与巧妙，无不令人感佩叹服。

在美国这样的多元文化环境中，教师们还会遇到一些特殊学生，如来自领养家庭的华裔儿童，性取向或性别认同特殊者，身体残疾或精神疾病、心理疾病患者。对于这些与众不同的特殊学生，尽管每篇文章呈

序 | PERFACE

现的都是不一样的个体,但每位老师给予这些学生的都是同样的关爱、照顾和尊重。每一个"特殊"的故事都如此打动人心,因为我们从中看到了跨越文化与种族的人性之美好。

这本《北美故事》是志刚老师任主编的第一本汉语教学案例集。如今,中国的汉语教师已经遍布世界的各个角落,汉语教学有如绿树繁花,在每一块土地上都生机勃勃而又千姿百态。在这一花一世界的广袤空间里,该有多少如本书一样优美动人的故事悄然发生!期待志刚老师,更期待辛勤执教于五洲四海的汉语教师们,分享出更多的精彩故事,共同谱就汉语走向世界的华彩乐章。

郭 力

CONTENTS 目 录

第一章　课堂管理 /1

驯"悍"记	屈　哲	/3
从"独乐乐"到"众乐乐"	杨　柳	/9
"手机监狱"	张　倩	/12
撞墙的笔袋	李雅婷	/16
你好，代丹尼	单琳琳	/19
被好学生气哭是一种怎样的体验	杨叶青青	/23
情绪的颜色	屈　哲	/28
一颗糖果	赵英英	/33
说"正"字	何雨桐	/38
吾班有丽初长成	马　帅	/42
"小手指"的风波	李　丹	/46

第二章　中文教学 /51

"陌生"的母语	刘成思	/53
我学中文，不是因为我喜欢学中文	李惠文	/57
"鹅，鹅，鹅……"的传说	王海艳	/60
中国有嘻哈	李纳得	/64
歌声与微笑	汪海霞	/67
纸飞机上的梦想	胡捷敏	/72

目 录 CONTENTS

为赋新词"墙"说愁	张 媛	/78
幼吾幼以及人之幼	王书功	/85
座位的故事	刘 刚	/91
The Little Chinese Reader	刘 刚	/97

第三章　文化差异 /105

"那个"的尴尬	王海艳	/107
为什么666啊	杨 洁	/110
当中国成语遇上美国熊娃	商雪茹	/113
孝顺的公式	朱 琳	/117
"愿上帝保佑你"	王 静	/121
你的名字	顾 铮	/125
凉拌黄瓜的温度	杨小艳	/130

第四章　师生故事 /133

当我老了,我要像她那样美	王小戎	/135
短暂却绽放的生命	刘 艳	/139
我的"问题"学生	周晓芳	/145
放开你的心	张艺琳	/149
好学生惹的"祸"	刘启明	/154

CONTENTS | 目　录

没有一个学生是"多余"的	乔娇娇	/158
偏心的老师	丁　清	/163
亮闪闪的绿色盒子	张　婷	/167
送你一个中国碗	柯芳芳	/171
Who cares（谁在乎呢）	黄　芸	/176
当我"踢了"学生之后	刘志刚	/180
小天"告状"	罗丹韵	/185

第五章　多样学生 /189

轮椅男孩（一）	庄爱红	/191
轮椅男孩（二）	庄爱红	/194
清风明月，尤是故人	何　璇	/196
"男"闺蜜	王　静	/202
Tā 爱汉语	张榴琳	/207
老师，能不能给我低一点儿的分数	祁朋乐	/211
我是谁	雷哲超	/215
没有颜色的世界	刘　刚	/221
白天不懂夜的黑	何舟洲	/227
变形记	李　岩	/231
一封未发出的邮件	顾嘉玮	/235
特别的一课	屈　哲	/239

目 录 | CONTENTS

第六章　教书育人 /245

好学生的定义	汪　洋	/247
圆圈代表的含义	韩央央	/253
熊猫贴事件	倪小清	/257
触不到的学生	乔娇娇	/262
象牙塔下的愁云	许尔茜	/267
班上的美国大兵	胡　静	/272
丢失的钱包	沈兴华	/276
学为好人	赵　冉	/280

Tales of teachers
Case Studies and reflections from CFL classroom in North America

北 美 故 事
美国一线汉语教学案例与反思

第一章

课堂管理

导读：

我们这部作品的主题是"美国一线汉语教学"，但是却把看似与这个主题并没有太大直接关系的"课堂管理"，作为这部作品的第一章内容呈现。这恰恰说明，"课堂管理"的关系重大。

这部作品的预定读者群之一，是即将赴美或者刚刚走上美国汉语教学课堂的"新手教师"，倘若这些教师面对的教学对象是未成年的美国中小学生，那么"课堂管理"，将是这些教师要面对的第一个挑战，也是贯穿教学始终的绕不过去的课题——没有有效的课堂管理，有效的课堂教学就无从谈起。

在美国的中小学汉语教学课堂上，如何进行有效的课堂管理？这方面的理论研究、实践培训、经验分享都层出不穷，教师尽可以自己去搜索、学习、吸收。而结合本章中的案例故事以及由此带来的反思，我们总结出以下三个原则性的方法供大家参考：

一要制定有针对性的适合自己班级具体情况的课堂规定，并能坚决而又巧妙地执行下去。《驯"悍"记》中针对不同学生的"各个击破"，《从"独乐乐"到"众乐乐"》中集体奖惩措施与个别学生表现的冲突，《"手机监狱"》中创造性的问题解决方案，或许可以给我们一些启发和灵感。

二要学会管理和处理自己及学生的情绪。《撞墙的笔袋》中把笔袋狠狠摔向墙角的Ethan，《你好，代丹尼》中夺门而出的代丹尼，并不只是故事中的角色，极有可能就是你未来课堂上的真实所遇；《被好学生气哭是一种怎样的体验》，个中的体验也可能来自"差学生"；而要做到像《情绪的颜色》中那样的处理方式，非凡的洞察力、随机应变的处置能力、高度的情绪管理能力则缺一不可——这都是一个汉语教师"教学"之外的修为。

三要透过学生外在的表现洞察其内因，找到其"命门"所在。《你好，代丹尼》，身为一个高中篮球队员的"荣誉感"，是教师开启这个学生心门的钥匙；而在《一颗糖果》中，那个叫杰森的小孩子，因为一颗糖果而跟老师展开的"拉锯战"，其各种"嚣张"表现，却是因为他内心的无助和失衡造成的。

以上三点，尤其是最后一点，既是经验的分享、方法的总结，又是一个问题的启迪：课堂管理的本质，到底是什么？

我在《说"正"字》的后记中，找到了一种答案：

"课堂管理的核心其实并不在于炫目多样的奖励和惩罚机制，而是要摘掉有色眼镜，公正公平地对待、理解和尊重每一个学生，再将外部动力转化为学生求知的内在动力。"

第一章 课堂管理

驯"悍"记

屈哲，华中师范大学英语专业学士，高中英语教师。2017年通过教育部中外语言交流合作中心公派教师项目赴美任教，为美国亚拉巴马州奥本大学蒙哥马利分校孔子学院中文教师，教授中文和中国文化课程。

如果说班上有一个熊孩子会让老师回肠九转，那班上有一帮熊孩子，应该会让老师肝肠寸断了。而每每说到"熊孩子"这个话题，我脑海里总会浮现出一帮小"悍匪"的画面：精力旺盛的Hudson，助纣为虐的Alex，神游天外的Amanda，好为人师的Georgia，爱管闲事的Austria，脑洞清奇的Peter……他们个个招式各异，破坏力却惊人的一致，令我无时无刻不如坐针毡。而回望这段经历，我从开始的手足无措，到中期的斗智斗勇，到最后的如鱼得水，收获的不光有这帮"小悍匪"对于中文和我本人的认同与喜爱，也有我对少儿汉语教育的全新领悟。

出师不利

"The Chinese teacher is here！"

我的身影刚刚出现在一年级教室门口，就有眼尖的小朋友注意到了。我所任教的小学校区教室紧张，中文这个相对"年轻"的科目暂时没有办法安排独立的教室，意味着我每一节课都是"客场作战"。小家伙们在自己的地盘"以逸待劳"，相比之下会更加自在。当然，也可能更加放肆。

我微笑着进入教室，先做了简单的自我介绍，小家伙们瞪着大眼睛聚精会神地听着，"应该是一个比较听话的班级"，我暗自想着。因为我是这个校区第二任中文老师，按照惯例，第一次见面我会对学生的情况摸个底。"你们学了哪些中文知识啊?"我抛出了这个问题。

万万没想到这成了"风暴"的导火索。

听到问题,班上轰的一声炸了锅。小家伙们自说自话:"color!""妈妈!""我知道dragon用中文怎么说!"……一声声此起彼伏。我竭力示意大家安静,课堂稍微稳定之后,我点了一个拼命举手、屁股几乎已经离开座位的小朋友回答问题。"你叫什么?"我问。"我叫Hudson。""你好,Hudson。你学过哪些中文啊?"我继续问。Hudson眼珠一转,怪腔怪调地回答:"I forgot!"这下可好,好不容易安静下来的班级又哄堂大笑,笑得最开心的莫过于"始作俑者"Hudson。此时听到教室嘈杂的一年级老师Mrs. Cutts匆匆赶来,一声"Quiet, first grade"镇住了学生,这场闹剧才告一段落。

魔高一丈

第一次上课以我的"落荒而逃"告终,接下来的两三次课也并不如人意。班上学生似乎已经拿准了我的弱点,慢慢开始肆无忌惮起来,连同本来比较好学也比较听话的学生也有"投敌"的倾向。令我忧心的并不光是"造反派"对课堂的影响,各种各样的突发状况也在削弱着我对课堂的控制力:Matthew每节课固定要去上厕所、喝水,而跟风效应导致更多的孩子也要一起去;班上的Peter上课格外爱举手,然而被点到以后他都要说一堆和教学内容无关的话,但是如果不点他,他就会一直举手;Ella对中文特别热爱,每节课至少提问一个"××用中文怎么说"的问题,但得到答案后往往又迅速忘掉了;Austria特别爱"举报"其他同学的违纪行为,而被举报的同学通常矢口否认,接下来便是一番激烈争吵;Georgia学中文很快,却特别爱抢答,每次我抛出问题,她便很快地大声说出答案,惹来很多同学不满……像你这样的情况,令人应接不暇。

更令我不解的是,我在初、高中中文课堂屡试不爽的"活泼自由"风格面对这一帮小家伙失效了!

也许我刻意打造的和蔼可亲的形象,让这帮孩子误以为"有机可乘",我决心做出战略调整。新的一周中文课刚开始,我一脸严肃地跟学生们说:"从这节课起,我希望大家能够遵守纪律,否则我就要动用惩罚机制了!"这句话果然起了效果,小家伙们脸上都露出了一丝畏惧的表情,这正是我想要看到的。接下来的课上起来就容易多了。然而好景不长,小捣蛋鬼Hudson又开始和小跟班Alex说起话来，还吸引了不少目光，学生们饶有兴致地看着两个活宝打闹，课堂又慢慢开始涣散了。我刚刚立下的"权威"岂容两个小捣蛋鬼挑战，我立马走过去，命令他俩坐到"安静椅"（quiet seat）上面去。说是"安静椅"，其实就是教室里面多出来放在一边的椅子。有些美国老师会专门设置类似的座位，给那些违反课堂纪律的学生，让他们思过。我现学现卖，希望能够"杀一儆百"。

然而我还是处理得太简单了。Hudson和Alex显然见过"大风浪"，略施小惩根本没有被他们当回事。尽管我表情严肃，让他们坐在那里不要乱动，但是却挡不住他们对着投来好奇目光的同学吐舌头做鬼脸。见到这一幕的孩子们乐得哈哈大笑，又引来了更多孩子围观。如果刚刚课堂还勉强在可控范围之内，这下可真是无法收拾了。我一边大声说"Guys, I need your attention"，一边还得应付其他学生。好提问的Ella又开始举手问我："屈老师，unicorn用中文怎么说？"我明明上周已经教过她了！那边Amanda双目无神，估计心已经飞出教室了。Peter已经酝酿好了一番漫谈，准备说给我听。Austria指责Landon上课和同桌说话，而Landon觉得Austria侵犯了他的权利……

小家伙们，这是逼着我"缴械"啊！

约法三章

然而"缴械"不过是一时气话，遇上一点儿困难就退缩，怎么对得起我当初"传播中华文化"的豪言壮语？

冷静下来的我开始思考目前的状况。平心而论，这群一年级的小学生并非"罪大恶极"，只是他们这个年龄段还停留在幼儿园宽松的课堂氛围里，没有纪律概念，需要老师多加约束。而我最大的失误就是没有提前声明学生在课堂上必须遵守的规定。此时，学生已经有了心理预设，我"严厉"的形象短时间内很难重新树立。每个班级每周只有短短半个小时中文课，又是在他们自己的教室，我这个"游击"老师很难对问题学生形成实质性的"威胁"。频繁求助于Mrs. Cutts也是不合适的。这半小时本来就是我的责任，老麻烦她是挤占她的休息时间，也显得我这个中文老师有些太无能了。

既然要解决问题，就该对症下药。我整理了一下班里学生存在的突出问题，结合自身经验和同事建议，开始逐一探索解决办法。

第一，我应该改变自己的心态。小学阶段的孩子积极活泼，易于调动，这是天性。如果能利用好这一点，课堂会变得十分生动。但是如果不加节制，就会导致课堂秩序混乱。

第二，小学生思维简单，初、高中行之有效的说教策略对小学生效果会打折扣，我也应该制定具体的纪律要求，而不是简单地以"Quit talking""Listen to me""Be respectful"这样没有太多指导性的话来进行课堂管理。

第三，必须辅以奖励机制，来团结一部分愿意主动学习的学生。

再下一周，我开始有针对性地逐条公布班级纪律和"人事"任命：

上课不鼓励但允许上厕所、喝水，一次只能一人。

上课提问必须先举手，征得老师同意方能说话。违反规定者，第一次口头警告，剥夺一节课举手权，第二次违反则加入"无声俱乐部"（Silent Club）——还是以前的"安静椅"，不过鉴于班级的实际情况，刚开始恐怕需要一张大桌子才能坐下，Hudson当督管，专"抓"随意发言者。

上课无故交谈打闹者，直接进"无声俱乐部"。

每次"无声俱乐部"人数超过5人，下周视频播放取消。这一招切中了要害。小家伙们对于每节课播放的小视频，无论是中华文化介绍还是中文歌曲，都有极大的热情。

规定每周每人提问"××用中文怎么说"的次数，一般为一周一次，特殊情况可以申请额外加一次。但是追加监督机制，下一周老师亲自检查，如果不记得自己所问问题的答案，剥夺一次提问的权利。而为避免下一周忘记检查，我"随机"任命了热心的Austria做助理，每周提醒我检查上周提问的学生。

每周表现优异和相较上一周表现进步的同学将获得奖励。

规定实行第一周，上厕所的人略有减少，还时不时有人忘记规定，在有人已经去厕所的情况下举手，均被我拒绝。

"无声俱乐部"人满为患。督管Hudson也因为自身监管不严被人举报，极不情愿地丢了"乌纱帽"，成了被督管的。我格外留心"无声俱乐部"的情况，只要有异常情况出现便停止上课，直至恢复安静。

Georgia得到一次警告之后，课上再没抢过话。Peter的发言权被限制，他极为不满，利用规则漏洞，指出无法分辨提问者究竟是要问问题还是要上厕所，意图阻挠"改革"，我顺水推舟，规定了喝水和上厕所的固定手势，以将其和提问举手区分开来。

Ella意识到这一规定给她带来的难度，没有使用追加权，只问了一个问题，这一次听到答案时明显谨慎了许多。倒是有几名学生听说老师要检查，各自主动提了一个问题，并称一定会通过我的检查，这令我欣喜不已。

有数名同学因表现优异获得了奖励。

实行第二周，大家开始习惯上厕所的规定。"无声俱乐部"人数有所减少，整体秩序无须我维持。Hudson和Alex"二进宫"，但是我答应Hudson只要他下周表现好，便让他"官复原职"，小家伙很期待。有两名上周进过"无声俱乐部"的同学获得了表现进步奖励。"无声俱乐部"人数刚好5人，我勉为其难地答应不取消下周的视频播放，全班欢腾。

规定实施第三周，我上了该班有史以来最成功最轻松的一堂课。

花开有时

接下来的时间，一切都水到渠成。虽然时不时还有学生故态复现，但是我也抓住这样的机会，反思课堂奖惩机制，完善细则。在规定和奖励双重刺激下，课堂氛围在向更好的方向发展。他们不仅迅速赶上了因为课堂低效所落下的课程，所学内容甚至超出了我原本的教学计划。

两个月后，校长坐进了我的一年级课堂。她从其他老师那里听说了一年级中文课堂的变化，很好奇我这远道而来的老师是怎样"降服"这一帮"混世魔王"的。课后，她对我竖起了大拇指："Mr. Qu, you really did an amazing job！"我微微一笑。一年级的转变无疑是对我努力付出的回报。更重要的是，这一出真人"驯悍记"给了我莫大的信心。只要肯花时间，找对方法，多么"剽悍"的学生都能"拿下"！

后 记

　　课堂规则是确保课堂秩序的基础，是有效教学的重要条件。规则一旦建立，师生均必须严格遵守，防微杜渐。同时，规则并非一成不变，也可在基本原则不变的前提下，随实际情况略做调整。这才是灵活有效的课堂管理。

此外，不同年龄段的孩子有不同的心理特征，教师应当善加观察、利用，着力营造轻松、有序、高效的课堂环境。聪明的教育者，应该善于在不同学生面前扮演不同角色，善于针对不同的班级氛围选择合适的引导方法。学生若勤学好问，教师不妨让其自由生长；而学生若是"悍匪"，教师也要不惧做"山大王"！

第一章 课堂管理

从"独乐乐"到"众乐乐"

杨柳,山东曲阜师范大学历史教育专业学士,美国瓦尔帕莱索大学教育专业研究生。从2005年8月开始先后在青岛第一国际学校、青岛耀中国际学校、青岛国开中学国际部从事对外汉语教学和中国文化推广的工作。写作本文时,任教于美国纽约爱文世界学校,担任小学中文沉浸项目班主任,教授中文、数学及世界课等课程。

  作为一个在国际学校摸爬滚打十几年的老对外汉语人,经常会感觉自己是在中西方教育的夹缝中生存,总是有种想亲手揭开西方教育神秘面纱的冲动,于是在接近不惑的年纪,我鼓足勇气,拖家带口来到了纽约,开始了美国汉语教师的新生涯。

  记得每年开学之初,老师们的必备功课之一就是制定班级奖评措施,奖品从我们再熟悉不过的小红花、小星星到各种糖果、玩具,甚至有的老师把奖励加分制度设计成各种游戏,比如植物大战僵尸、贪吃蛇等,真的是脑洞大开,五花八门。其结果就是积极优秀的学生得到的奖励多,而那些调皮的熊孩子甚少与奖励有缘。为了起到激励的作用,绝大部分老师都会把奖励的结果公布出来,张贴在教室最明显的位置,一眼扫过去,你就会不自觉地合并同类项,将一个班级的学生划分成不同的档次。

  在来美国之前,我也认为这是刺激学生进步的最有效的手段,并为此而绞尽脑汁。但是当我踏进美国小学的教室,我很奇怪地发现无论在中文还是英文班级,都看不到任何关于学生个人的奖励措施,后来同事们给我解答了这一疑惑,学校不提倡奖励个人,目的是淡化学生之间或者老师对学生之间的优劣比较,尊重和保护每个学生的情感。但是作为班级管理的"魔法棒",奖励措施肯定是要制定的,否则如何管住这些给点儿阳光就灿烂,稍一松懈就惹祸的熊孩子们呢?经过和英文搭档老师商量,我们决定以班级为单位,进行集体奖励，无论是谁，只要遵守纪律、积极发言，就可以为班级加上一颗豆子，中文课上如果大家整堂课都说中文，可以为班级加上一颗毛绒球，当豆子和毛绒球达到一定数量时，全班同学都会得到老师的小礼物。

我一边尝试着推行这种集体奖励的规定，一边心里打鼓："这个办法能不能调动所有孩子的积极性？""如果有的孩子缺乏集体观念和合作意识，会不会对其他学生产生负面影响？"刚开始的时候，似乎很有效果，孩子们安静整齐地排队，积极踊跃地说中文，认真努力地完成课堂任务，为班级挣了很多豆子和小球，但是好景不长，失去新鲜感的几个小调皮终于忍受不了"乖孩子"的伪装，惹是生非的小心思开始蠢蠢欲动。

那天我在课堂上设计了一个认字的游戏，游戏之前我讲清楚了游戏规则："如果全班同学能在规定时间内认读出所有的汉字，可以为班级加上三颗豆子。"豆子的魔力真是大啊，听到可以加三颗，小朋友们顿时兴奋不已，摩拳擦掌跃跃欲试。为了不给他们太多压力，我又补充了一句："如果遇到不会的字，可以请老师或者同学帮忙，自己跟读一次就算过关。"话音刚落，我仿佛听到有些孩子长舒了一口气。降低了游戏难度，孩子们更加胸有成竹了，一个个挺直了小身板，那炯炯有神的小眼睛好像在告诉我："老师，您就等着给我们加豆子吧。"

游戏紧张激烈而又有序地进行着，孩子们都热情高涨，有的紧握着拳头，有的小声说着"加油，加油"，我也为组织如此成功的游戏暗自欣喜。然而当轮到班里以"调皮"著称的瓦克读字时，我注意到好几次他都读错了，还不愿意请别人帮忙，即使前面同学刚刚读过的字，他仍然支支吾吾地故意读错，读完后还用一种挑衅的眼神扫视着我和其他小朋友，似乎心里还为这种破坏规则的行为沾沾自喜。面对这种公然挑衅，我怒火中烧，但又不能发作，于是严肃地提醒他："请认真读字，不会可以请别人帮忙，否则就去休息椅上休息一下。"他这才极不情愿地说出正确答案。最后的结果可想而知，孩子们并没有在规定的时间内完成任务，所以为了游戏的公正性，我没有给他们豆子。

当我正想以此为例，进行一番如何参与游戏的说教时，教室里突然传出尖厉的哭声，循声望去，平时一个比较敏感的小女孩罗斯正委屈地抹着眼泪，教室里顿时一片慌乱。我知道此时此刻稳定孩子们的情绪非常重要，于是让搭档老师代课，把罗斯和瓦克带出教室进行谈话。瓦克对我说："我觉得这样做很

第一章 课堂管理

好玩,我才不管输赢。"而罗斯说:"我觉得不公平,因为大家都在努力,结果因为一个人不好好做就得不到豆子,太不公平了。"

我相信班里很多孩子都会有和罗斯一样的想法,心中肯定有很多不满,所以我批评了瓦克,让他知道自己那样做并不好玩,会影响到别的小朋友,最后瓦克回到教室给大家道了歉。

世界上不会有两片完全相同的叶子,同样也不会有两个完全相同的孩子。在集体奖励制度下,每个人心中左右平衡的支点是不一样的,维持课堂公平公正,路漫漫其修远,我们还将上下而求索。

后 记

虽然事情暂时得到了平息,但却引起了我深刻的思考,该如何将这个集体奖励做到既能调动学生的积极性又能保持公平呢?我觉得一个最有效的措施就是将奖励过程细化,比如再玩这个游戏的话,我可以将规则改为:在游戏中只要有小朋友积极帮助别人就可以加一颗豆子,小朋友们认真参与游戏并遵守游戏规则可以加一颗豆子,全班在规定时间内正确读出汉字可以加一颗豆子。

针对瓦克这种求关注的心理,我可以在他表现好的时候抓住机会给予鼓励和表扬,满足一下他的"虚荣心",鼓励他积极参与活动,但如果出现影响大家的行为也绝不姑息,提醒警告,让其到休息椅上休息,必要时停止继续参与活动。

评价过程,奖励细节,淡化结果,着眼于整体,又要照顾个人,这是对课堂管理的新要求,也是对教师的新挑战,希望我的努力能够让班里开出集体之花。

"手机监狱"

张倩，广东外语外贸大学汉语国际教育硕士。2014年曾作为汉语教师志愿者在柬埔寨任教一年，2016—2018年在美国中阿肯色大学孔子学院工作，任教于本顿维尔高中，在此期间写作本文。

2016年9月起，我在美国阿肯色州的一所高中教中文。众所周知，处于青春期的高中生个性通常会有些叛逆，美国的中学生同样如此，而且他们的思想更加自由，思维也更为跳跃。所以在我的中文课上怎样对这些学生进行管理，一直是我面临的挑战。

刚开始的一两个月里，我和学生彼此充满了好奇和新鲜感，都觉得对方是美丽的天使。但是随着时间的流逝，我慢慢意识到，学生在课堂上太过自由散漫，上课时间吃东西、来回走动拿纸巾、削铅笔、扔垃圾等。在众多问题中，最让我头疼的就是学生们在课堂上频繁使用手机（几乎每个学生都会带一部手机）。尽管有时候确实是学生家人有急事，需要联系他们，但大多时间他们在课堂上使用手机是为了给朋友、恋人等发短信，浏览Facebook、Twitter、Instagram等应用软件，遇到了好玩的事情就在课堂上拍照、录视频，更有甚者还会在上课时间网上购物。我每次要求学生把手机收起来，他们都有各种各样的理由，因此课堂上经常会出现这样的对话：

"龙东，把你的手机放进书包。"

"张老师，我正在给我爸爸发短信。"

"请给我看一下。"

龙东打开手机，点开爸爸的短信，但是我清楚地看到，那是半个小时前的短信记录，他在撒谎。我拿起他的手机放进了他的书包里。

"熊猫，你在做什么？"

"对不起，张老师，我只是看一下手机。"然后，熊猫就把手机放进了

第一章 课堂管理

口袋。

"王振祥,你在做什么?"看到王振祥在玩手机游戏,我问道。

"我的任务完成了,所以我可以自由活动。"

"但是我们还有下一个任务需要完成。"

"好吧。"

王振祥不耐烦地把手机放进了口袋(王振祥是华裔,学中文总比其他学生要快一些)。

……

这个问题着实困扰我,因为还记得第一天来到学校的时候,我问校长助理教学中有什么需要注意的,他说了很重要的一点:课堂上禁止使用手机。

为了解决这个问题,我向一些当地老师讨教,思前想后,结合他们的经验和建议,我想到一个主意,那就是在教室里设置"手机监狱"(Cellphone Jail)。

所谓"手机监狱",就是我在教室前边摆放一个书架,上面放着写有学生名字的立体卡片,他们的手机将被统一放到这里。

我最开始实行的办法是,要求所有学生一上课就自己把手机放进"手机监狱",或者由一名学生担任"手机监狱"管理员,把手机集中收起来,统一放进去。

可是很快,各种问题就开始显现出来了。

"张老师,他摔了我的手机。"听到了咚咚响的声音后,韩小凤大喊道。"手机监狱"管理员王小伟显得有点儿尴尬和局促不安:"对不起,我不是故意的。"然而韩小凤并不接受,她本来就不想把手机放进"手机监狱",这下更是不依不饶了。我只好快步走到王小伟身边,让他回到座位,亲自完成收集手机的工作,因此浪费了大量课堂时间。

"手机监狱",看起来很酷吧?

"张老师，鲁伟在用手机。"另一位"手机监狱"管理员孔胜利向我举报，但是鲁伟听到后，就特别不礼貌地对孔胜利竖起了中指，眼看一场冲突就要发生了，我赶紧过去，对鲁伟说："在中文课堂要友善待人，不然我就会通知教导主任。"然后把他的手机放进了"手机监狱"。

"张老师，王小伟收了我的手机，但是他自己却在玩手机，这不公平。"龙英雄气愤地跟我说。我看了看王小伟，把他的手机放进"手机监狱"，并且告诉他和其他"手机监狱"管理者，必须做好自己的工作，如果再有第二次，我就会撤消他的工作，然后在这个课堂工作的项目中给他零分。

面对这些问题，我改进了"手机监狱"的管理办法，每堂课前先巡视一圈，然后要求学生把手机放进书包，如果在课堂上我看到了谁违规使用手机，就立刻把他的手机放进"手机监狱"，而"手机监狱"管理员则负责监督，不准学生随便把手机拿走。只有完成了所有的课堂任务，才可以把手机拿回去。如果有哪位学生有特殊情况需要使用手机，必须举手告诉我原因，如果原因合理，他就可以使用。

刚开始使用这个方法的时候，大部分学生都有点儿排斥，但是渐渐地，只要我能做到对所有学生一视同仁，他们便选择遵守规定。而且在此之前，我已经在教室里设置了各种课堂工作，让学生自己选择，所有学生都有自己的工作，大家各司其职，共同遵守规定，其中有一项就是"手机监狱"管理员。但是也有"手机监狱"管理员不负责任，对自己的朋友区别对待，这时就要对他进行惩罚，比如撤消他的管理员资格。

半个学期下来，对手机的管理在不断完善，尽管还有个别学生会冒险尝试使用手机，但整体而言，学生上课使用手机的问题大大减少，"手机监狱"终于发挥了它的作用。我还发现大部分学生都能可爱地说出："手机放进书包！"这让我忍俊不禁，语言的学习果然需要大量的输入。

在美国的中小学教学中，课堂管理尤为重要，每天要和一群"熊孩子"斗智斗勇，真所谓"魔高一尺，道高一丈"。

后 记

在美国的中小学，通常课程安排十分紧凑（以我所在的学校为

第一章 课堂管理

例,每节课90分钟,课间休息5分钟),如果学生自由散漫,很容易导致课堂失去控制,效率降低。因此制定课堂规则尤为重要,而且要严格执行,不然即使准备得再好的课,也会被课堂上各种各样的事情扰乱,影响教学效果。

老师们需要动脑筋,制定属于自己课堂的管理制度,例如"手机监狱"、座位表、电子设备的使用规定等。还可以制定形式多样的奖励制度:放学可以早走五分钟,少完成一项课堂任务,可以得到一件小礼物。还有惩罚制度:必须最后一个离开教室,必须帮老师整理教室等。而对于各种制度的制定,老师不能武断,要和学生讨论,基本达成共识,也要及时向当地老师讨教,学习和借鉴他们的经验,还要和其他中文老师多交流,课堂上多点儿仪式感、形式感和创意,找到最适合学生的管理方法。

撞墙的笔袋

李雅婷，武汉理工大学翻译专业硕士，曾先后任教于湖北华一寄宿学校和某留学语言培训机构，教授过中学国际班留学英语、ETS语言产品——托福、雅思、托业。写作本文时，任教于美国犹他州某小学，教授中文、社会学及科学三门课程。

  作为一名六年级中文老师，我需要教授中文、社会学与科学三门课程。提到六年级，大多数美国老师都会意味深长地打趣道："Sixth graders！"你既不能像教授低年级（幼儿园至三年级）那样用哄的方式，也不能像对待四、五年级那样用规则去约束。不同学校的年级设置也不同，有的学校六年级属于小学阶段最高的一个年级，但也有的学校六年级归于中学阶段。何其有幸，我的学校六年级属于前者；何其不幸，这意味着六年级学生们会自我存在感爆棚。作为学校的"老人"，规章制度他们早已烂熟于心。五年来，流水的中文老师，铁打的这帮学生。虽早已被告知所教班级全校闻名——班上调皮的男生较多，经常被请进校长办公室或叫家长，估计这些在他们心里已经掀不起太大的波澜了。开课前，我已经明白这日子不好过，用"熬"都不为过。

  该来的躲也躲不开，经过了相互试探而相安无事的第一周，我的甜头还没有尝到，"老人"的狐狸尾巴就露出来了。有一次，我们正在上中文词汇复习课，玩一个"苍蝇拍"的游戏。游戏开始前，我就讲清楚了游戏规则，并亲自与一个同学示范给大家看。最后我强调要轻轻地把苍蝇拍递给下一个同学，而不能用丢的方式。刚进行了没几轮，我们班个儿最高的那个男生，我想我会一辈子记住他的名字Ethan，就当着我的面直接将苍蝇拍丢给了下一个女生。我能感觉到有几十双眼睛正饶有兴致地看着这一幕，我沉默了几秒，轻轻地说了句："Ethan，老师能请你现在到教室后面的"思考角"（Think-about-it Corner）去想想吗？"他头也不回地回到自己的座位，用最倔强的语气甩了句

第一章 课堂管理

"I don't",这酷酷的声音中带着不屑与挑衅,他的头昂得很高,骄傲自满莫过于此了。

此时,音色混杂的中文教室突然开启了静音模式,坐在下面的"吃瓜群众"们像好奇宝宝一样等着看后面的"好戏"。我顿了几秒,依旧用柔和的语气对同学们说:"如果Ethan不到后面去站着,那我们就暂停游戏,一起等着,好不好?""吃瓜群众"们道行太浅,立马就不淡定了,有的略带哭腔地说:"Ethan,你到后面去好不好?"有的急不可耐地责怪道:"都是Ethan不对,为什么我们不玩了?"

这些小家伙们突然像极了热锅上的蚂蚁,各种声音充斥着教室,演奏着最激烈的交响乐。奇怪的是,我一点儿吵的感觉都没有,时间仿佛静止了,只为了听Ethan一个人的声音。或许迫于群众压力,Ethan着实不甘不愿地站起来了,站得那么勉强,就像被椅子强烈挽留了一个世纪一样。但是在他转身离开时,却突然泄愤般把手中的笔袋往后面的墙上重重地一砸。撞击墙面的声响使所有人的音量降到最低,平时闹腾腾的中文教室此时静得连呼吸声都听得到。这一砸如同一记重重的耳光拍到了我的脸上,在美国做中文老师第一次尝到这种火辣辣的感觉。沉默了大概半分钟,我继续装作若无其事的样子,其实内心早已此起彼伏,五味杂陈。鸦雀无声的班里,我用尽余下的耐心,语重心长地说了下面这段话:

"Ethan,老师明白,你很生气。但请你好好想想,这样做对不对。如果你认为老师不对,请你下课后跟老师说,你认为老师哪里不对,你是怎么想的,以及希望老师如何去做。但是老师现在让你站到后面去,有几点原因:第一,刚上课的时候,你就随便离开自己的位置坐在其他同学的座位上,老师盯着你看,给过你提示;第二,这是中文课,你却总是在课堂上说英文,当你说中文的时候,老师马上就给你糖果;第三,老师刚说完不可以把苍蝇拍丢给下一个同学,你知道这样不对,却还是做了,于是老师让你站到后面去想一想,你却自己回到座位上;第四,你把笔袋重重地扔到墙上,这是不尊重老师的行为。你看看左边墙上,刚开学我们签名的班级公约,你忘了吗?我希望你自己能好好地想一想。"

他的脸一下子由青苹果变成了红苹果。接着,我便装作毫不理会他的样子继续和其他同学做游戏。我们一起笑着,说着,玩着,闹着,但这一切都与他无关,没人理会他,也没人想提及他的存在。但我在他不知道的情况下,静静地把余光留给他,默默地关注着他的一举一动。他最初背对着大家,中途转过倔强的侧脸,最后偷偷看大家热热闹闹笑得前仰后合的样子。等到最后,我装作漫不经心地轻轻地问了问独自站在角落的他:"Ethan,你想来加入我们吗?如果你想,就过来。如果你不想,可以继续待在那里。"犹豫片刻,他的身体略微向前倾,却拖沓着迈不开步子,似乎他的骄傲与自尊在去与不去的问题上激烈地拉扯着。当理智终于战胜情感,他小跑着过来了……

从此以后,他不再选择用这么激进的方式表达自己了。爱出风头的学生无非是想让自己成为所有目光的焦点,他们享受这种自认为高高在上的"自我优越感",同时,也喜欢其他人"服从"于自己的领导。于是,各种活动中,我尽量多地给他展示自己的机会。虽说他的中文并没有自认为的那么好,倘若能更好地发挥他的长处,少一个问题学生,何乐而不为呢?

因此,在第一个月月末的班委选举中,毫无疑问,他成了我们班的班长。

后 记

六年级的学生,有着刚踏入青春期的躁动不安,也有着自认为成熟实则相反的孩子气。我的班级每天都会有各种各样的状况,Ethan算是其中一个例子,还有很多其他不同的案例。随着对他们的了解越来越深入,我感到这帮孩子需要的不是教务处主任般擅长管教的老师,而是一匹"头狼",要能"震"得住他们,要让他们感到安全,当安全感建立起来,学生才愿意去信服"头狼"的一切安排,一切规章制度才不再是约束行为的条条框框,而变成了高效办事的快捷通道。

第一章 课堂管理

你好，代丹尼

单琳琳，南京师范大学对外汉语专业硕士，曾任教于国内某国际学校，教A-Level、IBDP、AP等课程。写作本文时，任教于美国雷诺兹中学、班康中学，教授高中及大学预科中文。

"你今年这个班……"主任担忧地看了我一眼，"管理起来会很难！"

这是2016年8月23日，我来美国进校工作的第一天，也是主任看了一眼学生名单之后，跟我说的第一句话。我下意识地叹了一口气，心想这个学期不简单。

这个班上中文二的课程，学生之前已经选修过中文一，而其中有些孩子已经成了前任中文老师的噩梦。上课睡觉、玩手机、聊天是家常便饭，更有甚者顶撞老师，随意走动，摔门而出。

我心里暗暗一惊，这不就是现实版的"逃学威龙"嘛！

我强颜欢笑，故作轻松地对主任说："没事儿，今年有我呢！"

虽然在主任面前夸下海口，心里还是有些忐忑，不过突然理解了校长面试的时候为什么着重问了我许多有关课堂管理方面的问题。我安慰自己说，凭借自己多年国际学校的教学经验，什么熊孩子没见过，既然已经提前了解了"敌情"，那就积极想办法制定"作战"策略。

在开学的前几天，布置教室，制定课堂规则，安排学生座位，准备学生学习资料，参加培训和会议，熟悉学校环境，认识新同事……忙忙碌碌中迎来了学生开学的日子。

"Good morning, Jackson！" "Hey, Daniel！" "Are you Taylor? Nice to meet you！" ……虽然我做了充分的准备，轻松随意地跟他们打着招呼，但是看着人高马大的孩子们还是隐隐有些担心。

开场不错，通过PowerSchool平台上的照片和学生信息记住了学生的名字，着实给他们留下了好的印象。开始的一个月，大家处于"蜜月期"，课堂气氛活跃，规则也遵守得不错，偶尔有看手机或者睡觉的情况，给他们个警告也就适时停止了。"蜜月期"过后，便是"试探期"，蠢蠢欲动、跃跃欲试的熊孩子们也在这个时期开始有所行动了！

跟往常一样，一上课我们就开始了课前的热身活动，学生摇头晃脑地唱着《对不起，我的中文不好》。我瞄了一眼代丹尼的座位，他已经连续三天迟到了，今天也是这样，等大家都唱完歌以后，他才晃晃悠悠地走进教室，一屁股坐下，头也不抬地趴着准备睡了！

真是岂有此理，迟到就算了，竟然来了就趴着睡觉，我走过去，敲了敲他的桌子，示意他抬起头来，不可以睡觉。

他睡眼惺忪地抬起头，看了我一眼，勉勉强强地坐直了，一脸的不高兴。念在态度还可以，心想暂且放他一马。

课程继续，我们如火如荼地进行小组活动，学生们都很投入地玩着游戏，我一看代丹尼，竟然在课堂上玩手机！

我走近他，小声地说："代丹尼，上课期间在没有老师允许的情况下不可以玩手机，请你将手机放回你的书包里。"

他抬头看了我一眼，说："我在跟我的妈妈联系！"

我心想，不能示弱，于是严肃地说："无论跟谁联系，在课堂上未经老师允许是不可以用手机的，如果你妈妈真的有急事跟你说，可以打电话跟办公室联系，办公室会通知你的！"

代丹尼看了看我，又看了一眼正在"观战"的同学，低下头继续玩手机。

公然蔑视，这绝对是赤裸裸的挑衅，在这个时候我如果纵容他，其他学生势必也会纷纷效仿，于是我坚定而沉稳地说："请你将手机放到讲桌上，放学后来取。"

教室安静了，静得只能听到空调在吹冷气的声音，几秒钟之后，代丹尼抓起书包，夺门而出。

这时候，教室更安静了，我仿佛可以听到自己的心跳声和呼吸声。我知道这一天早晚会来，之前也有心理准备，但是此时此刻内心还是充满了愤怒和委屈。我强迫自己要冷静，于是立即打了办公室的电话，说明了今天所发生的一切。

办公室及负责学生行为的老师在几分钟之内就回复了我，首先他们确定

第一章 课堂管理

已经在校园里找到了代丹尼,其次他们对于代丹尼的行为给予了"OSS"的惩处,OSS是Out of School Suspension,意思是"停学查看",这对于学生来说是比较严重的,会记录到学生档案里。

上课还得继续,我平复了自己的心情,对其他同学说:"我知道你们很喜欢中文课,老师也很感激你们一直以来都遵守课堂规则,做得很好,我在这里谢谢你们。我关心你们每一个人,也希望每一个都能够通过中文考试。如果你们有任何问题,欢迎随时来找我,我会尽我最大的努力来帮助你们,只是记得,关心和尊重是相互的,而遵守规则,这是课堂的基本保障,也是我的底线。"

教室此时鸦雀无声,学生们都看着我,有几个默默地点了点头。有学生悄悄拉着我说,代丹尼不只在中文课上这样,在别的课上也这样。还有学生跟我说别生气,代丹尼这样做是不对的。

过了几天,代丹尼回到中文班上课,明显收敛了很多,其他调皮学生看到我之前毅然决然的处事态度,也收起了自己的小动作。我知道这场战斗以我的胜利而告终,但是我却怎么也高兴不起来。

课间休息,我跟他谈了谈。我说:"我愿意尽我最大的努力来帮助你,也欢迎你有任何问题来寻求帮助。惩罚不是我的本意,只是任何人、任何事都有一定的规则,就像打篮球,没有规则就没有办法比赛。你知道中文成绩对于高四学生来说,非常重要,我知道你是篮球队长,你一定也有心仪的大学,你看中荣誉,而荣誉是自己挣来的,不是别人给的。"

听到"荣誉",他看了我一眼,我知道我可能打动了他。一个一米九的高四学生,自尊心一定很强;一个篮球队长,一定在意输赢;一个在课堂作业中写满"honor"的孩子,一定渴求荣誉。只是我不知道打开它的开关在哪里。终于,他小声地说:"我觉得中文很难,我过不了中文二的考试。"

我很开心,我觉得终于找到了打开信任大门的钥匙。于是我鼓励他说,不同的人学习节奏是不一样的,像学中文,虽然有的学得慢,有的学得快,但只要坚持学,总有学会的时候。

每次课间,我都鼓励他来中文教室找我,我们从最基础的补起,从拼音、声调到词语、句子。慢慢发现,他记生词比较快,但忘得也比较快。于是我们做词卡,玩Quizlet、Kahoot等游戏,反复巩固他学过的内容。每次做对游戏,他会像小孩子一样开心得手舞足蹈,而我一定会给他一个大大的赞。在课堂上,他回答对问题的时候,我们会一起拍手表示鼓励。他逐渐地增强了自信,中文也由原来的不及格到能够通过考试,后来能够掌握百分之八十的中文知识点。

知道他喜欢打篮球,我们讲NBA(美国男子职业篮球联赛),讲乔丹,讲科比,后来讲到姚明、CBA(中国男子篮球联赛),我们一起看CBA的比赛,他敏锐地指出里面有一些看着不是中国人的球员,我鼓励他说,或许有一天,他也可以参加CBA的比赛。

至此之后,他常常课间来中文教室,有时候带朋友来,有时候自己来,有时候来聊天,有时候来学习。我的教室俨然成了他的基地,他会跟朋友说:"我们中文老师超酷的。"我也会很识时务地说:"代丹尼也超酷的,而且中文又很棒!"他会害羞地回答:"一点点"。他在课堂上有时候会说会儿话或者看看手机,只要我阻止了,他就乖乖地坐好,然后回给我一个抱歉的微笑。

最后,他顺利地通过了中文二。更让他高兴的是,他也顺利地拿到了自己心仪的大学的录取通知书。毕业典礼上,他穿着毕业礼服,手握毕业证书,开心得走到校长面前,庄重地照完照片,款款地走到台下。突然,他挥舞着双手,高兴地说:"你好,单老师!"

我在台上,同样望着他,心里激动地说:"你好,代丹尼!"

后 记

在美国的中小学课堂,老师要制定规则,更要让学生坚持不懈地遵守规则。这期间要对违反规则的学生进行相应的惩罚,惩罚细则要在开学初跟学生说清楚。

对于突发的学生顶撞的情况,老师尽量避免与学生在课堂当面争执,打电话给负责学生行为的老师,他们会进行后续处理。

待学生情况稳定后,老师可在课下多与学生沟通,找到行为背后的原因。有些学生违反规则或许是希望引起别人的注意,或许对于学科缺乏信心而自我放弃,或许自控能力偏弱……找到根本原因,打开学生信任的大门,往往会有意外的收获。

美国中小学课堂很注重差异化教学,尤其对于"学习有困难"的学生应给予比较多的关注,做到个性化培养。

第一章 课堂管理

被好学生气哭是一种怎样的体验
——记一次"失败"的远程教学

杨叶青青，武汉大学中国古代文学专业硕士。写作本文时，在美国匹兹堡大学孔子学院工作，任教于贝蒂职业中心，以远程教学的形式，教授当地多所中学的汉语课程。

这是一个普通的下午，我下了当天的第四节课，按惯例到公共办公室休息。办公室里大家依旧是在漫无目的地闲聊，如果不出意外，十分钟后，大家会各自散去，回到自己的房间完成最后一节课的教学任务，然后结束这一天的工作。

不知道是谁起了话头，又说起班上令人头疼的孩子，本应是吐槽几句之后互相鼓励打气的剧情，可是今天似乎有些不同。因为五分钟后，我终于没有忍住，大哭了一场。

要知道，我在同事们面前可是以雷厉风行的狮子座女生而著称的，大家又关切又好奇，究竟在我的班上发生了什么大事，让我这个从不轻易流泪的人失声大哭呢？

那个时候，他们还不知道，其实事情的缘起，就是一次再小不过的师生对话。

那是中文四的课堂，学生多数是高年级的，他们一起上了好几年的中文课，彼此知根知底。作为他们最后一任中文老师，因为他们很懂事，我平时没有太执着于纪律问题，尽管坐在角落的小A总爱回头和好朋友小B讲话。

说起来，这个课堂其实并不是那么寻常。因为是远程教学，这些学生有可能学习了三四年的汉语，却从来没有真正见过他们的汉语老师。尽管离学校只要三十分钟的车程，但由于校方并没有正式聘请驻校的汉语教师，一直以来，都是我所在的贝蒂职业中心以视频的方式，向他们提供汉语课程。如果不是特殊的见面日，我们都是在自己的办公室，透过镜头和同学们见面。

在美国现行的教育体制下，远程教学是一种常见的教学方式，它能够通过实时的视频信号，向分布在不同地区的学习者提供更丰富的教育资源。贝蒂职业中心远程教育的方式主要有两种：一种是学生在不同的地方，接受同一位老师的教学，这就是多个的"一对一"教学；另一种则是学生聚集在同一个地方，一般是在一间教室里，他们坐在一起接受同一位老师的教学，即"一对多"教学。如果是前者，课堂管理难度相对较小，因为学生之间彼此影响不到，就不常有课堂秩序问题发生。但据我所知，美国大多数远程孔子课堂采用后者"一对多"的教学形式。

"一对多"远程教学对于语言学习来说，有着天然的短板。第一，教师无法利用空间距离进行知识的有效传递，例如，在讲授和运用最简单的指示代词"这""那"时，由于参照物的不同，经常会误解别人的指示，造成语义混淆，如果想单纯利用汉语和肢体语言表演出来，就更是难上加难。第二，教师无法利用空间距离进行课堂的有效管理，例如，在常规课堂上，教师可以随意走动，吸引学生注意，或用眼神示意个别学生，以达到管理效果。但是，在远程教学里，教师的一切行动都被限定在了圆孔镜头之下，如果点名提醒某个或某几个学生，则显得太过刻意，打断了课程的连贯性，再加上受以鼓励为主的美式教育影响，学生往往有恃无恐，毕竟我这个老师离他们太远了，这也正是我为什么并不太愿意执着于管理小A和小B课堂说话的原因。当然，还有一个更重要的原因，使我舍不得对他们多加苛责，那就是，小A和小B是我最欣赏的两个学生。

一次课堂活动中，大家分小组做面向中国游客的美国观光攻略。在大家一窝蜂地选择纽约、华盛顿、洛杉矶这样的著名城市时，小A和小B这一组另辟蹊径，把我们带去了他们祖辈曾工作过，现在却早已衰败凋敝的钢铁小镇，由此开始别样的美国工业兴衰史的体验之旅。从借宿在乡下奶奶家的小屋，到探访旧式炼钢厂的排污口，最后去底特律寻找一栋废弃的大楼，夜宿楼顶，在星空下俯瞰这座汽车之都破产后的落寞。我简直无法形容看完这次报告后心中的激动。

在美国张狂肆意的青春校园里，有这样一群少年，他们拥有超越同龄人的视角和格局，聪颖机智，同时，他们又有随意、散漫和对机械训练的不屑一

第一章 课堂管理

顾，时时挑战老师的好感度。就在一次普通的中文课上，小A和小B终于气哭了忍耐已久的我。

全班8个人，大家都在齐读生词的时候，小A几乎扭过了整个身子，在和小B讲话。

到了点读环节，他们在旁边同学的提醒下勉强过了。

到了巩固环节，小A和小B还在讲话。

我开口叫了小A的名字。由于是远程教学，我和学生之间通常有一到两秒的网络延时，在这短暂的几秒里，我的呼吸变得急促起来。因为我不知道，这样的提醒对他们是否有用，他们会不会听不明白我的指示，我会不会因急迫而出现语法错误，甚至有一瞬间让我怀疑这样的巩固练习是不是正确的。是的，因为紧张，我开始怀疑自己。

这时，一声不耐烦的"What？"从对面传来。显然，小A并不买账，这个"What？"相当于中文里的"又怎么了？"

我试图解释，请他再读一遍。

"我不是已经读过了吗？"语气依旧毫不客气，他似乎反倒觉得是我打扰了他们聊天的兴致。

知道此时不应该强对强地正面交锋，深呼吸后我缓和了语气说："我只是希望我们能再练习一遍，哪里惹恼了你吗？"

这时，坐在后面的小B已经察觉出了对峙的气氛，他在邻桌同学的指点下，重新拿起了笔记本，摊在自己和小A的面前，主动练习了起来，随后小A也只好跟着完成了。全班练习完毕，下课铃响起。

几分钟后，学生下线，我恍惚地坐在办公室里，眼中冒出委屈的泪光，内心仍能感受到强烈的失落感。

如果在正常的课堂里，我或许应该在小A和小B第一次讲闲话的时候就走到他们边上；或询问他们有什么想和大家分享的趣事；或递出一个带有些许警告意味的眼神，让他们知道他们已经影响到了课堂秩序；或敲敲小A的课桌，请他将身子转回来。但遗憾的是，这些我们心里早已熟稔的小方法，却无法应用到远程课堂里。可以说，这次的教学体验对我来说是失败的。

或许你要问我，为什么在教室的合作教师不帮助管理课堂呢？的确，每一个远程课堂里，校方会配备一位具有一定管理经验的教职员工。不过，坐在对面的那位老师极有可能不会对你施以援手，尽管孔子学院希望安排在中文课堂的合作教师能够尽可能融入，但他们往往是慈祥和蔼的行政人员，或是有很多自己的工作的在职教师。行政人员多是快要退休的爷爷奶奶，学生根本不忌惮；在职教师忙着准备自己的课程，不会过多干预中文课堂，他们认为只要保证学生在校的人身安全就行了，至于其他，与他们毫不相干。

因此，面对课堂管理问题，远程教师往往会很头疼：是花大量时间维持秩序，还是将秩序稳定在一定程度，保证多数学生的学习质量就行呢？

我和大多数同事一样，选择了后者，于是在每天上课之前，我都会做好充分的心理准备，披上层层铠甲，时刻提醒自己，尽量保持平稳的情绪，这样才能更专业地完成教学任务，可是这一次为什么如此不一样？

面对自己欣赏的学生时，我们总是希望从他们身上收获更多的认同。小A和小B永远是班上的一对活宝，猜词游戏里，他们会用最夸张的演技征服所有同学；讲解课文时，他们总是能最快地领悟并敢于将生词运用到对话中去；课堂报告中，他们呈现出的报告总是最亮眼、最有创意的。不知从什么时候开始，他们不再仅仅是我的学生，而是与我并肩作战的伙伴，甚至可以说是盟友。

被盟友无情拒绝的滋味是不太好受的。当小A不耐烦地拒绝我，当他们上课表现出消极的态度时，我的心里便天然地形成了巨大的落差，这种被盟友伤到的委屈和挫败，直接导致了我在课后一回忆起来就崩溃大哭了。我可以接受每天被举手要上厕所、要喝水、要去柜子拿东西的学生打断思路；可以接受屏幕另一头的合作教师在课上带头玩VR眼镜；更可以接受有学习障碍的孩子，在我面前的地毯上，背对着我躺半节课。然而，真正击败我的却是一次课堂上的走神儿，因为这是盟友对我的"背叛"。

再曲折的波澜都有平息的一天，事实上，那天过后，小A他们班仍然是表现最好的班级，我们双方也都没有再提起这件小事。说它小，是因为比起更恶劣的课堂事件来说，这次冲突并不值得一提。可是，我深深地明白，那一天对于作为新教师的我来说，却是那么难忘。

后记

在远程教学里，学生听老师讲课，就像是打开电视收看电视节目，如果不能在短时间内"抓住"他们，他们手里虽然没有遥控器，但心里却早已换台了，远程教学的残酷就在于此。

跟普通课堂一样，远程教学里的学生也有优劣之分。不过，再优秀的学生，也总有不在状态的时候。当一个学生有意无意地将自己的情绪释放在老师身上的时候，尽管它满身是刺，我们总要学会慢慢地接受，试着将情绪自我消化，而不是加倍地扔回去，一个教师的品质和素养也就体现于此。

情绪的颜色

屈哲，华中师范大学英语专业学士，高中英语教师。2017年通过教育部中外语言交流中心公派教师项目赴美任教，为美国亚拉巴马州奥本大学蒙哥马利分校孔子学院中文教师，教授中文和中国文化课程。

上课时间已经到了，二年级的学生还没有出现在教室门口。这并不寻常，因为带班的帕克老师向来守时，学生上中文课极少迟到。也许班上发生了什么意外情况，我这样想着，继续等待。

大约五分钟后，学生们陆陆续续进了教室，但是大部分学生都兴致不高，与平时的状态判若两人。几个学生面有愠色，明显经历了剧烈的情绪变化，现在仍然未能平复。还有两个男生眼眶通红，或许刚刚哭过。果然班上有情况！这一念头闪过我的脑海，我用询问的目光看着护送学生的帕克老师。

一贯开朗的帕克老师这次也是满脸严肃。她瞪着眼看着每个学生安静地坐到座位上，才转身带着歉意告诉我："刚刚课间休息时，班上几个男生因为游戏发生了争执，我花了好长时间才缓解了矛盾，稳定好他们的情绪后才带他们赶来上中文课。犯了错误的孩子都受到了严厉批评，你可能也注意到了。"帕克老师示意让我看那两个眼眶通红的男生，"康纳和威尔应该负主要责任，现在情绪很低落，估计还在生气。实在抱歉，今天你的课可能会受到影响。这个年龄的孩子还不太懂得情绪控制，他们几个性格又都比较好胜。"我宽慰她："如果把他们放到一支橄榄球队里，应该会所向披靡。""放在一个班里可是考验带班老师啊。"帕克老师苦笑。

简单交谈两句后，帕克老师离开了，留下我和一帮心事重重的学生们。我转向学生，有的依然无精打采，有的目光呆滞，而情绪低落的康纳和威尔直接趴在桌子上了。消极情绪在无声蔓延，教室里的空气似乎都被压缩了一般，我

第一章 课堂管理

快要透不过气来了。这节课是"颜色"的复习课,可是看眼下的状况,如果依然按照计划走,教学效果无疑会大打折扣。或许该进行情绪疏导,但是帕克老师已经处理过相关学生了。我一不了解事件经过,二没有相关经验,再进行干预能有效果吗?会不会起到反作用?

时间一分一秒地过去,脑子在飞速运转,我已经准备说"下午好"了。按照惯例,学生回复"下午好"之后,这一堂课就算正式开始了。康纳和威尔依然脸色通红,根本不在状态。我眼光扫过他们,心里还在做着最后的挣扎。

"这怒火都能看得一清二楚啊!"我心里想着。眼前学生各异的肤色,教室里各色的布置,加上一张张流露着不同情绪的脸,好似一幅色彩浓郁的图画。

情绪?色彩?我灵光一闪,心里突然有了主意。

"下午好!"

"下——午——好——"

声音拖沓,有气无力,这可不是我想看到的精神面貌。我不动声色,继续上课。

"同学们,今天,我们复习'颜色'。首先,请大家看一下,这是什么颜色?"说完,我瞪大眼睛,噘起嘴巴,装出一副生气的样子。

小家伙们愣住了,他们从来没见过这样的提问方式,平常我总是指着某一个物体问具体颜色,从来没有摆个表情就提问的。老师在开玩笑吗?还是搞错了?看着他们脸上大大的疑惑,我又重复了一遍:"这是什么颜色?"

这下小家伙们确定我不是在开玩笑也没有搞错,只是确定了之后反而更加困惑。看着他们面面相觑,连最萎靡的康纳和威尔都抬起了头,不懂我葫芦里卖的什么药。我压抑住心头"奸计得逞"的窃喜,换了一个问题:"大家看,屈老师表现的是什么情绪啊?"

"生气!"有同学很快反应过来。

"说得好!"我立马表扬那个同学,"那大家知不知道情绪是有颜色的?"

十几双大眼睛看着我,眨巴眨巴。课堂的压抑开始慢慢褪去,被好奇所占据。

"情绪真是有颜色的。你们看!"说着我故意憋气,用力收紧面部肌肉,再次做出生气的样子。我的脸很快因为充血变得通红。

"红色！"很快有学生领会了。

"对，愤怒是红色！"我接过话，在白板上用红色的马克笔画了一张愤怒的脸，领读了两遍。

"那悲伤是什么颜色？"

"蓝色！"

我用蓝笔画了一张哭脸，领读，然后转过身冲学生摆了一个大大的笑脸："那大家看，这是什么颜色呢？"

"黄色！""不对，是绿色！"班上的气氛开始热烈起来。

我没有做评价，而是分别用黄色和绿色的笔在白板上各画了一个笑脸。转过身，依次带读两遍过后，扮了一个鬼脸："那这个呢？"

班上轰的一下笑开了。我瞄了一眼最为沮丧的两个小家伙，康纳好像忘记了刚才的不愉快，咧嘴笑了出来。威尔明显已经被其他同学的欢乐所感染，大概是因为不好意思表露太明显的情绪变化，刻意绷着脸不笑。

我微笑着说："老师想让威尔来回答这个问题！"全班的目光一下投向了威尔。"我觉得……是紫色。"威尔低着头，紧张地回答道。

"紫色。好的，谢谢！"我示意他坐下，转身画了一个紫色的鬼脸，"但是威尔现在似乎在感受着红色呢。不知道是愤怒的红色，还是害羞的红色？"说完我冲他眨了眨眼睛。

听着这话，威尔不好意思地笑了。我并没有等他回答这个问题，而是接着说："不管是哪种红色，似乎都影响到了你现在的状态。老师觉得黄色，或者绿色都挺好。"我敲敲白板上的紫色鬼脸，"这个颜色可能也不错。威尔，你要不要领读一下？"

威尔抬头用疑问的眼神看着我，我回以鼓励的目光。他有点儿犹豫，但还是开了口："宰色……"

看样子他还不熟，我轻声提醒："紫——色——"

"紫色。"听到我的提示，他的声音开始坚定起来。"大声一点儿，领读要让大家听到。"我示意他。这一次，他终于大声说了出来："紫色！"

"很好，大家一起读！"

"紫色！"

"再来一次！"

"紫色！"

第一章 课堂管理

"大声点!"

"紫色!"

"非常棒!"我觉得班上气氛已经被调动得差不多了。"那大家再来看一下,除了刚刚复习到的,我们还遗漏了其他什么颜色吗?"

……

课堂重回正轨之后,一切又能按照原计划进行了。一节课很快过去。最后五分钟,我停下来,看着意犹未尽的学生,问道:"今天,我们复习了什么?"

"颜色!"学生异口同声。

"还有什么?"

有些学生还记得刚开始上课的那一幕:"情绪的颜色。"

"是的,情绪的颜色。"我强调了"情绪"二字,"很多同学不知道情绪是有颜色的,是看得见的。正是因为它看得见,所以你的情绪可以被你感受到,也会被别人感受到。情绪可以控制你,更糟的是,情绪会传染。你的欢乐能给别人带来欢乐,而你的愤怒也可能导致别人的愤怒。所以……"我目光扫过所有人,最后定格在康纳和威尔身上,"我们要尽可能做情绪的主人,而不是情绪的奴隶。我们要握住这支情绪的画笔,尽量画出欢乐的颜色,而不是失望、愤怒或者怨恨。"

学生们静静地听着,若有所思。

"控制情绪不是一件容易的事。有时候,我们会因为一些事情非常生气,难以冷静。但是,这并不意味着我们就应该沉溺其中,而是应该学会合理发泄。你可以跟别人交流,也可以尝试转移你的注意力,不要理它,过不了多久你可能会发现,不知不觉它就走了。我注意到有同学进教室的时候是带着愤怒的,现在你感受一下,是不是它已经溜了?"

许多学生点头。

"希望你们好好思考一下。今天大家的表现我很满意,所以人人有奖!"我从包里拿出来一板贴纸,上面排列整齐地印着不同的笑脸。

"大家看看,这些是什么颜色?"

后 记

　　成长，是人生必修课；情绪管理，则是这一课程的重要内容之一。从婴幼儿时期情绪的自由释放，到慢慢长大后自省和自控的逐渐加强，人要一次次经历各种冲突、妥协和征服，才能最终成熟。

　　让学生意识到自身情绪对外界的影响，从而明白情绪管理的重要性，学习管理情绪，这是教师天生被赋予的义务。很高兴在那个下午我能够顺利完成一个意料之外的任务。这是偶然的，因为老师不会每天都遇到发生冲突的孩子，也并不是每次都能找到合适的话题切入；这又是必然的，老师只要牢记教学过程中有这一环节，灵活运用，因时制宜，因地制宜，因生制宜，总能找到办法达到教育目的。

一颗糖果

赵英英,青岛大学汉语言文学专业学士,美国莱斯利大学教育硕士。曾担任国内某国际学校小学、中学中文教师,后任教于美国南卡州公立小学,致力于多元智能教学研究。

从开学到现在,我说得最多的话估计就是"安静"和"别说话"了。说实话,我不喜欢一直说这两句话,孩子们也不喜欢听。如果能用"糖果"和"我爱你"代替,我想将来我们之间会有更多美好的回忆。

"赵老师!"杰森永远习惯于脱口而出,这已经是第无数次了。

"杰森,你说话要先举手!"

"但是,但是,赵老师!"一边举手一边说话的习惯,经过半年的训练也没能改掉。

"停!杰森!停!"我决定要跟他较这个真儿,把食指放在嘴边示意他安静。

"赵老师,你说过这是预考(Pretest),因为没学过,所以不会做也没关系。那我跳过所有的题目,然后写上名字交给你,可以吗?"

"不行,你要尝试着去做,这样我才能知道你学会了哪些内容,还有哪些需要学习。"我承认在他不顾一切阻挠都要把话说出来之时,我放弃了跟他较真儿,比起不举手就说话,他带有逻辑推理的投机取巧的想法更需要我去纠正。

"但是,你说不知道没关系啊,我都不知道啊!"杰森理直气壮地说。

"你连看都没看,怎么就说不知道?"我看不惯他每天一副耍小聪明的样子。

"我当然不知道了,因为我看不懂这些英文啊。"

他又在找借口,而我实在不能逼他看懂,最后只好说:"杰森,你现在不许说话了,不管你是否能看懂,你要尽自己最大努力去做。做完后去读书,你没有其他选择!"我最后一句话说得斩钉截铁,不容许他有一丝反驳。跟杰森沟通是最费劲的,我无法用平时的经验和方法去跟他辩论,他的回答完全不按常理出牌,而且他一旦开口便滔滔不绝,每次都是在一段唇枪舌剑之后不了了之。

在我见过的孩子当中,杰森绝不是一个能简单地用"特别"来形容的孩子。他的第一语言不是英语,英语语法和词汇都有些混乱,但是他对数字极其敏感,喜欢推理和思辨。这个十岁的小孩有超越同龄人的思维,又有不同同龄人的情绪。他对任何事情都充满好奇,同时又有很多"想不通"和"不和谐"的地方。你可以说他单纯,也可以说他幼稚;可以说他据理力争,也可以说他无理取闹;可以说他很聪明,也可以说他耍小聪明。对他的评价就在我们每天鸡毛蒜皮的小事上摇摆不定。

我为了鼓励孩子们好好表现,会随时给他们的行为打分,在放学的时候奖励分数最高的孩子。虽然只是一颗糖果,孩子们也都非常努力去争取,杰森对这颗糖果的渴望不同一般。为了得到这颗糖果,可以总结出我加减分的规律,抓住时机积极表现。比如快下课的时候,他提前收拾东西,等我喊站队的时候,第一个站到队伍前,就能加一分。当然,只有在他觉得自己很有胜算的情况下才会这么做。如果,他发现自己的表现没机会加分,就会直接放弃努力,甚至开始捣乱,因为这对他来说是没有意义的付出。

拿最近发生的一件小事来说吧。数学课上,我负责一个小组的教学工作,其他小组要么用数学软件学习,要么玩数学游戏,要么自己做练习。我一边给我的小组讲题,一边不时地观望其他学生,好几次都看到杰森咧着嘴笑个不停。为了保持一个安静地学习环境,我只是用眼神提醒他。可没两分钟,又有一阵喧哗从杰森那里传来。

"杰森,减一分。"如果学生不自觉,我不会手下留情。

"耶,太棒了!反正我也不会得到糖果。"他挑衅地回答道。本来因为担心扣分而安静的学生也跟着笑了起来!

我没有搭理他的无理取闹,继续平静地说:"安吉拉,加一分!"

"对,安吉拉!棒,棒,你真棒!棒,棒,你真棒!"杰森开始大声地模仿我表扬学生的样子。

"杰森,安静!"我从座位上站起来,用坚定的眼神直视他。

但他并不惧怕我的威严，反驳道："我说错了吗？我根本得不到糖果，我为什么要学习？"他的语气中充满了委屈和反抗。我知道他内心那个脆弱的小男孩开始哭泣了，他失去了学习的动力，他因为今天得不到奖励而放弃了努力。我也知道所有学生的注意力已经全部转移到我和杰森的对话中来了，而别人的眼光只会让杰森觉得自己是个被围观的小丑。

　　我停顿了几秒钟，径直走到杰森身边，小声跟他说："去外面等我。"

　　我和杰森站在教室门口，我希望这场谈话能够简短而有说服力，因为教室里的孩子不能无人看管。

　　"杰森，我知道你有点儿难过，因为你今天可能得不到糖果，但是我不喜欢你刚才说话的方式。"

　　"你不需要喜欢我啊。你可以喜欢安吉拉，喜欢劳森，喜欢马雅……等一下，对，还有戴维……他总是那么完美。"

　　"杰森，你知道我是爱你的。你这么说对我不公平。听着，我需要你的帮忙，你需要像昨天一样努力，你还有机会得到糖果。"

　　"你不可能每天都给我糖果，每次得到糖果之后好几天都不会再给我了。"这的确是我的小心思，为了让每个孩子都有机会得到奖励，没想到被杰森看破了，他有的时候真的"太"聪明了。

　　"但是，你看凯拉上周连着两天都得到了，只要……"

　　"我是凯拉吗？"杰森突然提高声量，用愤怒的眼神看着我，以至于让我怀疑自己说了什么不该说的话。或许他真的讨厌被拿来做比较，至少我不该在这个时候提起其他孩子的名字。好吧，我需要换个思路。

　　"杰森，你觉得我们爱你吗？我是说我，还有你的妈妈、你的哥哥、你的姐姐。"上次杰森被叫家长的时候，妈妈和哥哥来了，我知道杰森和哥哥感情很好。

　　"呜呜——"杰森咬着嘴唇，忍不住大哭起来，"我哥哥走了，他去部队要一年后才回来……呜呜呜……"

　　我弯下身子平视杰森，双手扶着他颤抖的肩膀："我知道你很难过，因为你不舍得你的哥哥，但至少你还有我们，还有你的妈妈，妈妈爱你吗？"

　　"我不知道。"他继续哭着说，"妈妈说了，我是唯一一个在学校里表现不好的孩子，我的哥哥姐姐们从来都没有被叫过家长。"他委屈又难过的情绪蔓延到我的内心，那一刻我深深地感受到这个孩子的嚣张表现都是他内心的无助和失衡造成的。我轻轻地拍着他的后背，不断地重复："杰森，你是个好孩子，我们都很爱你。"

我知道他需要一点儿时间平复情绪，但我必须回到教室里了，因为我从窗户外看到孩子们在里面越来越活跃。我整理了一下情绪说："杰森，现在我需要你的帮忙，我们要回到教室里，你可以做回你自己吗？"他擦掉脸上的泪水，抿着嘴巴点了点头，还满腹心事地问："我还有机会得到糖果吗？""当然！"我毫不迟疑地回答。

回到教室后，杰森做出很大转变，一副积极想要做出表率的样子，我自然也很慷慨地给他加了分。但其实我知道就他今天的表现是不足以得到奖励的，如果我偏心地奖励他，实际上对其他的学生不公平。

等到放学前的最后几分钟，我宣布最后获得奖励的人是戴维。在全班同学鼓掌的时候，只有杰森捶打着桌子大哭起来，一边哭一边大声说："我就知道我不会得到奖励！我就是在做无用功……"

我赶忙走过去劝他："你已经做得很好了！"但他根本不理会我，哭得歇斯底里。

这时候戴维把糖果递过来问："杰森，你想要吗？"我以为杰森会毫不犹豫地拒绝，有骨气地说自己不稀罕之类的话，可没想到的是杰森竟然毫不犹豫地拿过了糖果，说了声谢谢，立马就从大哭转为抽噎。

我被这神奇的一幕惊呆了，心里想："杰森，一颗糖果有这么大的魔力吗？你的哭，你的笑，你的努力，仅仅只是为了一颗糖果？你可真是一个长不大的三岁小孩子。"

我看着杰森有点儿出神了，一转头看到正在微笑的戴维，这个平时一直很安静的男孩怎么会这么慷慨？要知道这是一天的努力换来的，机会只有十八分之一啊。我和他相视一笑，说："谢谢你，戴维，我愿意再奖励你一颗糖果。"

如果糖果让孩子们开心，我愿意每天给他们很多。

如果说"我爱你"可以让孩子心连心，我愿意每天说一万遍。

如果可以让孩子在学校的每一刻都感到幸福，我愿意每天都尝试去做。

我在努力寻找，寻找那个属于每个孩子的不同的答案。

后记

　　孩子不按常理出牌，是美国日常教学中司空见惯的事情。杰森就是这样一个孩子，他学习就是为了获得奖励，如果没有奖励他就会放弃学习。情绪失控的时候就会在教室里不管不顾地发泄自己的不满，有时候一边哭喊，一边摔教室里的物品。但当他冷静之后，他又会诚恳地道歉，把道理讲得头头是道，完全判若两人。我会尽量照顾到杰森的情绪，但是也不得不顾及全班的公平。只是我的良苦用心，杰森并不领情。

　　文中类似的事情发生过很多次之后，我跟杰森的妈妈进行了沟通，我表达了自己的看法：杰森心智比同龄人低，在很多看似平常的事情面前表现得过于幼稚和无理取闹，在与同学相处的时候只顾及自己的感受而缺少同理心。杰森的妈妈表示他是家里最小的孩子，从小全家人围着他转，以至于杰森总是以自我为中心，现在十岁了还总是用哭闹来解决问题。我们有共识，在具体的措施上，我通过每天的行为记录表对杰森进行评价，即每隔一个小时就要及时肯定他的行为，满足他被关注的需求，如果获得8个积极肯定，他会获得老师和妈妈的双重奖励。

　　每天的行为记录虽然让杰森有了约束和动力，但仍然治标不治本，在后面的相处中我更加深刻地体会到杰森情绪化非常严重。期末考试当天，杰森一大早就情绪失控，吵着罢考，各种恩威并施的方法对他都无济于事，趴在桌子上就是不考试。我问他要不要我的玩具熊陪他考试，没想到他欣然答应。

　　我想，对待杰森我要时刻提醒自己不能拿同龄人的标准来要求他，我也不可能在短时间内找到一种一劳永逸的方法来改变他。或许，我并不需要改变他，而要改变我自己。他迟早会成熟，但在此刻他需要被理解和包容，只是我作为施教者在课程、考试的压力下总是不停地催促他像其他孩子那样乖乖成长。我理解的所谓的"正确"在杰森的眼里也一定不可理喻。

　　美国教育学家约翰·杜威曾说过，"教育不是为生活做准备，教育就是生活本身"。在美国教书的日子里让我时刻反思自己，是从孩子的角度出发去发现孩子成长的需要，还是为了完成教学任务而把自己的意愿强加给孩子？

说"正"字

何雨桐，2015年毕业于纽约大学，获得TESOL和CFL硕士双学位。写作本文时，任教于纽约佩勒姆学区，担任初中6—8年级、高中中文Level 1—3的中文教师，是整个学区第一位中文教师。

每年带新班，总有善于观察的学生问我："何老师，你在白板上画的那些符号是什么意思？"

"好问题！"我一边说，一边在白板上又添上一笔，刚好凑成一个"正"字。"这些符号其实是同一个汉字，你们数数它有几画？"

有学生恍然大悟，兴奋地举起手。

"这一定是中国的计分符号（tally mark）！一个符号有五画，代表五分！"

"太棒了！三组得一分！你们知道吗？这个'正'字在汉语里面有公正、端正、正直等意思。用'正'字来计数，老师也是希望自己能对你们每个人是公平公正的。"

为了鼓励孩子们积极发言，同时维持课堂秩序，我在初、高中所有中文班都使用了小组竞赛的管理机制。每个学期，我会根据成绩和课堂表现，把学生分为三到四个人数不等的小组，同组的学生座位靠近，方便小组讨论。每节课上，只要举手回答问题或者提出好问题，学生都能为自己的小组赢得一分，违反课堂规定的扣分。下课前，我会统计白板上每个小组的"正"字，得分最高的小组获胜，获胜组员能获得双倍的"汉语币"（Mandarin Money）作为奖励。学期末，大家再用积攒的汉语币从我这里"购买"奖品。这套系统师承我的教育实习指导老师胡老师，好用又好玩，我稍作改变，沿用到了自己的课堂上。

然而，有趣的奖励体系并不是课堂管理的护身符。开学一个月，我的目

第一章 课堂管理

光便聚焦在一个叫布兰的男孩身上：上课经常找同学说话，发言随心所欲不举手，甚至在我讲课时旁若无人地打节拍，对我的点名提醒置若罔闻……周围同学的反应令我更加难安：有学生要求换座位，因为坐在布兰旁边无法专注；有学生悄悄给我递纸条，让我好好管管布兰；有学生甚至不愿意与布兰同组，因为他不断违纪，连累整个小组丢分，无法获得汉语币。原本希望小组竞赛带来的压力可以让布兰有所收敛，不料他一个人坐到了教室最后排，依旧我行我素。其他老师建议我采用"忽视疗法"，无视他的行为，让他因为没有"观众"而感到无聊，便自然会停止捣乱。我却没有采纳同事的建议，每天不停地提醒布兰举手发言，上课不要说话，做笔记，写作业，考前好好复习……

"布兰，你如果想回答问题，可不可以先举手？这样其他同学也有机会思考。"叮嘱了半年，终于有一天，我看到了布兰高高举起的手。

"太好了，布兰，请用中文告诉大家，你喜欢吃什么水果？"

布兰自信地回答："我喜欢吃苹果。"

"太棒了，布兰！谢谢你举手回答问题，布兰为一组赢得了一分！还有，你的发音非常标准！"我惊喜地看着布兰，周围的同学也向布兰投去赞许的目光。他咧着嘴不好意思地笑了，满脸的高兴。

仿佛是尝到了甜头，布兰整堂课十分积极，总是一边举手一边叫着："我，我，我！"

课堂临近结束，我需要一位学生分享自己写的句子，总结自己爱吃的东西。我再次看到布兰高举的手臂，但是想到还有学生没发过言，我便转过身，说："那我们就请米拉分享她的……"

"为什么呀？我举手了！太不公平了！"布兰大声地抗议。米拉尴尬地看着我。

"布兰，何老师很高兴你能举手，但是也有其他同学想发言，我不能每个问题都请你一个人回答，这样也是对其他同学的不公平和不尊重。"

"为什么？"布兰并没有听进去我的解释。

"布兰，如果你还是觉得不服气，我们可以课后谈谈。"布兰没有回答，扭过头望向窗外。

我向米拉道了歉，示意她继续。这时候，离下课只有几分钟，学生们都有些坐不住了，不停地看时间，有几个学生已经开始收拾东西，教室里一阵嗡嗡的说话声，我几乎听不到米拉的声音了，一抬头便看见布兰正拉着前排的同学聊得眉飞色舞。

"一组因为布兰刚才聊天扣掉一分。今天二组获胜。"我在下课前大声宣布。

"你为什么总是针对我？其他人也在说话，为什么你不扣他们的分？你为什么这么恨我？"布兰愤怒的指责让全班瞬间安静，大家望着我，等待我的回应。我一时愣住，正欲反驳，下课铃响了，学生忽地涌出教室。布兰冲到门口时，我叫住了他。

"布兰，如果你觉得我对你不公平，只罚了你，没有批评其他说话的同学，我想先向你道歉。但我希望你能收回最后一句话，因为这对我也是不公平的指责。我怎么可能恨你？正是因为我关心你，希望你更好，才会对你有各种要求。你在同学发言时说话，就是你的不对，想想如果正在发言的是你，你会怎么想？是不是觉得不被尊重？"

布兰低着头说："可是我上课举了手，你也不让我回答问题……"

"布兰，因为你今天积极地举手发言，我很为你高兴，愿你继续保持。但也希望你能理解老师，班上那么多同学，大家都想要表达和练习，我不能只把机会给你一人。如果以后我没有请你回答问题，请不要沮丧，因为看到你举手，我就知道你已经懂了，我还是会为你自豪的。"

布兰终于点点头，拔腿要走。我提醒他："别忘了明天的考试哦。"布兰转过身，抬头问我："那我今天可不可以去你的自习室，你帮我复习？""当然没问题！我每天都在，你有问题随时可以来找我。下午见！""谢谢何老师。"布兰终于露出一丝笑容。

那天下午，布兰并没有来。第二天考试，他只用了课前五分钟复习，只得到一个刚过及格线的成绩。我当然有小小的失望，却并不灰心，继续管教他，而布兰也是时而令人欣慰，时而"打回原形"。在过去的两年里，布兰是我的"心头大患"：因为我上课讲到"打网球"这个生词，他和另一个男生脑洞大开，真的在教室旁若无人地空手打起了网球——中文课所在的科学实验室刚好有一袋网球；大考不复习，100分的考卷得个位数的分数，也不下三次了。我总是强忍怒气，苦笑着，继续自己的坚持。

我不相信奇迹，却相信日积月累，铁杵成针，水滴石穿。在过去的两年里，我对布兰说得最多的话，除了"不要说话""举手""记笔记""记得做作业"，便是"我相信你，你真的有学好中文的天赋，但是你需要付出努力，才能做得更好"。

期末复习期间,布兰开始记笔记、写作业,每周到我的自习室练口语。他不再抱怨中文太难,大概是终于醒悟了,觉得中文太难只是因为过去自己太懒。不出意料地,6月,布兰考过了全州中文统考(FLACS Checkpoint A Exam),升至高中中文Level 2。我不知道是什么让布兰发生改变,也许是期末考试和升学的压力,也许是我的唠叨终于有了成效,也许他真的长大了。

今年开学,我再也不用督促布兰做任何事,没有我的提醒,他也会主动举手发言,自觉记笔记、写作业。不久前,他收到了今年的第二张满分考卷,开心地问我:"何老师,你有没有为我感到骄傲?"

后 记

教室白板上的"正"字时刻提醒着我,课堂管理的核心其实并不在于炫目多样的奖励和惩罚机制,而是要摘掉有色眼镜,公正公平地对待、理解和尊重每一个学生,再将外部动力(extrinsic motivation)转化为学生求知的内在动力(intrinsic motivation)。作为老师,我们不可能改变每一个孩子,但也不能轻易放弃任何一个学生。坚持给予他们正能量的引导,奇迹可能就会发生。

吾班有丽初长成

马帅,本科专业为英语教育,研究生专业为课程与教学论。具有多年中国、美国中小学一线教学经验。写作本文时,在美国路易斯安那泽维尔大学孔子学院工作,任教于奥杜邦特许学校。

俗话说"山中无老虎,猴子称霸王",我的这一群学生在班主任离开教室后,妥妥地把我的中文课堂变成了度假的花果山。"安静!安静!""迈克尔,回座位去!""亚瑟,上课不要吃东西!"我每天都要与二十多个坐不住的小猴子斗来斗去。

约法三章,初见成效

这一天,我故意收起笑容,表情严肃地强调了一遍课堂纪律,并公布了新的奖惩措施。当我说到课堂表现糟糕的学生要取消课后活动时,孩子们的耳朵都竖起来了,每天半个小时在操场自由玩耍是他们最在乎的。我从学生瞪大的眼睛里发现了他们的软肋,不禁暗自窃喜。课上到大半,相安无事。哈里森和凯丽管不住自己的嘴,于是,我发给了他们一人一张抄写拼音的练习纸,并大声告诉全班学生:"如果没有抄写完,那么老师只有在自由玩耍时间帮你辅导中文作业了。"这是说给他俩听的,当然更是杀鸡儆猴,让全班听到警告。

下课时,两人的练习纸空白一片,我倒也不意外。于是,按之前的规定,我留下了他们,让其他学生到操场自由活动,哈里森顿时着急起来,他看了看自己空白的拼音作业,犹豫了一下,便立即拿起笔乖乖写起来。是的,他知道我不只是嘴上说说。哈里森积极完成了作业,并保证以后不会再违纪。

严格贯彻惩罚措施,课堂管理初见成效。

混世魔王，无法无天

然而，这招并不是对所有学生都管用。如果说班里的学生是一群小猴子的话，那么凯丽绝对就是叛逆的齐天大圣——随意离开座位，随意吃东西，根本不把老师的规则放在眼里。

送哈里森去操场后，教室里只剩下我和凯丽。凯丽脸上写着倔强和挑衅："不！我不写！"我们就这样僵持着。我的脑袋也在飞快地转着。如果今天这个"老大难"我驯服不了，那么其他学生也会无视我的新规定。她在教室里乱走，我便在后面跟着；她走出教室，我便也跟到走廊。自然，对于我的任何指令她都是不听的，只是一味地对着干。

我把手里的拼音作业递给她："老师再给你一次机会，回教室写完了我就带你去操场。"

"不！我就不！"她转身跑进教室，蹲在放书包柜子的角落里，双手抱着腿，喃喃自语着："不！不！不！"我看见她眼泪都快下来了。

"马老师！"在我跟进教室后，法语爱丽老师叫住了我。

"你最好不要和她单独待在一个教室里。"爱丽老师一看就猜出了个八九不离十，年级的问题学生她比我更了解。她也知道我初来美国，需要很多提点和建议。她悄悄地提醒我，不要和学生单独在一个教室里，因为学生可能会撒谎，而教室里没有第三人，老师没有办法保护自己。我才突然惊醒，想起了学期开始教师培训时，有老师被学生诬告的极端案例，我一阵后怕，心中也暗暗感激同事的好心提醒。

爱丽老师主动提出带走凯丽，"休息一下吧！"她安慰我。

"改造"凯丽的第一回合，以失败告终。

第二节中文课，其他学生收敛了很多，让人头痛的还是凯丽。她是一道无解的难题。她可能是因为上次没有玩耍时间而故意捣乱，不断打断我上课，要去走廊喝水，要去上厕所，她还一直影响其他学生。"老师，凯丽拿走了我的铅笔！""老师，凯丽把胶水故意涂在我的桌子上！"……我感觉我的头都快炸了。

"凯丽，把铅笔还给你的同桌。"

"不！"

"凯丽，把胶水放起来。"
"不！"
"如果你再不听话，那么我会送你去副校长办公室。"
"不！"
……

我们就这样僵持着，课也没法儿继续了。"凯丽，把铅笔给你的同桌！那根本不是你的。"有学生看不下去，在主持公道了。

"闭嘴！这就是我的铅笔！"凯丽大声说道。

"哇，她说脏话！""你在撒谎，凯丽。铅笔是你抢的同桌的。""她是个撒谎精！"课堂上七嘴八舌，已经要失去控制了。

"所有人都安静！""这里只有一个老师！"我大声地维持着秩序。等其他孩子安静下来，我对凯丽说："凯丽，听老师话！""不！"她的回答似乎永远都只有这一个字。我束手无策，只好按下教室墙上的按钮，让学校前台带凯丽去副校长办公室。

送凯丽去办公室的第二天，副校长带凯丽来到了我的办公室。副校长说明了来意，并严厉要求凯丽向我道歉。接下来的一周，风平浪静。我暗自庆幸，学校的管理层对问题学生还是有些办法的。

然而，好景不长，凯丽很快又回到了以前的状态，所有的说教都无济于事。第二回合改造凯丽，也以失败告终。

峰回路转，柳暗花明

就在我紧锣密鼓地谋划第三回合交锋时，学校开了一次家长会。凯丽一家拜访我们几位任课老师，这样千载难逢的好机会我可不能放过。等爱丽老师和他们交流完后，我微笑着跟他们打招呼。凯丽很紧张，怯怯地看着我，可能是害怕我在她妈妈面前告状吧。凯丽妈妈很坦诚地说："我从班主任那里了解到，这孩子平时给您添了不少麻烦，真是抱歉。"此时凯丽在一旁一言不发，特别老实。

"凯丽是一个很聪明的孩子！"我没有说她的坏话，反而开始表扬起她来。"如果她把她的聪明用在中文学习上，她一定会做得很棒！"凯丽有些吃惊，看得出她松了一口气，感激地看着我。

第一章 课堂管理

　　在他们快离开的时候，凯丽看到我办公桌上有一把中国扇子，试探着问我："好漂亮，我可以要吗？""凯丽，你可以赢得的。你是一个很聪明的孩子，如果这个月你在课堂上表现好，老师便答应在月底送给你，怎么样？"她惊喜地点点头："好！"这一次，她的回答不再是"不！"

　　之后，我也试着去发现她的闪光点，而不是通过强硬的惩罚手段。我意外地发现，积极正面的鼓励比惩罚效果更好。凯丽确实是一个很聪明的孩子，在后来的学习中，她居然成了我的得意门生。第三个回合，取得阶段性胜利，其中关爱和鼓励是取胜的秘密武器。

　　有一节汉语课，我们学习"我爱你"三个字，凯丽工工整整地写下了这三个字，"老师，这是送给你的。我爱你！"我把它贴在办公室墙上，我相信这是发自真心送给我的礼物。

后　记

　　成功的课堂管理离不开规则的制定，无规矩不成方圆。一旦制定规划，老师便要严格地实施，不能朝令夕改，失去了自己的权威和公信力。

　　在处理问题学生时，要灵活处理，因材施教，找到突破口。如果硬的不行，就来软的试试。解决问题学生没有统一的模板，对症下药，因人制宜。

"小手指"的风波

李丹，南京师范大学英语专业学士，齐齐哈尔新江小学中文教师。2017年8月通过教育部中外语言交流合作中心公派汉语教师项目赴美，任教于路易斯安那州泽维尔大学孔子学院。写作本文时，任教于新奥尔良本杰明·富兰克林小学。

如果用一个词语来形容新奥尔良，我觉得"充满欧陆风情的热辣少女"最贴切不过了，它常常被人们称为一座最不像美国的美国城市。也许正因如此，它一直吸引着全世界好奇的人们来此驻足欣赏。2017年8月末，初到新奥尔良的我，深深地被这座城市吸引了：法兰西区的法国风情建筑在游览马车的叮当声和各式街头音乐的醉人旋律中飘散着特有的法式香味，香气四溢的克里奥尔美食吸引着络绎不绝的食客，绿铁皮的有轨街车载着情致悠然的人们穿行在静谧从容的橡树林中……

种种的美好感受不知不觉中伴我走到了新奥尔良的冬天。听当地的同事们说这个冬天特别冷，也许是为了欢迎我这个喜欢雪的异客，就在圣诞节前的一个星期一，外面居然飘起了鹅毛大雪。从没见过真正的雪的孩子们都欢呼雀跃了，节日的氛围更被烘托到了极致。恰恰是在这样异常兴奋的情形下，我的头号"头疼班"给我来了一个措手不及的考验，为我一直以来在新奥尔良的美好生活加上了一笔不一样的色彩。

下雪后的第二天，整个校园都沉浸在节日的欢乐氛围中。当天下午我有一年级三个班的课。我心想这个时候学生们的心早就不在学习上了，不能准备太多的新内容。此时也快到新年了，于是我想不如今天的课就少讲点儿知识，然后教学生们做我们中国的传统灯笼，他们一定很喜欢。想着这个好点子，自己也兴奋了一下，于是中午吃完饭，我立刻回到办公室准备下午学生做灯笼的用品。

第一章 课堂管理

　　下午的第一节课是一年级快班的课,孩子们做灯笼做得热火朝天,看着一个个彩色小灯笼从自己的小手里诞生,开心极了!转眼就到了第二节Ms. Griffin班的课,也就是我的头号"头疼班"。我之所以这么称呼它,绝非出于情感偏见。自开学以来,近半个学期过去了,其他班级在我的各种对策和整顿下都已经井井有条,而我在"头疼班"的纪律上花的心思最多,收效却不显著。这个班是一年级按照快、中、慢分班后的慢班,这个班的孩子很聪明,学习能力不比另外两个班差,但他们的缺点是不遵守纪律,自我约束能力差,个别孩子还个性十足。在我想尽对策之后,纪律也是时好时坏,每次来这个班上课我总是提心吊胆,期盼今天能顺顺利利。

　　我手里拿材料往Ms. Griffin的班走去,心想平时提着的心今天应该可以放下了,做纸灯笼一定能吸引熊孩子们。但当我一跨进教室的门,就觉得又要事与愿违了,今天气氛不太对,许多学生正朝别人伸小指头,互相嬉戏打闹,我暗想又要迎来斗智斗勇的一堂课了!最近几天我听到过学校几个老师抱怨说,最近学生中间不知怎么的,兴起了朝别人伸小指头这么一个不良动作,据说表示鄙视对方太弱。学生们看到我拿着一大堆五颜六色的材料走进来,刚才的势头并没有减弱。我站在前面没说话,如此情形之下就算说出几句组织纪律的话,也只会显得苍白无力。我本想用默不作声来引起学生们的注意,可不但没用,就在这时班里几个刺儿头还边嬉闹边兴奋地朝我说话了:"李老师,你知道这是什么意思吗?"边说边举着可恶的小手指。更过分的还在后面,接着,班里有名的两个"野孩子",Daigah(女)、Diemp(男)开始龇牙做鬼脸,朝我诡异地笑起来,嘴里喊着"李老师",竟朝我伸出了小手指……见此情形,我站在那里很久没理他们,刚刚热闹的场面安静了许多,其他人都纷纷回过头来看向我,似乎是看我的反应和事态的发展。

　　其实这时的我委屈的泪水已经在眼眶翻涌,但我很快让自己的心情平静下来,让已经提到嗓子眼的气往下沉了沉,心想,现在不是发泄情绪的时候,那样只会又抛给熊孩子们一个笑料,或是让他们看到一个无能的老师。我稍做调整,然后装作什么都不懂的样子,轻松地对他们说:"今天我们班的孩子都做这个手势,那么这个手势代表的是好的意义还是坏的意义呢?"听我问到这话,熊孩子们似乎松了一口气,争先恐后地对我说:"李老师,这个代表好的意思。"刺儿头们还是边说边诡异地笑着。所谓无巧不成书,正在这时,平日很少进我的课堂的班主任Ms. Griffin走了进来,熊孩子们的表情瞬间变得紧张起来，刚刚嬉闹、"邪恶"的嘴脸荡然无存。

　　Ms. Griffin没说话，看样子是想观察一下虚实。而这时的我说话就有底气了，我接着说："孩子们，如果这个手势表示好的意思，那么好吧，明天开始我每到一个班级上课都会把这个好的手势教给其他班的孩子们，并且还会告诉他们这是Ms. Griffin班的同学们教我的。"当着班主任的面听到我说这话，小鬼们顿时眼神发直，面露灰色，大都看看我又看看Ms. Griffin， 我差点儿憋不住笑出来，心想："哈哈，怎么样，小鬼们，作茧自缚了吧！"可没想到的是，听了我的话，似乎比小鬼们更紧张的是Ms. Griffin。我话音未落，她连忙对我道歉："李老师，对不起，他们今天做出如此不礼貌的行为，我真诚地向你道歉！"我把头转向她，微笑着说："没关系，Ms. Griffin，我没有生气，我当然不会真的这样做，我只是想通过这件事教会孩子们点儿什么。"随后Ms. Griffin对着学生一顿批评："李老师从遥远的中国来到这里教你们学习汉语，你们应该懂得尊重，要珍惜学习机会。"期间我只是保持面带微笑，没有说话。

　　等批评环节告一段落，我像什么都没有发生过一样继续上课。由于手势风波耽误了不少时间，我索性直接进入制作新年纸灯笼的环节。小鬼们虽然气势被打压了下去，但对做灯笼还是很感兴趣。看见一个玲珑可爱的小灯笼从我手里麻利地腾空而出，小鬼们难掩佩服的目光。他们也各自忙起来，对我不但没有怀恨在心，反而亲近了许多，明显感到微妙的变化正在发生着……刚刚做出过分举动的男孩Diemp的灯笼在手里怎么都不听话，又很想成功的他，带着略微不好意思的表情过来向我求助。我若无其事地帮他做好了灯笼，他高兴地跳了起来。我能清晰地感觉到他的眼神里褪去了平日的傲慢，现出了孩子的天真！下课铃响了，有些孩子的彩灯笼成形了，有的还差收尾工作。我宣布今天的家庭作业是把没做好的灯笼带回家完成，然后挂到家里作节日装饰。我们最后在平和欢愉的气氛里结束了这节课。

　　课后我回到了办公室，不知怎的，委屈的泪水还是从眼眶里流了出来，想到自己半年来为这个"头疼班"付出的种种努力，就算没有功劳也有苦劳吧，也许是我对熊孩子们太"好"了，没有在他们心里树立起威信吧。我转念又一想，自己对今天这个事件的处理还是比较满意的，自己的气消了，熊孩子们也似乎觉得对我这位新老师应该另眼相看了，自己也觉得宽慰不少。

　　之后的几天里，我忙着上课和处理各种事务，几乎淡忘了这件事。转眼到

第一章 课堂管理

了周五，又是一年级的课。我像往常一样拿着电脑和各种教具来到Ms. Griffin的班，意想不到的是今天小鬼们纪律出奇地好，一改往日教室一片狼藉的状态。我一进门，大家都坐得很整齐，眼神微带善意地看着我，整个一节课上得可以说是开学以来最成功的，甚至平日最调皮的几个孩子居然都主动举手回答问题。男孩Diemp的转变最明显，自从"小手指"事件后，他的大眼睛变得天真闪亮了，而女孩Daigah也多次试图举手回答问题，可是我故意不叫她，我想让她意识到平时表现不好并且做错事之后是要付出代价的。她感到我故意疏离她，自己也浑身不自在，开始反省自己的行为。快乐轻松的时光总是很快，转眼间该下课了，我宣布下课以后，Daigah走到我的面前，没说什么，只是伸出双手给了我一个暖暖的拥抱，那一刻我的心融化了……

后 记

　　自从"小手指"事件以后，我的"头疼班"已经不再让我头疼，渐渐地我和他们的默契融洽程度似乎已超过了其他班级，师生共融的课堂氛围真是一种妙不可言的体会！

　　在小学任汉语老师，首先面对的难题是课堂管理，而有效的课堂管理方法一定是要对症下药的。究竟怎样对症下药，还在于老师要揣测和摸索不同学生的心理特点，在恰当的时候施一剂猛药，有时可以达到事半功倍的效果。另外，作为老师，要不断丰富自己的知识面，只有真正令他们崇拜的汉语老师，学生才会被汉语课吸引，变被动学习为主动。

Tales of teachers
Case Studies and reflections from CFL classroom in North America

北 美 故 事
美国一线汉语教学案例与反思

第二章

中文教学

导读：

"美国中文教学"，是一个太过宏大的主题，因为它包含着纷繁复杂迥然各异的教学理念、教学流派、教学层面、教学对象和教学方法。

也唯其如此，在现实的教学实践中，它得以生发出五彩缤纷的教学故事，本章中选编的这十个教学故事，虽然只是冰山一角，远不足以纵览美国中文教学的全貌，但也希望能通过这些鲜活的故事，帮助读者"管中窥豹，得见一斑"。

《"陌生"的母语》和《我学中文，不是因为我喜欢学中文》两个故事告诉我们：美国中文教学的课堂上，不同的学生有着迥然不同的学习动因、学习背景、学习兴趣、学习目标等，只有充分了解这些，才能有的放矢地做好课程设计，做好教学工作。

《"鹅，鹅，鹅……"的传说》中，古典诗词在汉语课堂中的融入；《中国有嘻哈》中，流行元素在中文课堂上的呈现；《歌声与微笑》中，中文歌曲在中文课堂上的运用；还有《纸飞机上的梦想》中，汉语梦、中国情与手工课的联结，既是各位老师用心教学的真实记录，更是"教无定法"的最好诠释。《为赋新词"墙"说愁》中的那群高中学生，如果将来有一天能够来到中国，登上长城，是否会想起他们自己在美国的中文教室里搭建的那座"汉字长城"？

《幼吾幼以及人之幼》记录的是一位理工科博士，在社区为华裔孩子开设中国文化课的故事，而这位并非科班出身的中文教师，从实践中总结出的"有关、有用、有趣"的中国文化教学三原则，却值得所有的专业汉语教师参考借鉴。

《座位的故事》讲述的是美国大学中文课上华裔学生对座位位置的选择，折射出他们对自我及他人身份和文化的认同，同时也提醒着汉语教师：在中文课堂这个美国多元文化的缩影中，要真正实现学生间跨越文化、种族、性别、年龄的融合，是多么不容易。而该文作者刘刚老师记录的另一个故事《The Little Chinese Reader》，引出的是"如何提高华裔学生的中文阅读水平"这个课题，也给我们带来一个终极之问：抛开所有的教法，作为一名中文教师，如何才能帮助学生真正"在乎"中文？

"陌生"的母语

刘成思,纽约大学对外英语、对外汉语专业硕士,北京第二外国语学院汉语言文学、英语专业学士。写下本文时,在纽约某公立高中任汉语教师、ELL英语教师,致力于帮助新移民学生在尽快适应美国学校文化,以及全英文授课模式的同时,尽力保持自身独特的文化身份与文化认同感。

当我拿到分班名单的时候,其他几位同年入职的新老师纷纷向我投来了羡慕的目光。

"这么好!母语班啊!"

"会轻松很多呢,哪像我们,要从拼音教起,不知什么时候才能看到成果呢……"

"就是,要是再碰上英文都不怎么好的学生,真是要'尬讲'一整年了……"

在这些声音的围绕下,我开始暗暗窃喜自己的好运气,前几天那种新老师初来乍到的焦虑和无所适从也渐渐地云开雾散。经过大约一周的磨合,我感觉自己对于学生的性格、水平都有了不少了解,便正式进入了课程教学。

这一单元我们学习辩论。我先向学生介绍了辩论有关的专业术语:正方、反方、辩词、辩友、立论、驳论、质辩、结辩等,然后介绍辩论赛的规则及流程。为了让学生了解一场辩论赛应该是什么样的,第二节课我提前从网上找了一段国内大学生辩论赛的视频,辩词激烈令人惊叹!

我一走进教室便对学生们说:"大家快坐好,今天,我们要看一个视频!"

"耶!"

"好棒!"

"老师你怎么这么好!"

"所以就没有作业了吧！"

……

我话音未落，教室里的欢呼声早已经响成了一片。

"但是——"我拖长了声音，"为了保证大家都能认真看视频，请大家一会儿用视频中的信息把表格填写完整，我会叫同学来分享答案。"

刚开始，学生们都聚精会神地盯着屏幕，手握铅笔，随时准备记录下有用信息。可是没过多久，班里渐渐开始吵闹了起来。

"他们说的什么啊？我一点儿也听不懂……"

"这个人说的是中文吗？"

"是不是有口音啊？"

开始只是几个同学小声抱怨，我还以为只是个别现象，后来其他学生听到抱怨之后，也纷纷表示听不懂，整个班渐渐开始躁动起来，我才意识到问题的严重性。

"老师，这题我们没法儿答，完全不明白！"

"这个不会算课堂作业成绩吧，那我完蛋了！"

"不公平啊，老师……"

备课的时候我曾经设想过各种特殊情况的发生，可是全班学生都听不懂视频中的对话，这样的情况可是我万万没有想到的。一时间我也手忙脚乱，不知道应该如何处理。情急之下，我暂停了视频，并取消了原先设计好的课堂活动，只让他们复习笔记，就这样草草结束了这节课。

事后，我一直在反思，却找不出症结所在。办公室一位更有经验的中文老师善意地指出了我的问题，她说，学生们听不懂视频中的内容，很可能是因为他们不熟悉辩题的背景知识。听了她的一番话我才恍然大悟，我的学生虽然可以用中文流利地进行日常交流，却可能缺少扎实的文学功底、丰富的知识量。辩论赛的辩手不仅要有唇枪舌剑的本事，还要有逻辑学、哲学、心理学、语言学、历史学、社会学、政治学、经济学等知识。对我的学生来说，理解起来自然非常吃力。

意识到自己对学生的学习经历几乎一无所知，我开始利用学校课后班的时间与学生交谈，尽量多地去了解他们以往的学习与生活。而我所听到的种种过往，都着实令人心酸。我班上的孩子竟然有一半多不是从中国来的，而是来自南美洲的某个小国家，父母在他们年幼的时候便带着他们从中国去南美务工，而中文都没有学几年的他们，只能断断续续地在南美当地学校读书，老师也只用西班牙语授课。当他们刚刚能融入当地的学校，西班牙语也稍有起色的时候，父母却决定再次举家搬迁，希望纽约能给他们更好的生活。他们从没学过英语，现在要从头开始学习英语，还要拾起多年未曾碰过的中文。

　　听到这样的故事，我甚至不知道应该如何去安慰和鼓励我的学生，因为他们曲折的人生经历是我连想都想不到的。我以前知道的那种所谓的"成功"的学习经历，在他们身上并不适用。思忖了半晌，我告诉我的学生："上研究生的时候，我的教授曾经告诉我们，同时掌握多种语言的学生，虽然开始进步缓慢，但是未来的发展会远超过只会一种语言的学生。所以，虽然现在这样学习很艰难，但是如果坚持下去，将来一定能成为不可多得的人才，无论如何不能放弃。"

　　"其实您的课是我们最喜欢的课了，"班上不怎么说话的Lily小声告诉我，"因为每天的内容都很有意思。"Lily身后的同学也点头赞同。

　　通过跟学生们谈话，我把自己之前写的教案做了修改，我把辩题换成了更贴近生活的"综艺节目辩论会"，重新找了一个相对简单的视频，并且添加了字幕。在看视频之前，我同学生们一起简单熟悉了视频中的辩题，并且学习了辩论的常用句。改良后的课程进行得比想象中要顺利，在学生相对熟悉的主题下，课堂讨论变得更加积极。由于提前介绍了辩论的基本知识，学生们很轻松地就在视频中"定位"到发言人的论点。至于学生的课堂和课后作业，我也根据他们的水平等级制作了基础、达标和提高三种不同难度档次的题目。在这些改变下，不同程度的学生都得到了相应的帮助。

　　这件事让我意识到，母语班并不等于提高班或天才班，而是另一类需要特殊帮助的学生群体。接手母语班对于中文老师而言其实是更大的挑战，因为他们所面对的学生并非都有一个相似的"起点"，而是各自有着各自的不同。这就要求老师要花更多的心思和精力，去了解学生的成长背景和语言程度，并且制定与之相符的差异化学习目标（differentiated learning goal）。

　　　美国的教学理念中，差异化教学是十分重要的一项。在美国学

校,每位老师都应该对自己学生的水平有十分清晰的了解,进而针对班内高、中、低水平的学生,制定与之能力相符的学习目标,并提供所需的帮助。提供差异化教学的关键,就是依靠可掌握的数据资料,为每一位学生准确定位。一般而言,数据资料往往是考试成绩。然而有时候,考试成绩也很具有迷惑性,仅仅凭借考试成绩来判断学生的水平,制定学习目标,往往会出现失误,这也就导致了案例中这种情况的出现。仅因为分班考试时学生获得了进入母语班的资格,就盲目地为他们制定过高的目标,结果必然不甚理想。因此老师应多通过课上观察、课后交谈、与家长联络等方式,更好地了解学生的真实水平。

同时,差异化教学也包括根据学生不同的兴趣、性格、学习习惯等,为学生制定不同的学习方案。这些也不是考试成绩所能体现的,只能依靠老师通过种种其他方式真正了解学生才行。

我学中文，不是因为我喜欢学中文
——成人中文班学习中文动机趣谈

李惠文，教育学博士，克利夫兰州立大学孔子学院核心教师/助理院长，负责汉语教学科研等工作，研究领域包括教师专业发展、教学法、科研开发、汉字书法等，独立或合作发表论文论著数十篇/部。担任美国《汉语教学方法与技术》（Chinese Language Teaching Methodology and Technology）期刊主编，美国外语教学委员会（ACTFL）会员、美国中文教师学会（CLTA）会员、美国书法教育学会（ASSCE）主席。

　　我教的中文班有对社区开放的成人班，班里的学生与全日制的在校学生不太一样。成人班的学员往往年龄偏大，并且个人背景不同，有教授、商人、职员、厨师、无职业者等。我常常对他们来学中文的动机感到好奇，问他们的时候，很多人都表示他们并不是特别喜欢学中文，因为中文很难。可是，既然不喜欢学中文，那究竟为什么都跑来学中文呢？

我找到了"家"的感觉

　　介绍的第一位学员，是美国白人M。他学历不高，工人出身。M与第一任妻子结婚很多年，妻子对他很好，但是因为M不喜欢收拾家务（很多美国人是这样，这也许是去美国人家里做客需要提前预约的原因之一），两人离婚了。与第二任妻子结婚后，两人刚开始表现都还好，但时间一长，第二任妻子的邋遢也暴露出来了。M心想，我找你，是因为我不愿意收拾家务，本指望你来做贤内助，现在看来希望破灭了，所以一气之下又离婚了。

　　离婚以后，M就联系了国内山东某大学教英文，几年后合同结束，他年龄也大了，便回到美国过起了单身、无趣、低落的生活。没事可干，听说社区开设免费的中文课，于是就想来听一听。他退休后没有经济来源，生活相对拮据，每次听课就坐公交车或搭其他人的车来。后来碰到我，我邀请他去我们的办公室坐坐。他来到我们的办公区，看到整个楼层的三分之一都是我们的办公室，有一二十位老师在办公。当他看到满眼的中国人面孔，又听说我是山东来的，眼里顿时泛起了泪花，喃喃自语："找到了，找到了，家的感觉。"后来他隔三岔五就来办公室找我聊天，一聊就半天，讲他在中国的故事。

我要减缓智力退化

新学期一开始，班上来了一位女学员L。她每天蓬头垢面、邋邋遢遢，说英文慢慢悠悠的。她非常愿意讲中文，水平似乎要高于其他学员。我让她做自我介绍，她说她曾经到过苏州，在那里待过两年，所以许多话都能听懂。

L有些老小孩的感觉。她喜欢唱《茉莉花》，我鼓励她唱两句时，她非要唱完不可，而且重复的歌词也要唱，占用了不少宝贵的上课时间。上课提问的时候，她总是抢先举手。可是，我不能总让她回答，因为程度差一些的学生更需要练习。心里着急的时候，我就委婉地让她停下，或是让其他同学先回答，这时她常常嘴一噘，趴在桌子上，一脸不高兴。可是过一会儿，稍微一鼓励，她又会变得神采飞扬。

学期结束后，我碰到她。她见到我非常兴奋，问寒问暖，我就礼貌地问她："下学期你还学中文吗？"我心里想，这么难的课，而且你常常跟其他学生不合拍，不要学了吧。可是她的回答让我感到意外："中文我是一定要学的。你知道我为什么一定要学吗？因为我脑功能退化得很厉害，我学中文是为了减缓这种退化。"我一时语塞。

我要改名

班上还有一位退休的美国教授K，由于年龄的原因，他领会和反应速度都很慢，而且学习进步也不大，但是他对中文和中国文化的兴趣很高，学习总是有板有眼、非常认真，我觉得有这样的学生也挺不错，看到他高昂的学习兴致，也常常为他加油打气。

有一天他告诉我："老师，我要去中国看看，接下来一个月不能上课了。"我提醒他："你的成绩会受影响的。"他说："没关系，超过六十岁的学生是不计成绩的。"于是，我就同意了他请假，并鼓励他回来给班里同学讲讲在中国的经历，也算是一种共同学习。他说没问题。

　　他没有食言，一个月后回来了。他首先兴奋地告诉我："老师，我改名字了。"我好奇地问："改成什么了？"我心里纳闷，原来的名字"方伦"很好听，为什么要改名字？他说："方驴！"我以为自己没听清楚，忙问："什么？什么？""方驴。""方驴？怎么写？拼音是什么？"他很认真地写下这个字，而且还标出了拼音。我一看正是"笨驴"的"驴"、"驴脾气"的"驴"！我忍住不笑，问他："为什么要改这个名字呢？'驴'这个字用在名字里可不太好啊！"他倒是一脸轻松："没关系，我喜欢。""那好，"我接着问，"为什么要改成这个名字呢？"他认真地说："我去了西安，在那里吃了当地的驴肉，太好吃了，为了纪念这次美好的经历，我决定改叫'方驴'。"

　　我的天啊！还有这样改名的！

　　学期快结束时，我问他："你当初为什么要来学中文？"

　　他的回答也很有意思："我是为了了解中国，然后去看看那里的文化，特别是美食；还有，我想有一个地道的中文名字。"

　　"现在，我都做到了！"说完，我笑了，他也笑了。

后　记

　　教成人班学生多了就知道，这些学生学中文的动机真是千奇百怪：或是有个朋友讲中文；或家里太太是中国人；或祖辈有人去过中国；或只是对古老神秘的东方有一种天生的向往；或是去过中国，回来以后一定要通过学语言来延续那种感觉；或是觉得会说几句中文很酷；也或者就是喜欢吃中国菜；也或是像文中描述的三位成人班学员一样有更特殊的原因。在教成人班的时候，搞清他们的学习动机，了解他们为什么选你的课，兴趣点在哪里，近期、远期的目标是什么，学习方法是什么，这些都是非常重要的信息。因为只有这样，才能真正有的放矢地做好课程安排和教学设计，从而能进行有效的教学效果评估。

"鹅,鹅,鹅……"的传说

王海艳,河北大学国际交流与教育学院副教授,汉语国际教育专业硕士生导师,中国现当代文学专业博士,2015—2018年任路易斯安那泽维尔大学孔子学院汉语教师,在泽维尔大学教授初级、初中级、中级、高级四门汉语课程,并担任"中美强"学生大使遴选及指导教师、"中国俱乐部"指导教师、"汉语桥"比赛指导教师,曾获得"孔子学院杰出贡献奖""'汉语桥'比赛优秀指导教师""泽维尔孔子学院优秀教师"等奖项和荣誉称号。

我至今仍清晰记得,2015年8月25日星期二的上午,我步入泽维尔大学NCF教学楼时,小心脏怦怦跳的情形。那天是我第一次在美国上汉语课。虽然来之前,在国内从事对外汉语教学已有七八年的时间,学生来自五湖四海,肤色各异,语言水平不一,但那毕竟是"主场作战",我上课时有绝对的心理优势。如今,千里迢迢,飞越太平洋,来到别人家的地盘,像个"客场教练",第一次去上课,心里难免是有些忐忑的。

万事开头难。当我张开嘴,用标准的普通话向他们问候"你们好"时,我的美国汉语教学生活正式拉开了帷幕,内心也开始一点点放轻松。因为是汉语水平零基础的初级班,师生互相做自我介绍时,我只引入了一个简单的句型"我是……"。大家加上自己的英语名字,轮流操练该句型后,我开始转入第一课正题,从最基础的汉语问候语"你好"开始学习。"你好"也没有难度,学生们很快掌握,并且可以加上"我是……"的句子,和邻座的同学互相用汉语问好及自我介绍。

之后,我按照原先的备课计划,播放了2008年奥运会歌曲《我和你》的视频,刘欢和莎拉·布莱曼的高超唱功,比较简单的中英文歌词,视频中温馨而又震撼的奥运比赛场面等,都使得该首歌曲很受欢迎。同学们沉浸其中、乐享旋律,还有个别的同学跟着哼唱起来。这一切,都让我默默地为自己的选择

第二章 中文教学

点赞,看来这首歌是选对了!听完歌曲,我打开了我的幻灯片,第一页便是这首歌的题目(汉字上都标注了拼音),我想强化学习一下"我"和"你"这两个词语。我带着一点儿幽默和夸张的口吻,跟他们说:"在我来美国之前,我就听说美国学生学习汉语很厉害,尤其是汉语语音,基本上不用学习声母、韵母和声调,便可认读汉语音节。我不知道这种说法是否属实,你们来帮我验证一下吧!在我们没有学习任何汉语语音知识前,你们先试着拼读一下这三个字。汉字上面便是这三个字的读音,你们读一读吧。"听我动员完毕,学生们大都面带骄傲和愉悦的神情开始拼读那三个字,"我""你"因为之前已经练习了多次,所以稍微纠正一下声调即可,他们发音几乎都没有问题,问题出在"和"字,几乎所有人都将拼音"hé"发成了现代汉语语音系统中并不存在的"hi"。这是他们母语的负迁移现象,英语语音系统中,单元音e有时就是发[i]的音,如he、she的发音。

既然明白了问题所在,就应该对症下药,那我应该开哪味"药"呢?下课后,我一直在思忖这个问题,自己也不断地默念着他们出错的汉语单韵母:"e、e、e……",然后我联想到了唐朝诗人骆宾王的《咏鹅》"鹅,鹅,鹅……"。突然,我好像被电击了一下,一个影响我在美国三年汉语教学,也即将影响我未来若干年汉语教学的想法诞生了:我为何不拿中国经典诗词来辅助我的汉语教学?就拿《咏鹅》学韵母e。这个想法让我兴奋,让我顿时有柳暗花明、天高海阔的感觉,自己又默默地给自己点了个赞。

8月27日,是我来美国后的第二次汉语课,快下课的时候,我故作好奇地问他们:"你们是否还记得你们七岁时的样子?你们七岁时,有没有说过什么话或者写过什么东西,至今你还记得?七岁的孩子,如果写了一首诗的话,有没有可能会流传一千多年呢?"我的学生们,听了我的问题后若有所思,一边和大家分享他们的童年故事,一边又用期待的眼神看着我,都知道我在卖关子呢。我接着说:"一千三百多年前的中国,在浙江义乌,一个七岁的孩子,写了一首诗,流传至今。这首诗,在中国几乎是妇孺皆知、家喻户晓。你们想不想知道这首诗?"他们都使劲儿点头,我觉得自己课堂氛围渲染成功,可以切入主题了。

然后,我给他们看了一张照片(如右

图)。问他们,这是什么动物?他们自然知道。我接下来继续说:"用汉语说的话,它是鹅(é)。"在跟读、齐读了几遍后,我的幻灯片上出现了《咏鹅》的全文,是汉字、拼音标注及英文翻译版的。我首先让他们试着读了一遍,读得不准确的地方,我会适时纠正一下。不过,让人欣喜的是,因为之前的铺垫,第一句"鹅,鹅,鹅",没有一个人再读成"i,i,i"了,他们试读后,我领读了一遍,又让个别学生单独读了几遍,最后播放了一个诵唱音频,其欢快的节奏让一些学生在教室里热舞起来、哼唱起来,首战告捷!

接下来的日子,我的汉语课有了差不多固定下来的教学流程,每次快下课的时候,我会抽出10分钟左右的时间带他们读诗,练习汉语拼音。如《七步诗》练习汉语单韵母i;《寻隐者不遇》练习声母z、c、s、zh、ch、sh等。中国古典诗歌讲究句式的整齐或参差变化,讲究节奏和对偶,讲究平仄和押韵,都使得这些诗歌成为绝佳的练习汉语声调的语音素材。学生们也很喜欢这种形式的学习,感觉有趣、有益,尤其是在帮助他们练习汉语语音时,颇有助力。

在《咏鹅》告捷后的日子里,我一直坚持将诗词融入汉语课堂。初级班,就将沉淀、流传了上千年的中国经典诗词当作

学生反馈1:
Reading Chinese poems was very helpful and I believe it was a key component in helping me learn the basics of pronouncing all the different accents and tones in the Chinese language. The Chinese poems are absolutely beautiful and meaningful. It really exposed me to the Chinese culture making me appreciate it more.

学生反馈2:
I found learning the poems helpful overall. For pronunciation, as a new Chinese student it was useful. I had to carefully look at each tone and recite the poem carefully with consideration of each one. So it was good tone practice, and personally the tones are the most difficult part of learning Chinese.

学生反馈3:
I felt the poems gave me a great lesson in pronunciation, the nuances of the language, and an appreciation of the poetic element of the individual characters. The practice gave me a solid perspective of Mandarin Chinese as a language and helped further my understanding of grammar and the way each word can affect the meaning of the message.

语音练习的素材用；中级班，就将其作为简单词汇的学习语料；高级班则直接当文化教材学习。不管学生的年龄几何、汉语水平怎样，我坚信总有一首中国诗，他们会喜欢。

2018年5月18日，在美国教育界全面认可的、规模最大的汉语教学研讨会——全美中文大会上，我和与会者分享了我诗词教学的理念及方法，诸多一线教学的汉语老师颇有共鸣。"鹅，鹅，鹅……"正从中国学生的课堂里走进更多外国人的课堂里、心里、梦里……

后 记

作为中国语言艺术最辉煌、最丰硕的成果，中国经典诗词融入汉语国际教育的课堂，不仅是必要的，也是重要的。汉语教师可根据外国学生的语言水平和实际年龄，采用讲故事、唱诗词、练声调、学习词汇、了解背后的历史及文化等多种形式，带领他们走进中国经典诗词勾勒的世界，那里有语言、音乐、绘画等，是一个宝藏。同时，诗词的融入，对丰富汉语教学内容、灵活教学手段、拓展文化传播深度等都大有益处。

中国有嘻哈
——中文课上的流行文化

李纳得，本科毕业于浙江工商大学英文专业，纽约大学TESOL（对外英语教学）、CFL（对外汉语）专业硕士，写作本文时任教于纽约某公立高中。

在我就职的纽约公立高中里，一共有六门语言课：西班牙语、法语、拉丁语、汉语、日语和韩语。平常和同事们在一起聊天时，会讲起学生在课外如何拓展学到的语言。每到这时，我就会特别羡慕韩语老师。因为不仅是韩语班的学生，就连学习其他语种的学生都有不少对韩国流行文化特别感兴趣的，根本不需要老师特别嘱咐，自己下了课就会去看很多韩剧、听韩国流行音乐，对韩国的流行文化如数家珍。反观汉语课，只是偶尔才能看到学生们在课下讨论看了什么中国的电视剧或听了哪个中国歌手的歌。作为他们的老师，我也时常苦于难以找到优秀的中国流行文化材料，即便偶有适合高中生看的电视剧，也很难在网上找到有合适字幕的。所以，每当有学生跑来与我的韩国同事讨论最新的韩剧时，我们只能在旁边默默地羡慕着。

很巧，2017年暑假回国时，我看了一档非常火的综艺节目——《中国有嘻哈》，这也终于给了我一个能在韩语老师面前"扬眉吐气"的机会。高中时，我就听过一些嘻哈音乐，但是几乎都是美国的歌手，如埃米纳姆、50美分、图派克等。他们的歌代表美国黑人的街头文化，旋律非常刺激，英文念得飞快，让人精神振奋。然而，我从没想过有一天嘻哈这个主题竟然能走进我的汉语课堂，竟然能让美国学生听到来自中国的嘻哈音乐。

开学后，我就一直跃跃欲试地想给中文AP（Advanced Placement）班的孩子听听中国说唱艺人们的表演。AP班的学生以高中12年级的为主，大都是十六七岁。在学校走廊里遇到他们的时候，他们常常头顶一副颜色鲜艳的大耳

第二章 中文教学

机,摇头晃脑地沉浸在自己的音乐世界里。所以我敢肯定,嘻哈音乐一定会抓住他们的兴趣点,带给他们特别的一课。

一天,我们刚刚复习了"暑期生活"单元,大家你一言我一语地介绍着自己的暑期生活,有的说自己忙着打工赚零花钱,有的讲了回中国探亲时发生的事,还有的忙着准备SAT考试。当大家都差不多讲完了,我问他们:"你们知道李老师暑假做什么了吗?"他们又七嘴八舌地猜了起来,当然没有一个猜出来。我告诉他们:"我暑假看了一个节目叫《中国有嘻哈》,你们猜猜'嘻哈'是什么意思?"因为他们都知道"喜欢"的"喜"和"哈哈"的"哈",所以有人猜是恶搞节目,也有人猜是比赛讲笑话的节目,他们那些可爱的猜测真是让人忍俊不禁。于是,我又给出了一条提示:"嘻哈就是hip-hop的意思。你喜欢的歌手里有没有人是一边说话一边唱歌的?"他们知道"说",也知道"唱",这时有个学生问:"李老师,你是说rapper吗?"哈哈,终于答到点子上了!我克制住内心的激动,故作冷静地问他们:"你们知道美国有埃米纳姆,你们知道中国有谁吗?你们听过中国的嘻哈吗?"学生们一脸疑惑,仿佛中国的音乐在他们看来就只有《茉莉花》《新年好》以及《月亮代表我的心》。

看到他们迷茫的神情,我立刻亮出了我的法宝——GAI的《苦行僧》。《中国有嘻哈》中出现了一批风格迥异的选手,其中最让人眼前一亮的就要属GAI了。GAI成名于重庆,经常用普通话夹杂着重庆话进行说唱,喜欢融入一些具有哲理或评书式的段子,有特别浓厚的中国风。他的歌词朗朗上口,再加上重庆话自带音律的特色,让人愿意一听再听。由于班上不少学生有福建话、广东话和温州话的背景,选择GAI的表演,也是为了向他们介绍另外一种他们并不熟知的方言。《苦行僧》的表演不过短短两分钟,但是班里的气氛瞬间被点燃了,每个人都目不转睛地盯着屏幕。一个平时学得特别吃力,几乎已经自我放弃的黑人小男孩D激动得几乎要跳起来了。他不断地跟着GAI的旋律摇晃身体,在中间副歌的部分差点儿将课桌椅抬起来跟着自己一起晃。要知道,D是个将近一米九的大高个儿,他的行为把大家都逗乐了,大家已经很久没有看到他这么激情的一面了。

第二首给他们听的是Vava的《我的新衣》。之所以选这首歌,是因为它节奏轻快,歌词简单,重点句重复率高,保证学生听一遍就忘不了,听两遍就能跟着旋律唱。有个平时就爱搞怪的小男孩在之后的几天里,看到我就对我念

"穿我的，穿我的新衣，希望每一天有不同的惊喜"，还非得要加上手势。每次看到他我又好气又好笑，心想听写的时候怎么没看他使这么大劲儿呢。

很高兴能将国内的流行节目带到我的汉语课堂上，让美国的学生听一听中国范儿的嘻哈音乐。他们能听懂多少歌词其实并不是最重要的，主要是希望他们能有更多契机去接触和了解中国的流行文化，让他们知道中国音乐不仅仅有经典传统老歌，也许有些也能进入他们手机的播放列表里呢。

后记

与学生有很多除课本内容以外的谈资，我想这是每一个汉语老师梦寐以求的。丰富的流行文化不但会充实课堂教学，为学生提供更多使用所学语言的机会，更给学生一种"我学的语言很酷"的认同感。

在这点上，没有比韩语更成功的例子了。据BBC报道，美国语言协会统计结果显示，2013—2016年在美国大学攻读语言学习的学生减少的情况下，选择韩语的学生却增加了16%。必须要承认，韩流文化的来势汹汹确实为韩语学习在海外的发展助了一臂之力。韩裔美国作家洪又妮甚至出了一本书叫《韩流的诞生：一个国家是怎样通过流行文化征服了世界》(*The Birth of Korean Cool: How One Nation is Conquering the World Through Pop Culture*)来分析这一现象。以我们学校为例，很多美国孩子都觉得会唱会跳韩国流行音乐很酷，学说韩剧里女主角的台词很可爱。学校的韩流社里可以看到各种肤色的学生，每年办韩流文化节会有几百人去捧场。

希望咱们华语圈的流行文化也能日渐强大，向海外的青少年们展示的不仅仅有中华文化古老渊博的一面，更有充满活力的新生的一面。

第二章 中文教学

歌声与微笑
——中文歌曲在汉语教学中的运用

汪海霞,美国匹兹堡大学教育学博士,匹兹堡大学亚洲研究中心教学主管,卡耐基梅隆大学高级讲师,美国西宾州中文教师协会董事会成员。曾获梅隆研究基金资助,在剑桥大学李约瑟研究所访学。研究兴趣包括跨文化交际与传播、汉语国际教育、教师培训等,有多年中美大学教学经验,发表中英文论文多篇。合著《当代媒介素养教程》,合编《跨文化交际案例:汉语教师海外工作实训教程》《生存攻略案例:汉语教师海外生活实训教程》《传统与现代:海外中文文化教学》及《北美故事:美国一线汉语教学案例与反思》(北京大学出版社)。

请把我的歌,带回你的家,
请把你的微笑留下。
请把我的歌,带回你的家,
请把你的微笑留下。
明天明天这歌声,
飞遍海角天涯,飞遍海角天涯;
明天明天这微笑,
将是遍野春花,将是遍野春花。

歌声是有魔力的,当你看到这首《歌声与微笑》的歌词,是否会不由自主地哼唱起来;歌声也是有历史的,如果你记得这一首歌,也会记得那个时代的童年。有很多歌曲,即使不能记住所有的歌词,那熟悉的旋律也会萦绕在脑海。喜欢听歌唱歌的我,也希望和学生们分享。如果学生能把中文歌曲带到海角天涯,那么老师的微笑将会是遍野春花。

开场歌曲

　　中文教学中，可以根据学生不同的学习层次，教不同难度的中文歌曲，来增加学习的趣味性。和诗歌一样，有韵律的歌词也有助于记忆。其中，对于零起点的学生，《请给我一杯》是非常合适的歌曲。用"请给我一杯"的短视频，可以教饮料的名称和相关的句型，以及量词"杯"的用法。课堂练习的时候，要强调变换场景的重要性，使口语练习不仅仅是单调重复，而是适当的拓展。另外，还可以鼓励学生录制自己演唱的歌曲作品和老师、家人、朋友分享。

　　《请给我一杯》可以说是老少皆宜，朗朗上口，我教过大学生，效果也不错。可是最富有挑战性的、最紧张的一次，是2015年向时任国务院副总理刘延东女士展示的示范课。说到这次经历，先要从匹兹堡大学的孔子学院说起。

　　美国宾夕法尼亚州的匹兹堡市是一个美丽的城市，天湛蓝水清澈，雕花的哥特式教堂在阳光投射的光辉中高耸入云。匹兹堡市与武汉市是一对友好城市，都处于三江交流之地，拥有久远的工业历史。颇有缘分的是，建校两百余年的匹兹堡大学与百余年校史的武汉大学，于2007年共建了宾夕法尼亚州第一所孔子学院——匹兹堡孔子学院。

　　我在孔子学院做助理，同时在匹兹堡大学读外语教育博士，2015年夏天有幸参加国际研究中心暑期项目，教不同学校选拔出来的高中生中文。以前主要教大学生，这是第一次教高中生，还是有小小挑战的。6月份，接到刘延东女士来访的通知，她要来看看匹兹堡孔子学院的成果，还要参观中文课堂。可是我的学生零基础，准备的时间很短，到来访的那天才刚刚学了五天中文，每天学习一小时，能够展示什么呢？

　　那段时间很忙，协助校长办公室、国际研究中心安排行程、设计展板、布置会场、准备节目等等，已经没有多少时间准备示范课，压力很大，心里暗暗着急。有一天晚上，在办公室准备材料到深夜两点，腰疼得实在受不了，就把一块展板在地上一铺，躺在上面休息一会儿。当时口干舌燥，就想来一杯冰镇饮料。

　　我突然灵机一动——为什么不用《请给我一杯》的视频教学生怎么点饮料呢？当机立断，从地上爬起来，着手准备教案和幻灯片。先确定词汇和句型，用粗体的马克笔分别写在红色和黄色两块展板上，这样教室后面的同学也能看清楚。基本准备好了教案，第二天给学生放了一分钟短视频试讲。学生挺喜欢有节奏的说唱和伴奏,可是我忽略了一个重要的问题。

刚放完视频的第一句:"请给我一杯啤酒!"有个金色卷发的男生举手,用英文说:"老师,我们是高中生,不能喝酒。""哦,是吗?多少岁才能喝酒?""21岁。"我赶紧说抱歉,跳过第一个词,还好后面都是普通饮料。课后仔细问了高中项目主管,她也提醒我,在美国对于未成年人喝酒的话题非常敏感。特别对于中小学生,教学中一定要避开"啤酒""白酒"等和酒有关的词汇,这个话题也不要讨论。而且这个举手的学生,是从一个天主教高中选拔出来的,家里也有天主教的传统,所以特别注意。他在课堂上,是个非常勤奋好学的学生,很感谢他的提醒。不然真等到示范课的那天,听课的是教学经验丰富的匹兹堡大学教务长和教学主管,那就糟大了。我果断把视频中的第一句截去,确保教学内容没有问题。

来访当天,我做了精心的准备,给每个学生打印了图片和词卡,还用几个托盘和几种饮料瓶做教具。当刘延东女士进入教室的那一刻,我觉得眼前一亮,她身穿湖蓝西服外套配黑裙,让人感觉非常亲切,如沐春风的笑容,让我和学生都放松下来。接下来的示范课就很顺利了。

开场就是学生一起跟着视频唱"请给我一杯可乐,请给我一杯牛奶"。之后分组练习:"请问您喝什么?"练习在餐馆和飞机上的不同场景对话。之所以强调场景,是因为"在朋友家"和"在餐厅或者飞机上"使用的语言稍有不同,在餐厅用"您"和"请"更正式些,让学生明白在不同的场合怎样说更合适。学生们的表现太给力了,效果非常好。这首歌也成了这班学生的神曲,不仅下课后经常哼唱,还教隔壁班学阿拉伯语的学生,暑期课程结束后还记忆犹新。

改写歌词

我在卡耐基梅隆大学兼职授课的学生都是大学生,上课的时间安排比较紧,强调语言对话训练,没有太多的灵活时间教歌曲。而在暑期教的高中生,每次课80分钟,时间比较灵活。在学了"家庭"这一主题后,就教了《让爱住我家》这首歌。需要注意的是,歌词是改写和简化过的,适合他们的语言水平。而且学歌不在课堂占用太多时间,通常是先听一两遍,发打印好带汉语拼音和英语翻译的歌词,让他们明白意思,然后让学生回家在网上找视频,自己练习。这个班的学生很积极,有3个学生会弹吉他,就把吉他带到班上,课前和课后练合唱。在学了《你是哪国人》之后,他们最喜欢的是《对不起,我的中文不好》,几乎把学过的语言要点都复习了。

高中生暑期中文班唱《让爱住我家》

简化的《让爱住我家》歌词非常好记:

我爱我的家,弟弟爸爸妈妈;
爱是不吵架,常常陪我玩耍;
我爱我的家,儿子女儿我的他;
爱就是珍惜,时光和年华。
让爱天天住你家,

让爱天天住我家，
充满快乐，拥有平安，
让爱天天住我们的家。

每当看到学生的精彩演出，或者自己完成一次成功的教学和文化活动，常常想起《掌声响起来》的几句歌词：

孤独站在这舞台，
听到掌声响起来，
我的心中有无限感慨。
掌声响起来，
我心更明白，
你的爱将与我同在。
掌声响起来，
我心更明白，
歌声交汇你我的爱。

后 记

　　如果把三尺讲台当作舞台，教室当成剧场，学生是我们的观众，也是共同演出的演员，老师备课、准备教案是在写剧本，构思和模拟教课是在排练，那么，当铃声响起，大幕拉开，每次课就像一场演出一样，是现场真实的表演，是不可重拍的。演员的功力要经得起聚光灯的考验，学生的表现何尝不是如此？他们用学习的语言和文化，在不同场景下进行真实对话，也是一次次的表演。

　　虽然不可预演，但是可以积累和准备。学习中文歌曲，也许是学生建立自信、打开沟通桥梁的一种方法。就像《掌声响起来》中唱的，站在舞台之上，人们看到鲜花和掌声，也许没有看到背后的付出和汗水，而所有的掌声，是需要努力来赢得的。写到这里，我想用一个比喻：一只颈项修长的白天鹅，在湖面优雅地浮动，可是，水面下它要拼命地划水，才可以不断前进。作为中文教师，我希望和学生一起努力，传递更多的歌声与微笑。

纸飞机上的梦想

胡捷敏，浙江省温州市永嘉县外国语实验小学教师，温州大学英语学士，曾在美国路易斯安那州泽维尔大学孔子学院任教三年。合著有《瞧！美国中小学教育有绝招》。

寻梦？撑一支长篙，向青草更青处漫溯；满载一船星辉，在星辉斑斓里放歌……

寻梦！折一只小小纸飞机，装满梦想，载足期待；小手一挥，愿风作帆，云作伴，让梦想畅游……

"胡老师，你看看我画的中国地图，画得对不对呢？你能帮我折成纸飞机吗？我想让它飞到中国去！"

"画得太棒了，你简直是个天才，你难道不想在纸上写一点儿东西吗？这样中国小朋友收到你的纸飞机的时候，就可以知道关于你的信息啦！"

……

5月的新奥尔良，是爵士乐的天堂，一年一度的爵士音乐节吸引了全美各地的爵士发烧友涌入新奥尔良，欢乐的爵士音符洒进城市的每一个角落。

昨天下午放学回家的时候，无意中看到几个学生对着天空指指点点，好奇之余，我朝着学生手指的方向望去，发现蔚蓝的天空中出现了"life""peace"两朵"云"。

"这云长得可真有趣，怎么会正好写成了两个英语单词呢？"我自言自语着。再仔细一看，发现"云"旁边有一个小黑点，原来是飞机啊，飞机在天上写字呢！这可是新奥尔良爵士音乐节的特色，会有专门的飞行员开着飞机在蓝天写下一些正能量的词汇。

这反而给我一个提示：何不在明天的汉语教学上，教学生折纸飞机呢？反

第二章 中文教学

正我的美国学生从小连纸飞机都没见过,更不用说折纸飞机、玩纸飞机了!况且从爵士音乐节开始,学生学习的心都跟着音乐一起飞走了,拉都拉不回来,那就趁这个机会让学生放松一节课,教他们折纸飞机吧!

说做就做,早上第二节课我就在Ms. Ramsey的班级试了一下。

第一次尝试,Ramsey班级完全失败

我兴致勃勃地拿着一叠A4纸来到Ramsey的班级,准备大干一番。

"同学们,今天我们上手工课,老师来教你们折纸飞机,折好了以后,我们就去操场玩纸飞机!"

"好诶!"学生们一个个欢呼着。

"但是,折纸飞机有点儿难,你们要先跟着老师认真学习,才能折得好,不然就飞不上天啊!"

幼儿园的小朋友们一个个坐得端端正正,生怕自己不能玩纸飞机。

"首先,你们每人手中拿一张纸,然后,大家跟着我把纸对折,再……"

结果半节课后,出现了这样的场景:

"胡老师,我这样折对吗?"

"胡老师,我的纸被同桌弄破了。"

"胡老师,Armany哭了。"

"胡老师,John把纸剪碎了。"

……

我瞬间凌乱了……好吧,这一节Ramsey班级的折纸飞机课就这样彻底失败了,不仅学生没有折成纸飞机,还浇灭了一部分学生对汉语手工课的期待。

回到办公室后,我总结了失败的原因:第一是纸发得太早了,学生不听我讲解就开始玩纸了;第二是绝不能花一节课时间来折飞机,同时还要玩飞机,因为对幼儿园的小朋友来说时间根本不够。

第二次尝试,Dezera班级成功了一半

到第四节课,我走进了一年级Ms. Dezera的班级。

"同学们,今天我们不上汉语课,老师来教你们折纸飞机,折好了以后,

我们就去操场玩纸飞机！"

"好！"和Ramsey班级一样，Dezera班级的学生们也一个个欢呼起来。

"但是，折纸飞机会有点儿难，老师刚才去Ramsey班级教他们折，没有一个学生完成，所以你们可要先跟着老师认真学习呀！不能半路开小差！"

"胡老师，我们可是大孩子，怎么能和幼儿园的孩子比！"坐在后面的Moley一番话逗笑了全班同学。

"首先，你们先看着老师示范折一次。然后老师会把纸发下去，大家跟着我的步骤折好。"

……

一年级的学生果然如Moley所说的一样，动作非常流畅，不到10分钟，绝大部分学生就把飞机折好了，而且折得还不错，一个个跃跃欲试想看看自己的飞机能飞多远。

等到离下课还有25分钟的时候，所有学生都折好了纸飞机，和我一起兴高采烈地下楼去了。

刚到楼下，学生们就像脱缰的野马一样，迫不及待地四散而去，开始了扔纸飞机的游戏。

看着学生们一个个玩得那么开心，我收获满满，但心里总还觉得缺了点儿什么……

第三次尝试，Mhele班级大获成功

午饭间隙，我开始反思早上两节课自己的初始目的是什么。

是借助新奥尔良爵士音乐节的氛围，利用学生们爱动手的特点，通过折纸飞机，让学生们掌握折纸飞机的技能，了解纸飞机在中国文化里的意义；通过玩纸飞机，一方面让学生热爱汉语课堂，热爱中国传统文化，另一方面让学生放松自我，享受生活。

那到底又给学生带来了什么？

在Dezera班级，学生们折纸飞机完成得很快，同时还有大量时间去操场上玩纸飞机，玩得也很尽兴，但是这节课只是停留在最基本的手工艺学习和短暂的身心愉悦上，丝毫没涉及文化的升华。

自己心里一直缺的东西又是什么？

如果仅仅把折纸飞机当作一项手工任务教授给学生,学生们放肆地玩,那这节汉语课和传统的手工课又有什么区别?我这两节课缺的正是最重要的一项——文化的升华。

我该怎么挖掘到一个合适的主题,对课堂活动进行升华呢?

我首先从上天飞行入手,人类早就萌生了上天飞行的强烈愿望,例如中国嫦娥奔月的传说、风筝的发明。19世纪,人们制造出一些不用发动机的滑翔机来飞行,1903年美国莱特兄弟发明了飞机。到现在,航天飞机、宇宙飞船等先进航天器的发明,使得人们探索宇宙的空间越来越广阔。

寻找到突破口,第二步就是考虑如何将这些知识与汉语课堂活动衔接起来。

有了!学生不是学过汉字吗?让学生们用汉字写下自己有关飞行的梦想,或者在白纸上画出自己记忆中有关飞行的东西。

太棒了!这样就把这节汉语课完美地升华了,学生在爵士音乐节欢快的气氛中,通过书写和绘画,将自己的飞行梦想写在了纸飞机上,既学习了折纸飞机的技能,又了解了科学、历史、文化知识。

仿佛突然找到了灵感,下午第一节课,在一年级Mhele的班级我就马上尝试这样做。

"同学们,你们想过上天吗?""你们觉得怎么样可以上天?""你知道中国有什么神话故事是关于飞天的吗?""如果纸飞机变成了真正的飞机,你们想做什么?"Mhele班级的学生也非常活泼。

Mhele班级的学生们,载着梦想的飞机起飞咯!

一切进行得非常顺利,在我的带领下,学生了解了一些知识后,开始了折纸飞机,先在白纸上写字和绘图。

　　"胡老师,我可以写爸爸、妈妈、爷爷、奶奶吗?"

　　"当然可以啊,你还可以写上'我爱你们'。"

　　"胡老师,你看看我画的中国地图,画得对不对呢?你能帮我折成纸飞机吗?我想让它飞到中国去!"

　　"画得太棒了,你简直是个天才,你难道不想在纸上写一点儿东西吗?这样中国小朋友收到你的纸飞机的时候,就可以知道关于你的信息啦!"

　　学生们各个都兴致勃勃地创作着,把自己的梦想都画在了一张张小小的白纸上,让白纸成为飞机,承载梦想,翱翔于蓝天。

后 记

汉语教学灵感:

闪现——分析 { 初心与目的

思路与设计——实践——再实践——反复实践——评价

效果与延伸

　　有一个好的教学灵感,不代表一定是一节成功的课,但一个好的教学灵感,却是教学成功的重要前提。

　　在汉语教学中,相信每一位汉语教师都会有灵感闪现的时候,相对于日常千篇一律的教学构思,或者不温不火的教学状态,偶然显现的灵感,可能会是汉语教学突破束缚,实现成功的重要因素。上这一节汉语活动课之前,我没有任何思想准备,只是头脑中突然闪现了这一个灵感。与其让这个点子烂在脑海里,不如尝试去设计与操作一下,只有试过了,才会知道效果。

　　事实上,在抓住灵感后,想要设计出一节优秀的汉语活动课,需要认真思考这节活动课的最初目的是什么,课堂目标是否能达到,目标下的各级延伸层面是否完成,并不断地实践、总结,最终获得较成功的方案。相反,如果只抓住灵感仓促上阵,很可能造成课堂失控,教学目标无法完成,长此下去学生也会失去汉语学习的兴趣。

为赋新词"墙"说愁
—— We built a great wall in the US!

张媛,首都师范大学教育学专业硕士,美国蒙哥马利奥本大学孔子学院教师,写作本文时任教于蒙哥马利某公立高中。

刚刚开学,我就被很多学习中文的学生问到一个问题:"老师,我们会学习汉字吗?"开始我还以为他们这是对即将开始的中文课充满期待,于是我总是兴冲冲地说:"当然会了!"可惜我每次话音刚落,收获的却是半屋子此起彼伏的唉声叹气,还有半屋子生无可恋的绝望表情……

后来我知道,在他们有限的视野里存在这样的认知:"汉语是世界上最难的语言""汉字是包括火星文在内最难写的文字"。这些让他们在面对汉字的时候,产生了畏难甚至恐惧。我该如何消除他们的畏难情绪,提高他们学汉字的兴趣呢?

了解汉字的结构,知道汉字的偏旁和部首,掌握基本笔画的书写方法,练习使用汉语字典……这些听起来都很有道理,让人无法反驳,可是总感觉无法维持他们学习汉字的兴趣。一次偶然的机会,我看到Zahria早早来到教室,然后坐在那里翻看一些小卡片,我很好奇地问她那是什么,她说是index card,她在上面写了一些数学公式随时记忆。她让我开始思考,是否可以利用一些小小的字卡,帮助他们轻松学汉字呢?

上课之前,我准备了一个关于中国长城的视频,画面里是一个跑酷选手在长城上极限跑酷的精彩表演。看完之后,学生们七嘴八舌地要把长城问个底儿掉了。当问他们想不想去长城时,那答案早就可以预料,听听他们的"Yes, I do",都要把房顶掀开了。

我接着说:"我知道你们很多人目前暂时还没有机会去长城。虽然我们不能把自己搬到长城去,但是我们可以把'长城'搬过来!"

第二章 中文教学

学生们彻底被我弄蒙了。

他们面面相觑,表现出无限的好奇,于是我继续说:"你们看看我们周围有什么?"话音刚落,学生们开始如搜救犬一样,仔细地打量着他们的周围。

我们的周围有什么呢?这是一间用"家徒四壁"来形容也一点儿不为过的简陋的教室。除了桌椅,唯一的"家具"是一个放了中文读物的书架,唯一的电器是一台饱经沧桑的电脑,还有一个已经不再智能的智能白板(智能白板第一天就坏了,学校一直没修),教室的装饰也是我从孔子学院带来的中国地图、教学挂图和中国结,而且,整个教室一个窗子都没有! 如果不算门,就真的只剩墙了。

"你们看到了什么?"那些已经意识到我们一无所有的学生就差默默无语两行泪了。

突然,有一个特别小的声音回答:"Wall?"

"哇!"我惊叹着,就差跳起来去拥抱独具慧眼的Andrea了:"你太棒了! 我们教室里有墙,所以……"

"让它变得更好?"真是孺子可教! 虽然Brittney上扬的语调充满了对自己猜测的质疑,不过我得恭喜她,这次说出了正确答案。

"是的,我们要一起让它变得更好!"我肯定地说。

学生们还没明白我的葫芦里到底卖的什么药,我的问题又来了:"我们怎么做可以让它变得更好?"

他们被我问得好奇心越来越重,我看得出来他们都在绞尽脑汁地思考,每个人额上的两道眉毛都快拧成麻花了。

"你们有没有发现我们的墙和中国的长城有相似的地方?"

"他们都是用砖堆起来的!"Joseph抢着回答道。

"对,接下来我们要用一些特别的'砖'来建我们自己的'长城'!"

我看到几个学生嘴巴张大,下巴都要掉下来的样子——他们真的以为我们要拆墙吗?

我拿起一张事先裁剪好的彩色纸卡,走到那面空空如也的墙边,然后把纸卡贴在墙上,它的大小和墙砖一样,不同的只是颜色。然后我缓缓地把纸卡翻转过来,一个我早就写好的"长城(Great Wall)"映入眼帘。

课堂导入结束,我们"建长城"的故事也就这样开始了。

我鼓励他们充分发挥自己的智慧和想象，在制作字卡的时候可以不局限于汉字本身，只要是他们喜欢的都可以。我倡导的创作方式基本上可以概括为"天马行空"。而合格的词卡产品的认证标准却相对简单很多——每个卡片有汉字、拼音和英文释义就可以。具体到写汉字的时候，笔画以及笔顺问题怎么办？如果你问他们，他们都会告诉你"查字典"，因为他们在学习拼音的时候，也学习了使用汉语字典。

下面这张卡片来自一个盼望开学但是不喜欢上课的学生Brianna Moore。

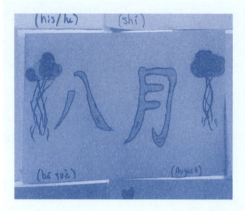 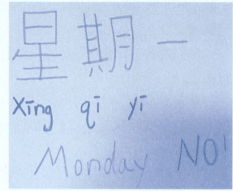

Gia说她觉得"爸爸"这个汉字很有意思，上半部分总会让她想起爸爸的胡子，而下面的"巴"会让她感觉看到了爸爸笑的时候从胡子下面露出来的门牙。"茄子"是她最不喜欢的汉字，她说这让她想起上小学的时候妈妈给她做的便当。有一天妈妈做了她最喜欢的食物——意大利面，不过妈妈在里面放了茄子，她打开饭盒的时候哭了，吃完之后就发誓再也不吃茄子了。不过她做词卡的时候很开心，她说她后来还教给妈妈茄子用中文怎么说。现在当她问妈妈今天吃什么的时候，妈妈会非常狡黠地用中文回答"茄子"。

Aubrey的特长是摄影，不过她也喜欢画画和弹钢琴。体验了茶道之后，Aubrey对茶爱不释手。茶不仅成了她最喜欢的饮品，还为她的汉字学习增添了几分禅意和神韵。我看了她的"茶"作之后惊呼："你这分明就是一个喝着工夫茶的中国通！"

　　Brian是个韩国学生，他是个大提琴手，制作卡片的时候，他很焦虑地问我，不擅长画画怎么办？我说可以只写字。过了一会儿，他给我看他写的"树"，然后还告诉我，那个旁边的"木"字，是韩语的"树"！我说："谢谢你教给我这些，我之前都不知道！"

　　接下来的日子里，我们学习的汉字越来越多，于是就有了下面这些万圣节的幽幽生灵。

我们还有中国故事《猴子捞月》的粉丝。

颜色词让人又爱又恨,总是担心会有人联想到肤色、种族等问题。受中国哲学"以不变应万变"的启迪,我决定让学生以某种颜色为线索做一张主题卡。看到某个颜色,会让你想到生活中哪些实际的物品呢?然后你可不可以把带有这个颜色的东西放到一起,构成一个画面,帮助你记住这个颜色词呢?

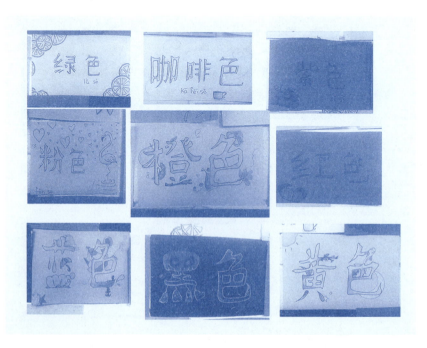

第二章 中文教学

　　我不知道"长城"最后会做成什么样子，我们只是每天一点一滴积累着，看着他们从不情愿地写汉字到饶有兴趣地创作"长城"上的"砖"，看着他们从垂头丧气到喜笑颜开，这些曾经"为赋新词强说愁"的孩子们，转眼变成了面对墙壁"不知愁滋味"的快乐少年。制作的字卡，成了每天语言文化学习的调味剂，也成了中文知识积累的素材。而且，词卡可以在课前做，当作对之前所学词汇的复习，也可以在课堂内容提前结束时做，避免学生们无所事事。有些学生很期待这个写汉字的环节，会在开始上课的时候问："老师，我们可不可以今天有剩余的时间再写一张字卡？"不知不觉地，当初那个小小的参观长城的梦想，在今天变成了"知识长城"（学生给它起的新名字）的现实。

　　我的中文班的学生们，还有不是中文班的学生们，有时候会来我的教室上自习，希望这面墙可以给他们智慧的启迪；我的学生们也变得更有魅力，常常呼朋唤友来参加课堂活动，最后每到拍照环节，他们总是说："Let's stand in front of the knowledge wall."他们说，这叫"不到长城非好汉"！

　　嗯，这就是我们在美国建了一座"知识长城"的故事。

后　记

　　中国汉字自有其深厚的底蕴和魅力，但如何为外人道，还没有明确的答案。我一直在思考：有没有一种学习汉字的方法，既能最大程度地发挥学生个人的特长，又能帮他们建立一种与汉字的情感关联，从而使让人"闻风丧胆"的汉字书写也能够变得如沐春风呢？兴趣是良师，自信是益友。我们从制作一张张小小的卡片出发，到让学生把自己手中的汉字、词语变成托着的调色板、墨汁饱满的笔、就要按下去的快门、端起来的摄像机、演奏出来的音符、喉咙中呼之欲出的声响……再到最后让每一个陌生的"方块"都成为学生精心创作的作品，并连接起来成为一个凝聚了知识与创造的"汉字长城"，这其中的每一步都充满了挑战，但也充满了乐趣。在这个过程中，来自不同种族、文化、语言背景的汉语学习者，因为要挑战写汉字这一项看似不可能完成的任务，而无比紧密地联系起来，他们互相激励、互相分享、互相启迪，在创意性地学习记忆、汉字的同时，也挑战着对自我的认知和对个人潜能的发现。任何一笔书写，都可能成为学生实现其远大抱负的关键一步。那一笔一画写着的汉字，是他们对语言知识一点一滴的理解，对中国文化日积月累的认识，也是他们学习汉语和丰富自己的成长故事。

第二章 中文教学

幼吾幼以及人之幼
——一个非专业教师的中国文化教学体验

王书功，土木与环境工程博士，就职于美国航空航天局，从事地球科学研究工作。此外，积极参与华人社区服务：兼职于北卡罗来纳州教堂山中文学校，从事中国历史文化教学；《美华史记》签约作者，参与美国华人移民历史研究与写作。

中国文化老师，大多是文科背景，大抵有文史背景的人去教中国文化，听起来才合情合理。我是个理工男，在美国的社区中文学校兼职，教小朋友中国文化。我的课程，美其名曰"中国社会研究入门"。从事这份兼职工作，虽说是无心插柳，但是多少也算水到渠成，偶然和必然共存。说"偶然"，是因为在我的人生规划里，从来没有考虑过做一个中文老师；说"必然"，是我从小到大热爱中国文化，虽不敢"为天地立心，为生民立命"，但确愿"为往圣继绝学"。我当老师，既希望传承文化于后世，更盼望我们的后代受益于上下五千年往圣先贤的思想智慧。

故事要从2016年8月说起。那时，我家已移居北卡罗来纳州教堂山，生活安定下来。女儿听她的朋友讲，教堂山中文学校开了一门趣味数学课，班上都是小学二三年级的小朋友，听说很有意思。孩子想学数学，家长自然求之不得，太太立马给孩子报了名。可在开学前，中文学校通知我们，说授课老师计划有变，趣味数学课程可能取消，除非找到新老师。女儿得知，很是失望。开学在即，学校仍然没有找到老师。我安慰女儿说，如果无法参加趣味数学班，我可以在家教她，保证和学校老师一样有趣。太太建议说，既然你要花时间在家里教一个小孩，为什么不去做趣味数学课的老师呢？这样花同样的时间，会有更多孩子受益。言之有理，因此，我成了教堂山中文学校的数学老师。

故事讲到这里，多少有点儿南辕北辙。不是说教中文吗，怎么成了数学老师？讲授中国文化的念头，就是在我教学期间萌发的。

包括我的女儿，趣味数学班上共有8个小孩。孩子们都是华裔，家庭背景不一。家长中有人做医生，有人做教授，更多的人是在附近的大学做博士后研究员，还有一个是北京大学外派到教堂山的访问学者。对数学，孩子们或多或少都有点儿兴趣，但他们这个年龄的孩子，更喜欢嬉戏玩耍。课前课后，他们常常讨论《波西·杰克逊》（*Percy Jackson*）里的情节和人物。《波西·杰克逊》是美国作家雷克·莱尔顿创作的一系列奇幻小说，其中同名主角是一个半神半人的混血儿，他的父亲是希腊神话中的海神波塞冬。《波西·杰克逊》系列小说，在美国小学生中间非常流行，基本上人人都有几本甚至全集。因此，孩子们很喜欢讨论小说中的人物，以及分享对某些情节的看法。爱屋及乌，《波西·杰克逊》的小读者们，对希腊神话人物大都了如指掌，谈起他们时眉飞色舞，如数家珍。说到诸如宙斯娶了多少个妻子，生了多少个神祇后代，比背诵九九乘法表要流畅多了。

听着孩子们热火朝天地讨论希腊神话中生于混沌的盖娅女神如何生下奥林匹亚十二主神，看着孩子们感叹特洛伊城里木马屠城的聪明计策，我不禁感到一些文化上的落寞。希腊算是西方文明的发源地，孩子们生长在美国，将来大部分也会在美国工作生活，就算作为华人父母，我们也必须支持孩子们学习西方文明。可是，我们的中华文明呢？往圣先贤积累五千年的智慧，如果不能让孩子们了解和学习，岂不是太可惜了？更何况，虽然孩子们生在美国，长在美国，说美式英语，吃美式快餐，可他们都长着中国脸。不管愿不愿意，他们都有一个共同的身份：华裔美国人。成年之后，无论他们会不会说中文，在现实社会的身份推定里面，他们同时具有华人和美国人的双重身份。因此，学习基本的中国文化，是华人子弟的社会责任。当然，掌握一些中国知识，或成为华人子弟安身立命的优势。想到这些，我有了给孩子们介绍中国文化的念头。我想，趣味数学当然有价值，可是学一些中国文化，孩子们所得益处可能更多。

很感谢教堂山中文学校，当我谈起介绍中国文化的想法，学校的负责人都很支持，鼓励我开一门课。既然是我出的主意，开课我自然也就当仁不让了。2017年的秋季学期，我就在这个中文学校开了一门"中国社会研究入门"的课。这门课设定的教学目的是，让孩子了解基本的文化历史和人文地理。于人，我希望上了这门课的孩子，与国内的同龄人聊天的时候，提到盘古开天辟地、女娲造人、诸子百家、秦皇汉武和唐宗宋祖的时候不至于一脸茫然；于己，我希望女儿能够和同龄人一起了解中国，学一些先辈的智慧和学问。

第二章 中文教学

考虑到孩子的语言接受能力，授课时我以英文为主，中文为辅。这样一个随性而为的课程，自然很难找到合适的教材。没有教材，虽然少了一些便利，但是却给了我充分的自由来发展这门课。坦白讲，网络上有大量资料可供教学参考，比如中英文的维基百科，还有YouTube中的视频，所以我并不担心授课的内容。我考虑更多的是，如何让这门课程有趣有效，如何用一种快乐的方式，花有限的时间将孩子们带入中国文化里。

第一个学期，有7个小朋友注册了我的课，其中包括我的女儿。除了我女儿在读小学四年级，其他学生都在读中学。在这个虎爸虎妈奋勇推孩子爬藤的时代里，我非常感谢那6个中学生的父母，愿意把孩子送来学习不在升学考试范围里的中国文化，而不是Python程序设计或者奥林匹克数学。我对他们最大的答谢，自然是讲好课，让孩子们的时间花得有价值。第二个学期，我的学生增加到了17个，有更多的中学生选择来听我的课。人数的倍增，表示我的课反响不错，这是对老师最大的鼓励。喜悦之余，我也总结了一下教学心得，归纳为"三有"，即有关、有用和有趣。这"三有"原则，应该是我的课吸引学生的主因。

所谓有关，是在讲解某些中国文化的时候，我会同时介绍类似的西方文化要素，进而帮助孩子们关联中西文化，甚至用他们熟悉的西方文化要素，去带入中国文化。举例言之，我的第一节课题目是"爸爸妈妈从中国哪里来"，教学目的是讲解基本的中国地理。中国的省份，多以山川河流湖泊命名。美国长大的小孩，对中国的山川所知不多。为了帮助孩子们理解，我首先在课上介绍了美国的主要河流，然后请孩子们举例以河流命名的州。班上的孩子们争先恐后地说出密西西比州、俄亥俄州、特拉华州和科罗拉多州。借着他们的兴致，我介绍了中国的黄河、长江、辽河、珠江、钱塘江、黑龙江，以及河北省、河南省、辽宁省、江西省、辽宁省、广东省、广西壮族自治区、浙江省和黑龙江省。

如法炮制，我又请孩子们找出命名与境内山脉有关的州，孩子们找出了"内华达州"。沿着这个思路，孩子们很快在中国地图上发现了"山东省"和"山西省"，我顺势给孩子们介绍了太行山。美国的密歇根州以湖命名，我以此指引孩子们在中国地图上找到鄱阳湖、洞庭湖与青海湖，他们自然发现了湖南省、湖北省和青海省。孩子们发现中国和美国两个距离这么远的国家，在地理规律上居然有这么多相关性，兴致勃发。如此这般，孩子们在学习中国相关知识的时候，便不会很陌生。文化和规律的相关性，可以帮助孩子们温故知新，甚至举一反三。

所谓有用，就是让孩子们意识到，中国的文化知识用处多多。讲授中国文化，我们必须介绍孔子和儒家文化。孔子在《论语》里给我们留下了诸多经典，指导我们学习和生活，可是怎样才能吸引这些中文都说不利落的孩子来学习呢？思之再三，我选《论语·卫灵公》中的"己所不欲，勿施于人"为我的《论语》介绍课程开篇。美国的孩子，独立性都很强。当他们了解到2500多年前，孔子早就主张不要把自己不喜欢的事情强加到别人头上的时候，非常高兴，纷纷赞叹道："这简直是和人相处的黄金原则！"他们有了兴趣，听到《论语·学而》里，如"学而时习之"和"人不知而不愠"的道理时，都积极参与讨论，甚至还颇为认同。当然，在美国给孩子讲《论语》，自然是用英文讲了。《论语》原句，也只能让他们囫囵吞枣般地念念即可。

除了切实可用的思想，我还尽力介绍中国古人的智慧。有几节课，我和孩子们一起讨论了《三十六计》中的策略。当谈到"瞒天过海"的策略时，我简要地介绍了故事的出处，然后详细介绍了在第二次世界大战中，盟军将领怎样在诺曼底登陆战中布设迷局，声东击西，欺骗德军。孩子们得知艾森豪威尔和巴顿这些伟大将军的韬略，早就被他们的祖先在2000多年前用过，很是自豪。谈到"围魏救赵"的策略的时候，难免会顺道讲起孙膑和"田忌赛马"的故事。听了"围魏救赵"的历史典故，几个中学生很快就在美国内战历史中找到了相关的战例，发现著名的罗伯特·李将军居然也用攻击北方首都华盛顿的计策来减轻其他战场的压力。虽然没有亲身去实践，但是孩子们通过讨论他们熟悉的历史，或多或少地学到了一些中国文化的用处。

所谓有趣，就是用有趣味的方法来讲授中国文化，让孩子们在课上听着好玩，学着高兴。要想做到有趣，说起来不难，其实不易。通常需要在授课之前，对讲授内容通盘考虑，要么把内容包装在有趣的故事里面，要么用有趣的方式来探讨。比如，孟子主张人性本善，一个人的品德作为，取决于后天的教育。如果在课堂上直接介绍人的"不忍人之心""羞恶之心""辞让之心"和"是非之心"，即便是对华裔高中生，认知的门槛也有点儿高。为了深入浅出，我选择从三字经开始。"人之初，性本善；性相近，习相远；苟不教，性乃迁"，三字一节，朗朗上口，不管学生的中文程度如何，稍加练习就可以齐声诵读。待他们中文念熟了，我就用英文去讲解这些话语中蕴藏的孟子思想。

第二章 中文教学

孩子们读得出来，听得明白，自然会萌发兴趣。

当然，我还会通过孟母三迁的故事，进一步介绍孟子的生平，以及教育对孟子人生的影响。听到孟子小时候曾和他们一样调皮，在墓地里模仿葬礼，在市场里学习杀猪卖肉，孩子们自然觉得有趣。得知孟子因为住在学校旁而认真读书学习，成为一代圣贤，孩子们应该能体会到教育的力量吧。

和孟子相反，荀子主张人性本恶，需要用制度来规范。美国的小朋友喜欢课上讨论，孟子和荀子的思想刚好是一个很好的论题。在我的课上，小朋友们为了人性本善还是人性本恶讨论得热火朝天，不肯下课，最后举手投票，居然支持荀子观点的更多。我刚好借着这个机会，跟他们强调了一下课堂秩序的必要性。

教学相长，虽说备课花费了不少时间，可是期间重温儿时所学，常常再有所得，别有殊趣。女儿喜欢我的课，时常和我讨论，给了我好多建议，帮我把课上得更加有趣。看到她自豪地向同学介绍中国五千年连续不断的文明，我很高兴自己开设了这门中国文化入门课程；听到我班上的学生讨论秦始皇，既批评他焚书坑儒的残暴，也赞扬他统一文字、交通、度量衡带来的诸多好处，我深感传道授业的快乐。如果我的这门课，能给这些生在美国的孩子们打开中国文化之门，让我们的文化能够借着他们推广流传，我也不枉为师了。

后 记

在华人社区，开展中国文化教育，开一门中国文化介绍课程，其挑战来自两个方面：课程设计和教案编写。这两者相关又有分别。前者是关于教什么，而后者是关于怎么教。中国历史上下五千年，我们没办法在几个学期的时段内，面面俱到地讲给孩子们听。因此我在设计课程时，基本上是以历史为主线，挑拣一些重要的历史和文化事件，以知识点的方式介绍给学生。当然，将这些知识点串起来，也需要反映我们的历史和文化脉络。确定了教什么，还得研究怎么教。作为老师，我们想传递给孩子更多的知识；作为孩子，他们在课上想得到更多的乐趣。所以，在设计教案的时候，必须得兼顾知识性和趣味性。教案设计成功与否，可以通过孩子们上课的注意力来判断。教案的设计，是一个动态发展的过程。如果学生们在课上积极参与讨论，说明这一节的教案趣味性充足，那么下一节课，我会在不损失太多趣味性的前提下，增加一些知识内容。如果在一节课上，学生们注意力不太集中，这很可能意味着这节课上的知识内容太多，他们学起来有些吃力。那么下一节课，我会减少一些知识内容，多讲一些有趣的历史故事。在授课的过程中，如果发现学生对某段历史或者某种文化有强烈兴趣，我也会根据他们的兴趣，调整课程设计。总之，教学相长。在社区学校，从事中国文化教育，还需要在摸索中前进。身为老师和家长，最大的乐趣莫过于孩子们上课之后，对中国文化萌发兴趣，对华人的身份感到自豪。

第二章 中文教学

座位的故事
——中文课上的流行文化

刘刚，美国卡耐基梅隆大学现代语言系教学副教授，中文项目负责人，《汉语学习与教学研究》执行主编，西宾州中文教师协会董事会成员。美国密西根大学东亚语言文学系博士，加拿大西安大略大学比较文学系硕士，北京语言大学古典文学系硕士。自2010年起在卡耐基梅隆大学现代语言系任教至今，曾开设多门初、中、高级汉语语言课程，以及面向高级汉语学习者的中文文化课程，内容涉及中国传统哲学、古典文学与古典诗歌、鬼故事与鬼文化、中国现代社会热点、中国纪录片等等。研究兴趣包括中国古典诗歌和古典文学、中国笔记小说、对外汉语语言与文化教学理论。著有五册童书系列《洛洛汀神游上古》（新星出版社，2021年）。合编有《传统与现代：海外中文文化教学》《北美故事：美国一线汉语教学案例与反思》《跨文化交际案例：汉语教师海外工作实训教程》《生存攻略案例：汉语教师海外生活实训教程》等书（北京大学出版社）。

两年前，我开了一门通过纪录片看中国当代社会的高年级中文课，叫"中国视点：从纪录片和新媒体看中国当代社会和文化"（Visions of China: Modern Chinese Society and Culture through Documentary Films and New Media）。开课的目的，除了教中文，也想鼓励中美学生之间的跨文化交流。选课的11名学生背景非常复杂：一名是来自新加坡的华裔女生爱玲，一名是从初中起就在世界各地留学的女生曹芳，一名是来自中国内地曾在香港学习的女研究生刘佳，一名是从中国来的曾在美国工作过一段时间的本科男留学生叶城，两名是小学毕业或初中没读完就从中国来到美国的留学生佐军（男生）和秋桐（女生），两名是幼年就随父母从中国移民到美国的华裔女生韵颖和佩琦，两名是生在美国但常年跟父母在中美两国迁徙的华裔男生王轩和建安，一名是年龄比我还大的德裔男教职员司徒。这样一个"大杂烩"的课堂，在某种程度上，就像是美国社会性别与族群混杂的一个缩影，但这种混杂也正是我所期待的——在混杂中产生文化的碰撞，再通过碰撞达到交流、理解和包容。

不过，事情的发展，真能如我所愿吗？

美国的大学教室，学生一般没有固定的座位，一把把自带桌板的椅子横七竖八地散落在教室各处。上课了，学生进来，随手拉过一把椅子，找个空地一放，坐下来开始上课；下课了，学生拿起书包，一哄而散，椅子就留在原处，静静地等待着它下一个"主人"。

纪录片课刚开课的时候，学生在课上坐得七零八落。几个以前上过我的课的学生很给面子会坐在前排，剩下的则"低调"地占据了教室后方的各个角落。几节课以后，学生们发现了我上课时前后游走、随处提问的习惯，意识到即使坐在角落，也不能完全躲开我的问题，所以就很知趣地逐渐汇聚到了教室的中心。不过学生当时的座位还是不固定的，唯一可能的分水岭就是性别——男学生不约而同地坐在了教室左边靠门的地方，女生则都坐在了教室右边靠近窗户的地方。

真正让座位产生决定性的变化的，是开学几星期后的一堂课。那堂课上，我给学生播放了讲述中国农民工迁移的获奖纪录片《归途列车》，播完后我要求学生也讲一下自己或自己家庭迁移的故事。

坐在窗边的新加坡华裔女生爱玲讲了她妈妈的一个故事。她说妈妈刚移民到新加坡的时候，没有任何大学文凭，不能去公司应聘，所以只能去外面做生意。刚开始时常常会受到新加坡本地人的歧视，很多本地人会当着妈妈的面把她称作"外国人"，说："外国人又来抢我们的生意了！"有的人甚至会阻挠别人去买妈妈的东西，说："我们要买贵一点儿的东西，不要向她买，不要让她抢走我们的饭碗。"

同在新加坡留过学的女生曹芳也讲了一个关于歧视的故事。她说，一次在新加坡课堂上讨论的时候，一个女生在谈到中国人时使用了一个侮辱性的字眼，可是当时，无论是老师还是同学都没有马上站出来指正她。最让曹芳觉得不忿的是，这个女生本人是一个从香港来的学生。那件事让曹芳第一次认识到原来华人也会歧视华人，"'华人'跟'中国人'在英语中虽然都被称为

Chinese，但在现实里却常常不能等同"。

那堂课后，曹芳和爱玲开始常常坐在一起，而在香港学习过的研究生刘佳会有意无意地坐到两人的旁边或中间。

佐军和叶城是班里最高的两个男生，两人在刚开学的时候常常坐在一起。佐军和叶城都来自中国，不过佐军初中没读完就随父母移民到了美国，叶城则是高中毕业后才过来留学。

那堂课上，佐军讲了他刚到美国时的叛逆史。他所上的中学位于美国中部的一个小城，外国人很少，所以他在班上一直都是一个很独特的存在。一开始佐军语言不通，所以上课时就坐在教室的最后排，一言不发；后来语言关过了，佐军又开始跟老师顶嘴，处处跟老师唱反调，因此每周都会被请出教室或请进校长办公室。虽然已经随父母入美籍，佐军觉得自己还是个中国人，他关心中国政治，还曾为了中国的南海问题跟美国同学争得面红耳赤。

叶城则讲了一个与美国同事吃饭的故事。一次工作完后，他跟几个白人和华裔同事去了中国城的一家川菜馆。点菜前，叶城的设想是像在中国一样，大家一起点几个菜，在圆桌上共同分享。不过当服务员来下单时，第一个点菜的白人同事却只点了一盘牛肉炒西兰花加米饭，第二个白人同事则点了一份左宗棠鸡加米饭……这样轮到叶城，他突然觉得手足无措，因为他意识到大家都是点自己的菜和饭，并没有人想共享，这种意识让叶城一时不知道该点什么。还好一起来的华裔同事看出了他的窘迫，提议大家再点两三个菜一起吃。最后的结果是，吃饭的人两两一组，每组共享自己组点的两个菜。虽然这和叶城最初设想的大家围着圆桌、共同夹菜的情形大不相同，不过倒也算是一种愉快的妥协。

佐军和叶城的座位从那堂课以后开始分离。叶城坐到了新加坡女生爱玲的右边（后来我发现俩人其实是男女朋友）；佐军则开始习惯性地迟到，每次来了就固定地坐在教室后排的中心。

同是在美国长大的佩琦、王轩和建安讲的都是爸爸妈妈的移民故事。

佩琦的父母在27年前从中国农村移民到纽约。刚落地的时候，美国的一切都让他们大开眼界，地方大、人很少、马路很宽、东西很多，到处似乎都有取之不尽用之不竭的资源。他们对佩琦说，他们当时印象最深的就是美国的苹果。因为在中国时比较穷，他们每年吃的水果只是有限的几种，而当时美国超市里，光苹果就有Red Delicious、Gala、Fuji、Granny Smith、Honeycrisp、Cripps Pink、Golden Delicious、McIntosh、Braeburn、Ginger Gold、Jonathan、Cameo等十余种，一时让他们眼花缭乱、无从选择。

王轩讲了一个帽子的故事。他说爸爸妈妈刚来美国时，请过一对白人夫妻来家里做客，进门后，白人男士开始向爸爸炫耀他新买的帽子，问爸爸觉得怎么样。爸爸很习惯地称赞："不错！不错！"不过是用英语说的，就是："Not bad! Not bad!" 不想白人男士听完之后，脸色变得很难看，虽然没有当场发脾气，但是在宴席的最后，还是忍不住问爸爸为什么不喜欢他的帽子。一番解释之后，爸爸才明白"not bad"在英语中表达的其实是"凑合、还行"的意思，而白人男士也终于明白"不错"在英文里的对应词其实是"quite good"。

建安的妈妈有点儿洁癖。刚来美国时，他们住在一个公寓里，公寓的房间没有洗衣机，所以洗衣服必须要去楼下用公用洗衣机。建安注意到，每次洗衣前，妈妈都要倒入洗衣粉，让洗衣机先空转一下。一次，他终于忍不住，问妈妈为什么。妈妈说，美国人洗衣服比较随便，衣服、裤子、内衣、袜子甚至鞋子都会放在一起洗，洗衣机里很不干净，所以必须先空转一次来消消毒。当时建安并不理解，让洗衣机空转一次是否就真能达到消毒的目的，不过让他更难理解的是，妈妈的这个习惯一直保持了下来，直到他们有了自己的房子、自己的洗衣机，妈妈在每次洗衣前，还是要先倒入洗衣粉，让洗衣机空转一次。

从那堂课起，教室的左半部分开始被美国华裔学生占据，华裔女生韵颖和佩琦坐在了教室中部偏左的两个位置，两个华裔男生则坐在她们的左边。

四

秋桐讲的故事是最切题的，说的是她和父母来美后的迁移。小学毕业时，秋桐随父母移民到美国，先是落地在洛杉矶，不过觉得非常不适应，因为那里气候干燥，而且马路上行人稀少，交通也不发达，出门必须要开车，很不方便。后来，他们全家搬到了纽约布鲁克林，他们周围的邻居多是墨西哥人，晚

第二章 中文教学

上五六点时,超市全都关门了,街上非常冷清;在超市买菜结账时,找零会精确到分,每次店员给她一把大小不一的硬币时,她都觉得有点儿手足无措。再后来,他们搬到纽约法拉盛。法拉盛给他们的感觉是又惊讶又惊喜,那里是华人聚集的地方,即使你一句英文都不会,也可以生活无忧。所有在中国能买到的东西在那里也都能买到,而且很多还比中国便宜。不过,唯一让他们觉得美中不足的地方就是脏乱差,所以犹豫再三之后,他们搬到了长岛。长岛虽然没有法拉盛的便利和热闹,但却是家庭生活的好地方,房子不密,人口不多但都很友善,空气也新鲜。至此,他们一家算是在美国真正定居了下来。

有意思的是,跟她的故事一样,秋桐在班级中的座位也在不断迁移着。最初她坐在教室的后排,后来移到右边靠窗女生多的地方,跟爱玲坐在一起。当叶城和曹芳开始坐到爱玲的旁边后,她又移到了曹芳的左边。再以后,由于刘佳会不时坐在爱玲和曹芳的左右,她开始坐到教室中间,成了在中国长大的学生和在美国长大的学生中间的一道"天然屏障"。

跟秋桐一样,德裔教职员司徒在教室中的座位也一直在变。即使在那堂课后,他还是常常穿梭于教室各处,让当时逐渐固化的座位组合发生种种变动。不过这些变动也只持续了两三个星期,然后变数就变成了定数,司徒的座位最后固定在两个华裔男生的左边。

至此,教室里的座位形成了一个很微妙的排列:在中国生活较久的学生刘佳、叶城和曹芳,围绕着新加坡来的华裔女生爱玲,坐在了教室的右端;在美国长大或出生的华裔学生韵颖、佩琦、王轩、建安则坐到教室的左端;坐在这两大"阵列"中间的,是小学毕业、初中没读完就移民美国的秋桐和佐军,只是佐军一直坐在后排;教室的最左边也是最边缘的地方,坐着班上唯一一个非华裔学生——教职员司徒。

这样的座位排列一直持续到了学期最后。这期间,学生的关系越来越密切,交流也越来越丰富,不过他们在教室里的位置,却再也没有根本地变过……

尾声

期末时,王轩和建安合作拍摄了一个纪录短片。短片的开始,镜头追踪着一个学生略显孤独的背影,在一条路上不停地走着。

短片里,王轩和建安采访了很多从中国移民到美国的学生,问他们对中美文化的认知和认同程度。其中有个问题是："你觉得自己是不是'第三文化小孩（Third Culture Kid）'？"

在这个问题最后，建安说："其实对中美文化，哪种更认同、更熟悉，我自己也不太清楚。我不会完完全全说我是美国人或者中国人，我的答案常常会因提问者而改变，比如美国人问我的时候，我会说自己是中国

人，而中国人问我的时候，我又常常会说自己是美国人……如果要我选择当一个美国人或中国人，我应该会选择当一个谁都不是的'第三文化小孩'。"

后 记

　　纪录片里看似琐碎的生活点滴，细细体味起来，都有其深层的含义；那些各个独立的镜头，汇聚在一起，又常常会讲述一个发人深省的故事。站在讲台上，我有时会想，如果我的手里有一台摄像机，而课堂是我拍摄的场地，那么在我的"纪录片"里，会记录下一些什么样的点滴？而这些点滴又会汇聚成一个什么样的故事呢？

　　设计这门课的初衷，是为了促进不同文化之间的融合。乍看上去，这种融合似乎一直在课上课下顺利地进行着，但一些微妙的细节，比如座位的排列，却又在时时提醒着我，要实现真正跨越文化、种族、性别、年龄的融合，是多么不易。学生对座位位置的选择，在某种程度上，也折射出他们对自我及他人的身份和文化的认定与认同：当我期待他们能容纳彼此种族、经历和文化上的差异时，他们却用座位的排列为彼此的种族、经历和文化画出了一道清晰的"界线"；不过让我始料不及的是，这个"界线"清晰成形的时刻，却也是学生们开始敞开心扉，彼此接近、熟悉并交谈的时刻。从这个意义上讲，座位虽然限定了每个人的位置，却也在这种限定的基础上开启了交流的大门。

The Little Chinese Reader
——一个华裔小学生身上的"双语战争"

刘刚，美国卡耐基梅隆大学现代语言系教学副教授，中文项目负责人，《汉语学习与教学研究》执行主编，西宾州中文教师协会董事会成员。美国密西根大学东亚语言文学系博士，加拿大西安大略大学比较文学系硕士，北京语言大学古典文学系硕士。自2010年起在卡耐基梅隆大学现代语言系任教至今，曾开设多门初、中、高级汉语语言课程，以及面向高级汉语学习者的中文文化课程，内容涉及中国传统哲学、古典文学与古典诗歌、鬼故事与鬼文化、中国现代社会热点、中国纪录片等等。研究兴趣包括中国古典诗歌和古典文学、中国笔记小说、对外汉语语言与文化教学理论。著有五册童书系列《洛洛汀神游上古》（新星出版社，2021年）。合编有《传统与现代：海外中文文化教学》《北美故事：美国一线汉语教学案例与反思》《跨文化交际案例：汉语教师海外工作实训教程》《生存攻略案例：汉语教师海外生活实训教程》等书（北京大学出版社）。

如果有人问我："你教过的年龄最小、最费心费力的学生是谁？"

我的回答一定是："我女儿。"

双语"战争"

我女儿8岁，英文名字是Ava，小时候长得胖嘟嘟的，所以我们一直管她叫"A娃娃"。A娃娃生长在一个汉语教师的家庭，所以中文是她儿时教育中的重中之重。早在4岁的时候，妈妈就已经教会她500个汉字。那时，我们周末必做的一项活动，就是把这500个汉字平铺在客厅地毯上，让A娃娃在中间爬来爬去，把认识的汉字一个个拿起来、念出来。这个活动每每让我们信心爆棚，心想有这500个汉字垫底，A娃娃将来的中文阅读怎么也差不到哪儿去。

5岁以前，发生在A娃娃身上的中英双语"拉锯战"中，中文还占据着绝对优势。

5岁半的时候，A娃娃正式入校进入学前班。那一年，是这场双语"战争"的分水岭。从那时起，A娃娃的英文阅读能力，开始以惊人的速度侵蚀中文的"领地"：6岁，A娃娃已经可以独立阅读英文儿童绘本；7岁，可以阅读写给儿童的章节故事书；7岁半，她已经能看英文版的《哈利·波特》了。

而反观中文，A娃娃能勉强读出来的，还是那500个汉字，更可怕的是，我们发现那500个汉字在A娃娃脑中是完全独立的存在，把其中两三个连在一起让她认读都有些困难，更不用说把它们排列组合成一篇文章了。

5岁以后，A娃娃身上的中英双语"拉锯战"，慢慢地变成了英文对中文的"围剿战"。

中文太难读了！

看到问题的严重性，我们开始采取种种措施，来保护中文的"领地"：让A娃娃上中文学校、看中文电视、读中文儿童读物，可是效果都不大。中文学校的进度有些慢，中文电视只能保持她本来还不错的听力水平，而很多中文儿童读物，更像是作者或翻译者炫耀文采的地方，充满了"落寞""逆向思维"这种"高大上"的、完全不适合儿童读者的词汇。

面对中文的"节节败退"，身为汉语教师的我，当然不甘认输。既然现有的教育手段用着都不顺手，那我为何不运用自己的专业知识，为A娃娃量身打造一本适合她的阅读水平和习惯的中文教材？这种想法的成果，就是下面的这本名为《A娃娃的故事》的小书。

《A娃娃的故事》第一章

这本书的创作，真是让我费尽心力。书的题材特意选用了发生在A娃娃身边的真人真事，词汇尽量控制在她认识的那500个汉字里，写作上融入了很多汉语教学的方法和技巧。为了保持她的阅读兴趣，我还特意添加了图片、视频、音乐等多媒体素材。

书写完之后，我给A娃娃布置了每天的阅读任务，晚上回来检查。我自信地认为，一本如此将知识、生活、趣味和爱心融合在一起的书，会让A娃娃爱不释手，可是真实情况是……

我：今天读完中文书了吗？

A娃娃：没有。

我：为什么？

A娃娃：我读了，可是太难了。

我：你给我读一遍。

（A娃娃开始磕磕绊绊地读，在"觉得"上卡住了……）

我：这个"觉得"你不是知道吗？而且还有拼音。

A娃娃：我以前会，可是现在不会了。

我（不耐烦）：那行，我告诉你怎么读，但是你要记住。你继续读吧。

（A娃娃继续磕磕绊绊地读，又在"觉得"上卡壳了。）

我（有点儿生气）：这个"觉得"你不是刚念过吗？

A娃娃（委屈）：我忘了。

　　我（强压怒火）：那你不会上下文看一下吗？这么多"觉得"都在这一页上。继续念！

　　（A娃娃继续念，读到"觉得"，又忘了怎么读。）

　　我（生气）：A娃娃！你能注意力集中点儿吗？这个"觉得"你念了多少遍了？还不会！

　　A娃娃（大哭）：我就是不会啊！Chinese is so hard!

　　这样的对话，在一段时间里，成了我们俩之间的常态。《A娃娃的故事》一共有六个故事，但几乎每个故事，都是在我的斥责和A娃娃的大哭中结束的。

　　读完这些故事，A娃娃的中文阅读水平并没有像我期待的那样突飞猛进；相反，在结束最后一个故事后，A娃娃突然对我说："爸爸，你别再写了，我不想再读中文书了。"

　　"为什么呢？"我问。

　　"因为中文太难了。"

I Like Reading It with You!

　　A娃娃的话，一时让我心里五味杂陈：一本我费心费力、为女儿量身定做的书，其中融入了多年对外汉语教学的方法和经验，不仅没有达到预期的效果，甚至连女儿的基本认可都得不到……

　　到底哪里出错了呢？

　　思前想后，我决定还是把书写下去，不过这次的题材换了：我让A娃娃跟她的猫穿越到了上古，跟中国神话人物产生互动。新书的名字叫《A娃娃历险记》。

　　也许是因为第二本书的缘故，我

第一章

盘古起床啦！

A娃娃跟她的猫飞了很久很久，她累极了、也困极了，所以就睡着了。醒来的时候，A娃娃发现自己躺在一个很黑很黑的地方，她把手伸到眼前，可是什么也看不见。

"真的很黑啊！"A娃娃很害怕，"连手都看不见了。"

"丢丢？"A娃娃轻轻叫了一声。

"喵。"丢丢听到A娃娃的声音，走到她身边蹭了一下。

"胖猫？"A娃娃又轻轻叫了一声。

"唔。"胖猫说。它没有嘴，只能用肚子说话。A娃娃听到胖猫的声音，一把抱住了它。

有了丢丢和胖猫，A娃娃就不太怕黑了。

A娃娃开始摸来摸去，想找到一个灯，可是她摸了很久，只摸到一个像树根一样的东西。

"我在大树的下面吗？"A娃娃想，"也许树顶上会有灯吧。"

第二章 中文教学

> 这样想着，A娃娃拉起胖猫和丢丢开始一起爬树。
> 大树比A娃娃想象的还要高很多，A娃娃和她的猫不知爬了多久，可是还没有爬到树顶，也没有找到灯。周围还是黑黑的一片。A娃娃累极了，也困极了，顾不了那么多，就抱着大树睡着了。
> 再次醒来的时候，A娃娃发现大树在动，一上一下，一上一下，里面还传来"呼噜噜"的声音。
> A娃娃还没完全睡醒，她揉揉眼睛，心想："我又趴在爸爸的肚子上睡着了。"A娃娃小的时候，每到午睡的时间，就喜欢趴在爸爸的肚子上玩，玩累了，就在爸爸的肚子上睡过去。有时候爸爸也会睡着，睡着了的爸爸肚子会一上一下的动，发出"呼噜噜"的声音，让A娃娃觉得自己是睡在一个小船上。
> "爸爸起床了。"A娃娃拍拍"爸爸"的肚子，轻轻地说。
> "爸爸"没有动。
> "爸爸起床了！"A娃娃大声说。
> "爸爸"还是没有动。
> "爸爸起床了！"A娃娃大喊。
> "喵！"丢丢被吓醒了。
>
> "唔！"胖猫也被吓醒了。
> "谁在说话？""爸爸"的肚子里传出一个很大的声音。
> "我叫A娃娃。"A娃娃这时完全醒了，她发现自己不是在爸爸的肚子上，而是在一个会说话的"大树"身上。
> "您……你是谁？"A娃娃最后没有用"您"。不知为什么，她觉得跟这棵会说话的"大树"有一种说不出的亲切感。
> "我叫盘古。"大树说。
> "胖姑？"A娃娃问，她觉得这个名字好奇怪。
> "不，是盘古！"
> "盘古。"A娃娃这次说对了，"你能告诉我这里是哪儿吗？"
> "这里是混沌。"
> "馄饨？"A娃娃突然觉得有点儿饿了。
> "就是什么都没有开始的地方。"
> "什么都没有啊。"A娃娃觉得吃不到馄饨了，有点儿失望。
> "对了，盘古。"A娃娃说，"你可以把灯打开吗？"
> "灯？"这次是盘古觉得奇怪了。
>
> "就是能让这里变亮的东西，这里太黑了，我怕黑！"
> "好吧，我试一试。"
> 盘古动了一下，A娃娃觉得周围的一切都摇晃起来，她差点儿从盘古的身上掉下去，赶紧和胖猫、丢丢一起牢牢地抓住了盘古，紧紧地团上了眼睛。
> A娃娃再次睁开眼睛的时候，发现周围有了光。
> 她往下看看，发现一团黑黑的东西正在慢慢地沉下去，变成了大地。大地上有两只大脚，有一百个A娃娃那么大，还有两条长长的腿，有一千个A娃娃那么高。她又往上看了看，发现一团亮亮的东西正在慢慢的升上去，变成了天空。天空里有两只胳膊向上举着，有一百个A娃娃那么粗，胳膊上有两只手，手里握着一个大大的斧头，有一千个A娃娃那么重。
> "不黑了吗？"盘古问。
> "一点儿都不黑了！你是怎么做到的？"A娃娃说。
> "我用斧头把天和地给劈开了。"
>
> "你能把天和地都劈开啊！太了不起了！"A娃娃使劲抱了抱盘古的肚子，"对了，我能看看你的样子吗？"
> "当然可以！你爬上来吧。"
> A娃娃抬头一看，盘古的脸离她还有很远很远，她不知道自己什么时候才能爬上去，不过她太想看看盘古的样子了，所以就带着胖猫和丢丢，沿着盘古的肚子向上爬去。
> "盘古的脸会很长吗？"A娃娃一边爬一边想，因为爸爸的脸有一点儿长。
> "盘古会戴眼镜吗？"A娃娃一边想一边爬，因为爸爸戴眼镜。
> 这样也不知爬了多久，眼看就要看到盘古的脸了，这时，盘古的身体忽然动了起来……
> "哈……哈……哈秋！！！"
> 盘古打了一个很大的喷嚏，一下子把A娃娃和她的猫都吹走了。

《A娃娃历险记》第一章

对A娃娃的期待值没有写第一本书时那么高。我不再给她布置阅读任务，只是每天回家以后，拿出一个小时，跟她一起读一章的故事。读的过程里，我也不再要求她能正确读出每一个汉字，只是对她说："你跟我读一遍就好。"读完

101

了，我会问问她故事里的情节，给她讲一下原来神话的样子，然后再让她自己试着把故事朗读一遍。我对她说："读错了也没有关系。读错了，我就陪着你再读一遍。"这样做以后，我的心情平和了很多，原来那种在斥责和大哭中结束一个故事的情况，再也没有发生过。

有一天，A娃娃跟我说："爸爸，你知道吗？我要把你写的故事画出来。"

我说："好啊！你画出来，我就把你的画儿加到书里，算是我们一起写的书。"

于是，就有了下面的这幅插图。

A娃娃和猫被盘古的喷嚏吹走了。

就这样，我们一边读，一边讲，一边画，从盘古开天到女娲造人，到伏羲画卦，到共工怒撞不周山，再到女娲补天，一本书的几个故事很快就读完了。A娃娃给每个故事都认真地画了插画。她的阅读水平最后到底提高了多少，其实我并不知道，也不在乎，不过最后一篇"女娲补天"的故事有七页多，用词造句也比以前的故事难了很多，但是她却在几乎没有我帮助的情况下，一个人把它读了下来。

最后一篇故事结束时，A娃娃颇为遗憾地问："完了？"

"这本书完了。"我说。

"还有下一本吗？"她问。

"你不是说中文很难，你不想再读了吗？"

"It's still hard, but I like reading it with you！"

我在乎！

第二、三本书青黄不接的时候，我让A娃娃去重读第一本书，不过这次我把拼音去掉了。出乎我意料的是，A娃娃竟然出奇地配合。她在已经知道故事内容的情况下，还是把每个故事一字不落地读完了，还不时向我咨询不认识的汉字。看着她这样配合，我又"得寸进尺"地要求她把每个故事翻译成英文，她虽然满口抱怨，但是并没拒绝，每次翻译完了，还有意无意地把稿子放在我的面前，等着我的夸奖。

A娃娃每年生日时，家长会被邀请到班上，给班上的同学读一本书。今年的生日，我跟A娃娃商量，要跟她合读《A娃娃的故事》的一章，我读中文，她读自己翻译的英文。

A娃娃对这个提议异常兴奋，不过在一个小问题上，我们产生了分歧。

我提议要把这一章打印出来，发给她的同学做handout，可是A娃娃却不同意。

"为什么？"我问。

"因为有的小朋友不喜欢读书。"她说。

"不喜欢读就不读呗。"我说。

"可是他们会把你的故事扔掉。"她说。

"没关系吧。我不在乎。"我说，"这本书是为你写的，我更在乎你读不读。别的小朋友不想读，扔掉就扔掉吧。"

"BUT I CARE！"

A娃娃一着急就开始说英文："You spent so much time writing the stories for me. They are so good！They are mine！I don't want them to be thrown away like that. I WANT TO READ THEM！"

A娃娃越说越急,后来竟然大哭了起来。

但不知为什么,她这次的大哭,不仅没让我心烦,还让我觉得心里暖暖的……

后 记

如何提高华裔学生的阅读水平,一直是海外中文教学的一大难题。由于A娃娃的缘故,我有机会亲身了解并体验了这一难题最初产生的原因和过程。对这一难题的解决尝试,也让我对中文教学本身产生了一定思考。在中文教学中,我们花费大量的时间和精力,去寻找实用的教学材料、有效的教学方法,但却很少静下心来想一下,怎么才能让我们的学生去真正"在乎"他们所学的语言。完善的教材和方法,固然可以让学生对中文产生兴趣、获得必要的语言知识和技能,但却不足以让他们从心里去真正"在乎"中文;而如果无法产生这种"在乎感",学生也就无法找到学习中文的真正动力。我常听到华裔学生家长抱怨孩子对中文的排斥。我想问的是,抛开所有功利和文化传承的原因,这些家长们有没有真正告诉过孩子,为什么要"在乎"中文?或者,他们有没有真正问过自己,为什么要"在乎"中文?

发生在A娃娃身上的双语"战争",中文可能是永远无法胜利的一方。因为意识到这一点,所以我放弃了"抗争",开始陪在A娃娃身边,做一个安静的"陪读者"。我不知道是否是这种"陪伴",让她找到了阅读真正的意义,也不知道这种意义又会"陪伴"她多久,但至少在这一刻,我知道,她是"在乎"的。

Tales of teachers
Case Studies and reflections from CFL classroom in North America

北 美 故 事
美国一线汉语教学案例与反思

第三章

文化差异

导读：

众所周知，中美两国在政治制度、历史传承、价值观念、风俗习惯、宗教信仰、思维方式等各个方面，都存在着巨大的差异。如果把所有这些都归入"文化"的范畴，那么，这种文化差异，反映到美国中文教学的课堂上，带给中文教师的就是"跨文化交际"这个必须要面对的挑战和课题。

这种文化的差异是如此巨大又几乎无处不在，以至于即便是教师有文化差异的意识，课堂内外所产生的文化冲突，也会经常让你措手不及。

教师随口而出的口头语"那个"，却被黑人学生听成是带有歧视和污蔑色彩的"Negro"（《"那个"的尴尬》）；大吉大利的666，在美国学生的眼中却代表着邪恶（《为什么666啊》）；成语"凿壁借光"，带来的不是对勤奋的致敬，而是一片质疑（《当中国成语遇上美国熊娃》）；《论语》中对"孝顺"的近乎完美的阐释，引来的却是学生激烈的争论（《孝顺的公式》）。

如果你是一位即将赴美任教的汉语教师，请相信，书中的这些故事，很有可能就是你今后课堂上的遭遇。

那么问题来了：作为一位在美国任教的中文教师，面对这样的窘境、困境甚至是险境，该怎么破解？

本章的作者，也都是一线教师，给出了他们的思考和建议：

"作为国际汉语教师……我们不要求学生信仰或者认同我们的文化，只要他们能够怀着一颗理解和同情的心来看待他们在中国碰到的人和事，那就是我们的成功。"（《"愿上帝保佑你"》）

"以一种开放的态度对待不同文化可能给中文课带来的冲击和机会，将文化教学从文化展示转变为深层次的讨论。"（《你的名字》）

"人性中的美好——包容、理解、体谅、尊重，最终化解了冲突，跨越了文化差异……只要心存善意，时时换位思考，不懂的虚心请教，彼此的距离自然就会拉近，无障碍的跨文化交际也会成为可能。"（《凉拌黄瓜的温度》）

第三章 文化差异

"那个"的尴尬

王海艳,河北大学国际交流与教育学院副教授,汉语国际教育专业硕士生导师,中国现当代文学专业博士,2015—2018年任路易斯安那泽维尔大学孔子学院汉语教师,在泽维尔大学教授初级、初中级、中级、高级四门汉语课程,并担任"中美强"学生大使遴选及指导教师、"中国俱乐部"指导教师、"汉语桥"比赛指导教师,曾获得"孔子学院杰出贡献奖""'汉语桥'比赛优秀指导教师""泽维尔孔子学院优秀教师"等奖项和荣誉称号。

美国剧作家田纳西·威廉斯说:"美国只有三座城市:纽约、旧金山和新奥尔良。其他地方都是克里夫兰。"在新奥尔良三年,给我留下印象最深刻的不是法兰西区建筑的特别、橡树庄园的优雅及在沼泽地看鳄鱼的刺激,而是"那个"带来的尴尬。

印象中,那是2015年秋天,一个阳光洒满教室窗台的周二的上午。

我刚刚上完1010(零基础初级汉语班)的课,正在等待接下来的1020(学过一学期汉语的初中级汉语班)的课,学生们陆陆续续地进来。突然,放在桌上的手机振动了起来,是我一位孔子学院的同事。我看了一下手表,离上课还有七八分钟(课间是10分钟休息时间,也是学生们根据课表换教室的时间),我便轻松按下了绿色接听键。都是中国人,交流自然是用汉语,话题是关于周末的一次活动安排,我就比较轻松地跟她聊,时不时地会说"那个……那个……","那个"可以说是我日常极其惯用的口头语。

当时,我一边在电话里说着"那个……那个……",一边微笑着注视着已经到来的学生们。可是,不知从哪一秒钟开始,我感觉到了有学生在用异样的目光盯着我,眼神中有些敌意,也有些愤怒。我讪讪地挂了电话,开始再次搜索、回想那些目光的来源。我终于确定了:将刀子一般犀利的眼神投向我的,不是一个学生,而是差不多一半的学生,包括一个平时跟我很亲密的、中文名字叫静怡的女孩。我满腹疑问，又不知接下来该怎么办，抬手看了看手表，已经到了上课时间，我便装作什么也没有发生的样子，开始了那节课。

那会儿的我，刚来美国不久，对每一节课都抱有满满的新鲜感，全力以赴地准备、使尽浑身解数地安排、激情饱满地讲课，当然也有欣慰自得的成就感：学生学得都不错，大学生比较自觉、听话，也不存在课堂管理的问题，无须与学生斗智斗勇，也不用跟学生比嗓门、讲道理，所以几乎每一节课都是较为享受的。但那天的课是个例外。学生们有的心不在焉地看手机或用电脑，有的趴在桌子上，还有一个什么也没说，刚上课几分钟，就收拾书包离开了教室。而我也是在浑身不自在的情况下，煎熬了75分钟。终于，下课时间到了，学生们收拾书包开始离开教室。当静怡低着头走过我身边时，我轻轻地叫了她一声："静怡，你可以留一下吗？"静怡停下脚步，抬起头，眼神很复杂地看着我。我等其他学生都离开后，开门见山、直截了当地说："发生了什么？我需要你的帮助。"

当听到我需要帮助的字眼时，她的眼神和表情变得柔和了些，慢慢说道："王老师，我很喜欢你的课，也很喜欢你。但今天你伤害了我，也伤害了咱们班其他的非洲裔同学。"我仍是一头雾水，但心里已经有些紧张，忙问她："为什么？我没有啊，请赶紧告诉我。"她说："你今天上课前，说了一个非常不好的词，并且说了很多次。"我还是有些发蒙，继续问："什么词？我不知道啊！"她说："这是一个非常不好的词，我自己永远不想说，但我可以写出来给你看。"说完，她便取出笔和本子，迅速地写出了一个英语单词：Negro。说实话，我当时并不知道它是什么意思，因为关系重大、事态有些严重，我赶紧拿出手机查了一下。

我一看那个词的发音：Negro /ˈnigro/，我便知道问题出现在哪里了。这个词的发音和汉语"那个"的发音是极其相似的，肯定是我在打电话时，习惯性的"那个……那个……"造成了误会。我当时首先极其郑重地向静怡道了歉，不管是不是自己的错，确实让他们敏感的心灵受到了无意中的伤害，之后也认真地向她解释了"那个"是汉语中的口语词，因为自己的无心与口语习惯产生了误会。她表示了惊讶和理解，最后在我俩一个和解的拥抱后，她步态轻松、表情愉悦地离开了教室，我一人留在教室，万般滋味不禁涌上心头。

我既然知道了问题的症结所在，很快也就明确了应该如何处理。那周的周四，同样也是一个阳光洒满教室窗台的美丽的上午，我给静怡那个班再次上汉语课时，首先在白板上写了"那个"的汉字、拼音及英语翻译。等在师生互相问好后，我语调严肃、低沉地问他们："你们有没有无意中或者因为误会伤害过别人？"他们大都点了点头。我继续问："你们若在无意中因为某种误会伤害了别人，是不是既感觉很歉疚又感觉很委屈？"他们若有所思地继续点头。我当时都有些眼含热泪了，继续说："现在的我，就是这种感觉。"接下来，我先向他们解释了黑板上写的汉字，然后郑重地向所有非洲裔的同学道了歉，最后诚恳地跟他们说："王老师初来你们的国家、你们的学校，我很珍惜这个机会，我的英语不好，对你们的文化也不是特别了解，如果我无意中犯了错误，不小心伤害到你们，请先不要伤心，请先告诉我、帮助我，不要让我再犯错，我这么爱你们，怎么会不尊重你们？怎么会伤害你们？你们从来没有让我失望过，我也一定会努力不要让你们失望……"在我说完那段话之后，所有的学生，也包括越南裔学生，一齐释然地、大声地为我鼓掌。

到现在，这个故事已经过去了好几年，每每想起，我脑海里都是警钟长鸣，尴尬不已。窗外，上午的阳光又洒落在校园的每一寸土地上，希望日子永远这般美丽静好……

后 记

距离林肯总统颁布《解放黑人奴隶宣言》已经一百多年的时间了，但非洲裔美国人被种族歧视、种族隔离的沉痛历史，仍是他们心中永远挥之不去的痛，仍能触动那根最脆弱、最敏感的神经。语言教学也是文化教学。来美国任教的汉语教师或者志愿者一定引以为戒，不要触碰种族雷区。另外，"人非圣贤，孰能无过"，作为老师，不管是有意还是无意犯了错，要勇于认错、改正过失。"面子"远没有学生的信任、自己的成长更加重要。

为什么666啊
——数字背后的文化差异

杨洁，北京师范大学汉语国际教育硕士，写作本文时在美国匹兹堡大学孔子学院工作。

2017年2月21日中午，裹成球的我在奔向教室前又瞄了一眼朋友圈，新增三条评论："666""好棒哦！""666666"。我心中略喜，"损友"们对我学生的毛笔字表示认可。今天要给学生讲中国的数字文化，他们的评论让我脑海里灵光一闪。

"请问，你最喜欢哪个数字？"我对学生们喜欢的幸运数字表示强烈的好奇。

"I like seven, seven is heaven."

"I like all numbers except 13."

"I like 6, because it's my birthday."

五花八门的答案背后是各式各样的有趣的思维。我鼓励大家尽量挖掘自己喜好背后的文化原因。今天真是666，我心想。

大家提起对数字的兴趣后，我开始介绍中国的数字文化。讲到6这个比较幸运的数字时，我解释："六"的发音和"溜"相近，又似"禄"，所以它常寓意一切顺利，拥有好福气。中国传统文化中"君义、臣行、父慈、子孝、兄爱、弟敬"为"六顺"，"六六大顺"是我们常用的祝福语。

想起朋友给我点的赞，我说："在中国社交媒体上看到一件进展得不错的事情时，现在人们有时会直接用数字666作为评论，用以表达赞赏，例如期末拿了高分，找了份好工作，终于完成了一个项目等。昨天我在社交媒体上发了你们的书法作品，就有不少朋友说'666'呢！"

第三章　文化差异

　　我自以为给学生们带来了这节课的"激活码"，让他们看到数字6在中国文化中的意义，心中不禁泛起一丝自豪。我告诉他们："你们如果有中国朋友，下次在他们Facebook上用666作评论，他们一定觉得你特别了解中国！"

　　沉浸在自己营造的喜悦里的我，一时并未发现同学们脸上复杂的表情。

　　"That's too bad! Why 666?"有着一头利落短发的安娜抱怨了一声，音量大小刚好够我听到。

　　"Post 666 on Facebook?"她故意提高音调，还向同桌柯图妮使了个眼色，接着瞥了我一眼，用纤细的手指撩了一下自己的头发。柯图妮撇撇嘴耸了一下肩。

　　我愣了一下，感觉瞬间掉进了冰窖，冻得直哆嗦，在脑海里迅速搜寻有关666的其他知识，却是一片空白。

　　"Is there anything wrong with 666?"我不明就里地问学生们，虚心请教。

　　"666 is devil in our culture."可能是看我难堪，柯图妮小声地说。

　　啊？恶魔？我只知道数字13在西方文化中很不吉利，却不知我们认为大吉大利的666在他们眼中代表着恶魔。同时我又有些激动，这种文化之间的交流和碰撞是很难得的，我希望学生能当我的老师，给我一些完整的解释，即使牺牲形象也心甘情愿。

　　我心里很感激学生们的提醒，但由于涉及宗教信仰，在不清楚所有学生对基督教的态度的情况下，我并不希望任何人觉得被冒犯，便决定用相对轻松的方式结束这场讨论。"你们看，同样的数字在不同的文化里含义如此不同！谢谢你们告诉我这些，不论怎样，我以后可不会在我美国朋友的Facebook下面评论666了。"我故意扶着额头表示无奈和懊悔，大家都轻松地笑了笑。

　　"3个6是恶魔，666666，多用几个6就是幸运啦，魔鬼和天使偶尔让人分不清嘛。"我试着练习语音，"来，跟我读，666666！"

　　他们齐刷刷张着嘴读，大多数人都没忍住，你看我我看你，扑哧笑了出来。

　　后来，一个叫大卫的男生还把自己的手机密码换成了666666，这让我非常欣喜。

后 记

　　同样的数字在不同的文化中寓意可能截然不同。在中国代表顺顺利利的"666"在美国却是恶魔和野兽的象征。和学生一同挖掘数字背后所体现的文化差异，能让老师和学生都有所收获。

　　关于666是否吉利而引发的讨论是这节数字文化课上的一个小插曲。如果老师的知识储备存在盲点，不必不懂装懂，虚心请教学生，会促进老师自觉地理解不同的文化，也会鼓励学生对不同的文化进行比较，从而对文化差异有更深刻的认识。具体到文中666这样的问题，师生角色的转换能让学生站在一个更客观的角度看待文化的不同。与此同时，老师也需要避免可能发生的冲突，适时调整进度以把握课堂的节奏。

　　教学相长，祝大家的汉语教师生涯666666！

第三章 文化差异

当中国成语遇上美国熊娃

商雪茹，2015年毕业于纽约大学，学习TESOL和CFL双专业，写作本文时任教于纽约布鲁克林区梅格艾佛斯学院。

2017年3月，中文LOTE考试一天天临近。每天反复复习词语和句子对学生们来说实在太枯燥了，于是我决定，每天给学生讲几个成语故事。一方面，成语是中国语言文化中最具魅力的一部分，学习成语不仅能提高语言水平，还能了解中华民族悠久的历史、宝贵的遗产和无双的智慧。另一方面，我也抱着侥幸心理：万一考试的时候阅读出了个成语故事，大家不就皆大欢喜了嘛！

可是，理想和现实总是不太一样……

在第一个班上课时，我先介绍了成语"凿壁偷光"。

"大家听好！'凿壁偷光'的字面意思是：cut a hole on the wall to steal light。"

底下一脸茫然，我马上介绍故事内容——

"从前有个人，他家很穷，买不起蜡烛，所以没办法在晚上看书。但是他对知识非常渴望，为了能够多看书多学知识，他想了个办法：因为他的邻居非常富有，屋子里点了好多蜡烛，所以他在自己和邻居家的墙上凿了个小洞，借着透过来的光，每天都努力看书学习……"

顿时，教室炸锅了。

"商老师！这个人是小偷儿啊！怎么可以破坏别人家的墙呢？"

"商老师！这个故事根本说不通！因为一个穷人，肯定住在穷人的社区，他的邻居怎么可能是富人？"

"商老师，这个成语是不是告诉我们不要做小偷儿啊？"

"商老师,他的邻居要是发现了,会不会把他告上法庭啊?"

这回换成我一脸茫然了……

"大家先安静,你们的想法都很新颖,但是实际上这个成语是用来形容家贫而读书刻苦的人。也许故事里主人公的行为不是十分正确,但是他的目的是好的,就是为了学习,最终获得成功。"

"商老师,那他最后成功了吗?"

"当然成功啦!他做了很大的官!"

"那他邻居最后知道自己的墙被挖了个洞吗?"

"你们……能不能先关注重点啊?"

趁着同学们暂时放过我一马,我赶紧介绍下一个成语——亡羊补牢。心想:这个故事很简单,英语里又有对应的谚语"better late than never",这下应该没问题了吧!

结果……

"我再给你们讲个故事,叫亡羊补牢,字面意思是:sheep died, fix the pen。"

"商老师,中国成语都这么奇怪吗?"

我赶紧解释:"不是,字面意思是这样的,但是实际意思是什么,你听了故事就会马上明白啦!"

"从前有个人养了一群羊。但是有一天,羊圈破了个洞,他没在意。结果晚上狼来了,偷走了一只羊。第二天,他也没在意,结果当天晚上,狼又偷走了一只羊。第三天,他终于决定把羊圈修好了。从那天起,他再也没有丢过羊。所以这个故事告诉我们什么道理呢?谁能告诉我?"

"哦!商老师,我知道!"一个学生冲我笑得十分灿烂,"这就是个讲拖延症的故事,对不对?"

我扶了扶差点儿滑落的眼镜:"麦迪逊,你这个想法非常合理,也非常有创意,可是这个故事其实想告诉我们:Better late than never。"

这小姑娘一脸置疑,但是觉得我说得好像也没错,也就没再争论什么。

接下来,第三个成语出场——唇亡齿寒。

按照惯例,先说出字面意思:If lip dies, then teeth will feel cold。

"商老师,嘴唇怎么会死啊?"

"凯莉,这只是一种比喻,不是嘴唇真的死了。你换个角度想,如果你没

第三章 文化差异

有嘴唇的话,你的牙齿会不会觉得凉呢?"

"这听起来有点儿恐怖,但是感觉你说得对。"

于是我开始讲故事:"从前有三个国家,A、B、C。A最强,B其次,C最弱。A国国王想吞并C国,但是要从B国经过才能到C国,所以A国国王就跟B国王提了条件:让我的军队从B国经过,我们打赢了C,就给你财宝。B国大臣告诉他的国王:'如果你同意了,他们回来的路上就会把我们也消灭了。'但是国王没有听,就让A国过去了,最后A国灭了C国,回来的路上果然顺便消灭了B国。所以这个故事告诉我们,B和C就像嘴唇和牙齿,无论哪个受伤,另一个都会受牵连。所以'唇亡齿寒'形容的就是共存关系。懂了吗?"

意外地,全体沉默!没有一个人懂!真的是没有一个人懂!

"你们真的不懂吗?我觉得我说得很明白了呀,真的没人懂吗?"

底下弱弱地传来一句:"商老师,we really don't know what you are talking about。"

仅有一年教学经验的我,也算是年轻气盛,下课以后,就跑去找我们外语部的副校长,跟她讲了这段"遭遇"。校长笑眯眯地对我说:"那你把那个成语故事给我讲一遍吧!"

我原封不动地讲了一遍,还觉得自己讲得不能再通俗易懂了!

"嗯,我懂了。"

"您懂了?我就知道!我就知道我讲得够明白!"

"我还没说完,"她慢慢悠悠地说,"我是说,我懂他们为什么不懂了。"

"啊?"

"你的人物关系太乱了,而且故事情节有点儿复杂,我都听不太懂,更何况孩子们呢!要不你试试边讲故事边画图?"

后来,我抱着试试看的心态来到了下一个班。故事还是原封不动,但是我把三个国家画到了黑板上,边讲边画剧情,到了最后,我又加了一句:"所以如果C是嘴唇,B就是牙齿,嘴唇没了,牙齿会冷,C没了,B也马上被消灭了。所以B和C,就是一种共生关系。"

"哦!我懂啦!"

"我也是!"

我简直不敢相信自己会成功翻盘,不断地问:"你们真的懂了吗?有没有不明白的地方?"

"没有！Crystal clear！"

我忽然觉得整个世界都亮了。

接下来的所有班级，我都边画边讲，大家不但懂了，还觉得中国成语很有智慧。

几节课下来，我累瘫在椅子上。但是把"唇亡齿寒"讲明白了，我特别开心。

后记

语言是文化的载体，汉语成语作为中国文化的瑰宝，其背后蕴藏的是中国人的价值观、道德标准、思维习惯等，所以向美国学生教授成语的过程，很多时候不只是语言教学的过程，更是一个跨文化交际的过程。

由于文化差异和思维习惯的不同，很多中国学生习以为常的成语，到美国的课堂上就会多多少少变了味道。那些在我们看来充满着教育意义和正能量的成语，稍不注意，就很容易会被学生误解，本文描述的成语就是一个典型的案例。

考虑到这种文化的差异，成语教学中，老师需要慎重选择教学内容，如果涉及类似文中的成语，则要帮助美国学生通过成语的字面意思，去理解背后隐藏的文化内涵，同时要充分照顾到美国学生的个性特征和学习特点，用通俗易懂且生动有趣的方式设计课程，激发学生学习成语、了解成语、使用成语的兴趣。

孝顺的公式

朱琳，美国密西西比大学中文旗舰项目中文讲师，密西西比大学——上海大学暑期留学项目驻地主任，应用语言学专业博士，卡耐基梅隆大学二语习得专业硕士，华东师范大学对外汉语专业学士。2013—2014年任教于美国匹兹堡大学中国语言与文化系，2014年后任教于密西西比大学中文旗舰项目，负责该项目300级中文媒体课程，曾教授初级汉语、中级汉语、中国当代社会、专业汉语等课程，内容涉及心理学、古代汉语、语言学、中国当代政治、现当代小说、新闻报告、新媒体等话题。研究兴趣包括对外语言与文化教学、课程设计、网络介入教学等。

　　清明节当天，收到了远在上海的父亲母亲的消息，他们刚刚去给十多年前过世的爷爷奶奶上坟扫墓。上班路上，小镇罕见地下起了淅淅沥沥的小雨，勾起了我对远在大洋彼岸的亲人的思念。在这个特殊的日子，我脑中盘算着如何带领中文高级班展开课堂讨论，巧的是，今天的主题正是中国人和欧美人的孝道。

　　上课的前一天，我给学生布置了任务，学习下节课要讨论的《论语》名言：

　　子夏问孝。子曰："色难。有事弟子服其劳，有酒食先生馔，曾是以为孝乎？"

——《论语·为政》

　　一进教室，我在黑板上写下一个大大的"孝"字，"小迷糊" Jack脱口而出："老！"

　　我轻笑了一声，说："这个字念'孝'，什么是孝？"

　　另一个学生举起手，认真地说："孝，就是孩子要尊敬自己的父母。"我点点头，亮出前一天布置的"色难"名句，请同学们谈谈自己的理解。"什么是'色'呢？"我首先问道。

"就是脸的颜色，孔子的意思是，对孩子来说，用好的态度对待父母是最难的。"小雪回答道，"孔子认为，给爸妈好吃的东西，帮他们做各种事情还不够，还要有好脸色，这是很难做到的。"

"是的，"我补充道，"这里的'色'就是中国人说的'脸色'，孔子认为，孝的定义并不局限于孩子为父母做什么，而是对父母永远有好脸色，然而这是很难做到的。大家想想欧美人跟他们的父母相处讲究'色'吗？"

沉默被小林打破："有时觉得很奇怪，身边所有的人总是说我是'好好先生'，但有时跟爸妈说话就会容易发脾气，孔子说得对，'色'真的很难。"几个学生纷纷点头表示赞同。

此时，我默默地在"孝"字后面加上了"顺"。

"提到'孝'，就会说到'顺'，'顺'就是顺从，要真正做到孝，必须也做到顺，包括对父母的意见、态度的顺从。欧美文化里也有对父母的尊敬，你们觉得和中国人的孝道是一回事吗？"

平时最爱唱反调的小雨不假思索地说道："如果父母说错了，或者试图干涉孩子的生活，难道孩子也应该顺从吗？说实话，中国的孝道有些过分，欧美父母给孩子自由，尊重孩子的想法，并不会要求孩子事事都听爸妈的话！"

小诗补充道："我觉得好奇怪，表面顺从父母并不能代表内心真的顺从啊，心里真正的爱难道不是更重要吗？"

小麦"添油加醋"："还有，我前两天看新闻，说中国孩子向父母承认性取向，父母会大骂孩子不孝顺，有的父母还跟孩子断绝关系，这样不顾孩子的想法，不是很自私吗？"

班上像炸开了锅一般，而我愣在那儿，被一波波突如其来的"不和谐"的声音吓得不轻。是啊，当我们中文教师沉浸在传播博大精深的中华文明，迫不及待地跟美国学生分享我们引以为豪的伦理观时，不同的思维方式竟然会出现如此截然不同的解读。

我告诉自己，需要从欧美人的角度切入，让他们体会中国孝文化的历史因素和合理性。我缓缓说道："同学们说的都很有道理，当然，不存在任何一种完美的孝道。儒家思想讲求长幼有序，家庭中的每个成员都有各自的分工和角色，这样才会有稳定、和谐的社会。孝顺的意义从古代到现代尽管经历了各种演变，但是不变的，是我们对父母怀有的一颗感恩之心。所谓的好脸色，对于爱我们的父母来说，是一种基本的尊重和礼仪。当我们对待朋友、恋人，甚至陌生人的时候，都愿意和颜悦色，为什么对自己最亲近的父母会发脾气呢？我想，大概是知道他们永远不会因为我们的'色'而离开我们吧。所以，尽管孝道可能无法面面俱到，但是爱父母、敬父母、感激父母的心，中国人和欧美人是相通的。"

我看到刚刚反应激烈的几个孩子不住地点头。

小雨说："很有道理。不管是哪个国家的孩子，都应该好好对待父母。"

"孔子一直强调美德，我也希望可以孝顺父母，做一个有美德的君子。"小诗说。

小麦举手："可能'孝顺'这一说法，意思很丰富，不只是孝和顺，其实还有爱。"

我说："小麦说得很好，除了爱，还有什么呢？"

"还有关心！"

"还有感恩！"

"尊敬！"

"宽容！"

"不发脾气！"

"照顾！"

……

孝顺的公式：孝顺＝爱＋关心＋感恩＋尊敬＋宽容……

我露出了微笑。窗外还在淅淅沥沥地下着小雨。在这样一个特别的日子，两种文化对孝道的理解达成了一致。我想，跨越国界，爱才是相通的。

后 记

教了五六年的高级汉语课，每当讲到中国文化中的伦理纲常，崇尚美国式民主、自由、个人主义的美国大学生时常会发表自己的见解，在并未完全了解中国历史、社会背景的前提下下定论。还记得有一年曾经讲到留守儿童，一个学生义愤填膺地批评农民工家长抛弃孩子很自私，指责农民工父母只想赚钱而不顾孩子心灵的健康成长……中西方文化的差异，会让彼此双方讨论这类价值观问题的时候，产生沟通不畅、近乎"残忍"的误解。记录这堂"孝顺课"的意义，就在于展示这种误解从开始、发展、矛盾到澄清的整个过程。我们中国人习以为常，甚至引以为傲的观念，很可能和他们的文化价值观南辕北辙。当学生用他们的世界观来"粗暴"地对中国文化做出价值、道德判断时，我们作为传播中国文化的汉语教师，如何在两者之间寻求共通和理解，是我们需要不断思考和探索的。即使无法让美国学生透彻体会，至少能做到不断章取义就是了。

正如文章结尾所述，毕竟，有很多东西，是全世界相通的。

第三章 文化差异

"愿上帝保佑你"
——针对具有宗教背景学生的汉语教学实录

王静，美国威斯康星大学麦迪逊分校东亚语言文学系博士，写作本文时任教于美国普林斯顿大学东亚系中文项目，著有 *First Step: An Elementary Reader for Modern Chinese; Song Dynasty Tales: A guided Reader*。

秋季学期开学的第一天，作为四年级中文课的负责老师，我照例在Frist二楼的走廊巡视，看看有哪些糊里糊涂走错教室的"迷途羔羊"可以挽救。Frist是普林斯顿大学的学生中心，也是本科生的教学楼，大部分的外语课都被安排在这里，每天人来人往，很是热闹。此时学生们脸上洋溢着新学期伊始的兴奋，我心里暗想："三个月后，你们恐怕就是一脸疲惫了。加油啊，小朋友们！"

这时，一个在中文课教室门口逡巡的男生引起了我的注意。他身材高大，一头金色短发，想要推门进去，却又犹豫不决。我快步走过去，低声问："你好，你是中文课的学生吗？"

他转过身来，脸上露出惊喜的表情："是，我是四年级的学生。"

"我是四年级的王老师。你快进去上课吧。下课以后来我的办公室，我的办公室在Frist 223。"我习惯性地放慢了语速，这是同时教低年级和高年级课留下的"后遗症"。

"好，好！"他轻轻推开了门，一闪身进了教室。

摩门传教士

那天下午我接待了这位在走廊里邂逅的学生。打过招呼之后，他很自在地在我办公桌对面的椅子上坐下，完全没有一个大一新生初见授课老师时常见的局促和羞涩。

"你叫什么名字？"

"我叫阮明凯。"

"哦，你参加了分班考试（placement test），被送到四年级的吧。"我看了看电脑里的学生信息，抬头问他，"今天的课怎么样？"

"挺好的。可是我不太认识简体字，我以后能写繁体字吗？"

我心里一惊，怎么现在美国还有坚持教繁体字的高中？这种情况前些年常见，尤其在华裔学生中间，近几年已经很少碰到要求写繁体字的学生了。"当然可以。可是你得认识简体字，因为上课和考试使用的都是简体字。"他点点头。

"能介绍一下你学习中文的经历吗？"这是我们面试学生时的例行问题，今天我却尤其好奇他为什么学的是繁体字。

"我以前在台湾学过中文。"

"原来如此。"我心里想，接着问道，"你是在台湾什么地方学的？"

"我高中毕业以后，去台湾传教，我在那里两年。"

眼前这个金发碧眼的大男生竟然是传教士！这对我来说倒是很新鲜，教书这么多年，第一次有个传教士学生。我翻看他面试时填写的背景调查表，比同级的新生大两岁，来自犹他州盐湖城。盐湖城？难道……后来的交谈证明了我的直觉没错，他信奉的不是基督教，也不是天主教，而是摩门教。

小阮同学从一开始上课，就是班上的活跃分子。碰到课堂沉闷或者讨论的话题大家不太感兴趣，他总是老师用来救场的那个学生。但是他那一口浓浓的台湾腔，和一些特别的表述方式，有时会造成跟同学的交流障碍。最让老师头疼的是，他在对国际政治局势、中国的经济发展和社会问题侃侃而谈的时候，会夹杂一些语体上极不协调的词汇，又常常出现一些句式结构和词语搭配的错误。为此，我曾专门找他谈过一次。

"你在台湾学中文用的是什么中文书？"我试图找出问题的症结所在。

"我们没有中文书。我们学习《圣经》的中文翻译，然后去街上，还有乡下，跟当地人聊天，向他们传教。我的老师是比我先到台湾的教友，他的中文很好。"他随即用中文背诵了一大段《圣经》。

"你去台湾以前会说中文吗？"

"不会。我去台湾以前，只在教会的语言中心学习了一个月的中文。"

第三章 文化差异

我终于明白了他语言中的不协调源自何处。没有经过系统正规的语言学习，仅凭两年的自学，能达到这样的程度，实属不易，我对小阮的语言天分刮目相看。

"你去过中国大陆吗？"

"没有。摩门教没有在大陆传教，我很想去北京看看。"

或者是因为骑着自行车，在台湾乡下一遍又一遍地向当地人传教的经历，锻炼了他的口语能力，让他学会了如何与人沟通；或者是因为性格开朗，总之他跟班上的同学相处得都很好，当然也包括跟另一名宗教徒，我的另一个学生卫炯彬。

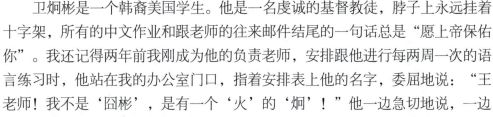

虔诚的基督徒

卫炯彬是一个韩裔美国学生。他是一名虔诚的基督教徒，脖子上永远挂着十字架，所有的中文作业和跟老师的往来邮件结尾的一句话总是"愿上帝保佑你"。我还记得两年前我刚成为他的负责老师，安排跟他进行每两周一次的语言练习时，他站在我的办公室门口，指着安排表上他的名字，委屈地说："王老师！我不是'囧彬'，是有一个'火'的'炯'！"他一边急切地说，一边用手在空中比画着。那时他刚从北京回来，自然明白"囧"和"炯"的区别。我每每想到这一幕，虽然心怀歉意，却仍是忍俊不禁。他在我的心里，已经定格成那个"囧囧有神"的学生了。

炯彬与众不同的地方，并不是他选择了就业前景不被看好的东亚研究作为他的专业，而是追求宗教的平和与他不羁的外表、热爱音乐的自由的心形成了强烈的反差。他留着一头飘逸的中长发，常年穿着宽大的套头衫和运动鞋，很符合音乐青年的人设。他在暑期班学习的时候，曾经创作过一首中文说唱歌曲《为什么不》："你为什么这样说，为什么不？你为什么学中文，为什么不？"二年级中文课本里的吃素、广场舞、拉肚子等内容都被编入歌词，成了学校红极一时的名曲。

在美国，信仰宗教是相当普遍的情况，我的学生中信教的不在少数，可唯有小阮和炯彬公然宣示他们对各自宗教虔诚的态度。我刚开始不免担心，他们的信仰不同，会不会在课堂上发生冲突，完成小组作业时是否应该避免把他们放在一起。后来事实证明是我多虑了。虽然在单独的语言练习时，小阮和炯彬都会跟我谈他们的信仰，但上课时，两个人从未主动提及这个话题。即使我们的讨论涉及宗教，也只是在个人选择等一般层面上进行，从来没有发生过争执。那个学期，我安排了两次辩论。在一次模拟美国总统选举的辩论中，小阮和炯彬是队友，都代表民主党；在一次"网络使人关系更亲近还是更疏远"的辩论中，他们俩是对手。无论是相互支持还是竞争，他们都合作得很好。

到春季学期结束的时候，小阮和炯彬都以优异的成绩完成了四年级中文课，同时得到了奖学金去北京一所著名大学参加暑期学习项目。他们不同的宗教背景并没有妨碍他们成为在中文学习方面志同道合的朋友，也丝毫没有影响他们对中国语言和文化的热爱。

我写这篇故事的时候，眼前仿佛又看到小阮那一笑起来眼睛里跳跃着的热情的火花，耳边又听到他每天早上走进教室时神采奕奕地大声说"早安！王老师"，仿佛又看到炯彬在校园里骑着自行车风驰电掣地从我身边飞过，"王老师……"的余音持久荡漾在他身后的空气里。

后记

虽然美国不是一个宗教国家，但大多数美国人都信教。提起美国的宗教，中国人大概最先想到的就是基督教和天主教。其实就像美国多元化的社会构成和人口组成一样，美国的宗教也是多种多样的。出现在这个故事中的两个信教的中文学生，大概就不属于一般中国人眼里传统的宗教徒。

作为国际汉语教师，我们进行的是文化传播，这与宗教传播有根本的不同，我们不要求学生信仰或者认同我们的文化，只要他们能够怀着一颗理解和同情的心来看待他们在中国碰到的人和事，那就是我们的成功。

你的名字
——一次对中国文化教学的反思

顾铮，密歇根州立大学教育学院教师，教育专业世界语言方向博士，研究兴趣为第二语言教学法。曾担任上海外国语大学对外汉语教师、中阿肯色大学孔子学院中文教师，因为从汉语教学中得到乐趣、肯定和成就感，而决定在语言教育领域继续深造、探索。

米都在INS上的头像，是一根大红色的中国风筷子，筷尾绘着金色龙纹，不过不认真看是看不出图案的，因为筷子顶端裹着一张小小的便利贴，上面有两个模模糊糊的中文字。那是他的名字。

这样的筷子，我教过的每个学生都有一根。

When in Rome, do as the Romans do

小小一根筷子，是我点名回答问题的工具，平时装在一个筷筒里，需要人回答问题时便抽一支出来。每教一个新的初级中文班，我总会提前制作这么一个筷筒，拿到学生名单后，根据发音给每个人起一个中文名字，写在便利贴上，选五颜六色的中国古风筷子，把便利贴贴好，开学第一天的教学内容之一就是给每个学生一个中文名字。

和许多心中对语言与文化关系早有答案的老师一样，我相信学习汉语和学习中国文化密不可分，更相信我所需要传授的应该是地道的中国文化。而学生们就应该学习这种地道的文化，在课堂上，在和中国人的交往中，像中国人一样学习、交流。而一个完美的中文名字，则是达到这个目的的开端，因为这个名字体现的，不只是几个发音标准的汉字，更是纯粹的中国文化：音顺字美，意蕴悠长。

学生们学完"你叫什么名字"并对自己的中文名熟悉之后，我会安排相应的课时来学习中国的姓名文化，比较中美称呼的不同和姓氏文化中所体现出的社会变化等等。设计课程的时候，我自认为很好地结合了语言与文化主题，又兼顾了学生的生活。在学完起名三大要素之后，学生们都觉得自己的名字意境深远，对我起的名字愈加喜欢。我也对自己起名的水平颇为自得，觉得我作为一个中文母语者起的名字，比起学生们自己选择的"小本"（Benjamin）之类的要好得多——一个一听就是简单音译的名字，怎么能体现出学生对中国文化的喜爱和接受呢？

那时的我，觉得文化教学就是单向的传授。地道的文化是学生需要接受和理解的内容，而地道的中文名字，则是学生正在学习纯粹汉语和中国文化的标志。

我从没对这样的想法有过质疑或反思，直到米都的出现。

But I am not a Roman. I am who I am

米都不是我在大学里教的唯一一个韩裔学生，却是我记忆最深刻的韩裔学生。他上课时总是很积极地举手回答问题，努力地重复我给他纠正的发音。有时下课他会留下来，问一问正在追的中国电视剧里听到的新词新句。无论是在校园里还是学校附近的比萨店里，他看见我总会微微鞠躬和我打招呼。

我告诉他，他的中文名字是孟德时，他微微歪着头问我："老师，为什么呢？"我说："第一，这个名字和你的英文名Mandy很像；第二，'德'就是morality，是中国人很重视的品质；第三，中国历史上有个很有名的人，他叫曹孟德，以后我们学到《三国》的时候，你会知道他。"他略略想了想，点了点头。

可是讲完姓名文化之后他来找我，说想换一个中文名字，要叫"米都"。

我当时忍不住就笑了，翻出手机找到一张图片后告诉他："孟德，'米都'是这只傻兔子的名字。"

周围有笑声，轻轻的，但米都的表情却渐渐暗淡了。有几次他举手回答问题后，似乎想说什么，但我已经转到了下一个问题。他主动举手的次数越来越少，渐渐地，也很少像以前一样在课后兴奋地和我分享他自己找的中文资源，比如"我买到了一本叫《喜羊羊和灰太狼》的中文书，看不懂"。我有些困

第三章 文化差异

惑，不知道他的学习兴趣为什么突然降低了，直到有一天我忽然发现，他最近交来的作业上，名字一栏常常写着他的英文名。我还注意到，在做课前小演讲时，他介绍自己的名字之前会微微顿一下。

于是在一天下课后，我赶上正在往下一节课教室走的米都，问他为什么喜欢"米都"这个名字？明明"孟德"听起来更中国。

"我记得第一次和爸爸妈妈回韩国，文具店里有很多可爱的文具，上面都有一只小兔子，眯眯的眼睛弯弯的嘴。外公给我买了一整套那个牌子的文具，他说那是韩国最有名的兔子，我还有一个和它很像的好听的名字。"

"老师，你说我们的名字是我们的一部分，要有好听的音节，端正的汉字，要包含美好的意义和期许。对我来说，'米都'是一个最好听的名字。我喜欢那只傻兔子，它让我想到韩国，想到我的家。"

米都的黑眼睛亮晶晶的，我却在里面看到了一个无地自容的自己。

作为一个美国大学里的"外国人"，我一直教这些"本国人"平等、包容地对待外来文化，但为什么在一种不同的文化面前，我却不能将之包容进我们的课堂，表现得这样傲慢和狭隘呢？对我来说，一个地道的中文名字是学生学习、体会中国文化的象征，可是我忘记了，我们的学生来到课堂时从来不是一张白纸，正相反，他们有着不同的文化背景，他们走过不同的路，路上经历的点点滴滴都不可避免地在他们身上留下深深浅浅的印记，而我却试图让他们忘记这些而在一种单一文化中学习中文。

I will know who I am; I will meet myself

第二天，我给米都看了他的新筷子，告诉他，我觉得"米都"这个名字很有特色，我也很喜欢那只叫米都的兔子。

这以后，我对文化课内容的设计也进行了调整：无论是语言教学还是文化教学，我都会把班上其他族裔学生的母语文化也包括进来，让他们选择单纯探索中国文化还是对不同文化进行比较。这样的选择让我意识到，其实在大学课堂上，美国文化往往并非学生们唯一的背景文化。有一些来自不同族裔的学生，他们或者在美国出生长大，或者在美国留学，出于不同的原因而选修了中文课，而我们却往往因为他们流利的英语而忘记他们的少数族裔身份，以及他们正在发现和塑造的在多元文化中不断成长的自我。

在学习讨论中国文化的时候，我也很少再用演讲的方式来介绍中国文化"是什么"，而是更多地鼓励学生通过研究和阅读来了解中国文化的演变和发展。这样的方式，给了学生更多的机会表达他们对中国文化的理解，也深化了我对中国语言和文化教学的反思。当我们教授文化时，我们总是迫不及待地要展示地道的、纯粹的中国文化。但是何谓"纯粹的中国文化"呢？作为中文老师，我们所代表的、所理解的，也只是我们自己对中国语言文化的认知和解读。历史长河中，中外文化的不断接触、交流，从而形成了现在我们说的"中国文化"。如果抱着文化纯粹的理念，将其他文化摒除在外，不但僵化了中国文化在学生心中的形象，也摒除了他们真正了解中国文化开放和包容性的可能。

在期末学期评估的时候，有一个学生写道："我喜欢顾老师教文化的方式，因为我用中文再一次认识了我的祖国，也了解了中国文化并不是遥远、传统、一成不变的。"

那会是米都写的吗？我不知道。我知道的是，那个学期米都一直是班上最活跃最用功的学生。学期结束的时候，他向我要走了那根筷子，因为"那上面有我喜欢的韩国兔子，和我喜欢的中文名字"。

后 记

  Norton在她2013年的 *Identity and Language Learning* 一书中说道，人类的身份认同是多面、复杂、不断发展的。学生对自己外语学习者身份的认同是在课堂上和老师、同学的交流中逐渐成熟的；而身在美国教学环境中的中文老师，也面临着在国际教学环境中对自己语言文化的再认知和再塑造。老师对学生的了解及据此做出的教学方面的调整，对提高学生的学习兴趣、激发学生的学习热情至关重要；老师对自身语言文化身份的反思，有助于完善自己的课程设计和教学实践。

  那个叫米都的学生教会我的，是在每一次迎来新学生之前，多了解他们来自什么样的地方，为什么学习汉语，将来想成为什么样的人；是在设计课程时，多考虑应该采取什么样的态度来对待班上少数族裔学生的文化，并将其转化为帮助他们学习中文的资源；是在教学

第三章 文化差异

过程中，辨认少数族裔学生在学习过程中可能遇到的身份认知上的困惑，帮助他们建立起更积极的学习态度；更重要的是，以一种开放的态度对待不同文化可能给中文课带来的冲击和机会，将文化教学从文化展示转变为深层次的讨论。

凉拌黄瓜的温度
——将心比心，你我并没有不同

杨小艳，对外经济贸易大学英语语言文学专业硕士，写作本文时在美国匹兹堡大学孔子学院工作，任教于圣文森特学院。

从萧老师手中接过这个中级班，心里其实一直是忐忑的。萧老师知识渊博，经验丰富，做事思虑周全，为人又和蔼亲切。在她的辛勤耕耘下，圣文森特学院的中文学生数量逐年上升，初级班达到了12人，中级班6人，高级班2人。虽然规模不大，但对于我们这个小小的郊区私立大学来说，已经是重大突破了。作为一位初来乍到的新手老师，我自然是压力很大，对待每一次课都不敢有半分的懈怠，想尽办法拉近与学生的距离，让我们尽快互相适应。好在这些学生大多性格开朗外向，容易相处，在嘻嘻哈哈中接受了我这位新老师，除了金思。

金思是一个高高的、微胖的大三男生。还记得第一次上课时，他穿着一身运动装，戴着黑色耳机，随着音乐节奏晃着身体走进教室。我念到他的名字时，说："你的名字的意思是有钱的、爱思考的。你是不是人如其名，是一个爱思考而又渴望财富的人呢？"他笑了笑，没有回答。从他的笑容里，我捕捉到一丝不屑。之后我发现他是一个很有语言天赋的人。虽然上课的时候常常走神儿，心不在焉，但一旦问他问题，他必定能说出通顺的、流利的句子，发音虽然有几个不标准的，但听上去吐字清晰、自然流畅。做小组任务的时候，他所在的组总是第一个完成。他对待生活极其挑剔，只穿某几个特定牌子的衣服，只听某些风格的音乐，不吃鱼、虾、白菜、猪肉、姜、葱、蒜等。说起来，金思倒是个诚实的人，每次问大家喜欢不喜欢吃中国菜，大家都说喜欢，只有他会皱着眉头，摇摇头说不喜欢。每次给大家带中国食物，他都会礼貌地

第三章 文化差异

拒绝,让我一颗充满热情的心凉了半截。我所任教的学校,在带食物方面并没有明确规定,只要确认班上的学生对该食物不过敏就行。

这次课文里讲到在中国饭店吃饭的故事。课文里出现了很多地道的中国菜,比如红烧牛肉、糖醋鱼、凉拌黄瓜等。让学生更好地体验中国饮食文化,品尝中国食物便成了学生的期待和我的计划。红烧牛肉和糖醋鱼做法复杂,耗时太长,凉拌黄瓜简单易做,清脆爽口,与美国的蔬菜沙拉有相似性,于是我选择带凉拌黄瓜给学生们尝尝。我的课是上午11:20结束,我让我先生下课之前送到教室。我没有自己带过去,一是因为早上起床后着急上班,就跟打仗似地忙乱,来不及做;二是为了保持菜的新鲜,做好了稍稍腌一会儿就开始吃,口感最好。我已经跟学生们说好了要带凉拌黄瓜给他们吃,那节课上得格外顺利,大家都等着做完所有活动然后大饱口福呢。可是眼见着快要下课了,大家都眼巴巴地瞅着门口,却不见我先生的身影,最后我只得让大家先下课。大家都失望地离开了教室,只有金思,一副无所谓的样子,我的心里真不是滋味。

第二次课,我千叮万嘱,希望不要再出差错。走进教室,我便拿出装黄瓜的盒子,把牙签和餐巾纸分发给学生。学生们都很高兴,一哄而上,抢着叉黄瓜吃。因为班上有学生不喜欢吃辣的,我便叫我先生做了两份,一份放了辣椒油,一份没有放。吃完一块,学生们一边用刚学会的"极了"夸张地说着"好吃极了",一边不停地叉另一块。只有金思不为所动。我端着盒子走到他身边,问他要不要尝一尝。只见他皱着眉头,不时用手捂着鼻子,说:"对不起,老师,我从不吃蒜,我受不了这蒜的味道。"我的心咯噔一下,做黄瓜之前,我知道金思不吃蒜,可是我想既然是体验地道的中国食物,就应该按照中国人的做法来做,而不是迁就美国人的饮食习惯做成美式中国菜,所以最终还是决定放姜、蒜这些调料。我的笑容顿时僵住了,连忙跟他说对不起,解释了自己放蒜的原因,然后回到了讲台。

其他学生看到这一幕,似乎是为了安慰我,吃得更欢了,还唱起了我教他们的一首歌:"甜甜的,酸酸的,味道好,营养多。天天吃,真快乐。"他们还故意在金思面前极力地夸赞黄瓜的美味。金思似乎也觉察到他的诚实坦言冒犯了我,对我说:"You know what, I think I can try a little bit."听到这句话,我微笑着拿起盒子再次走到他面前。他小心翼翼地往盒子里看了看,犹豫地叉起一块最小的黄瓜,深吸一口气,送进了嘴里。吞下之后,他竖起了大拇指,对我说:"很不错!谢谢老师。"那一刻,我的心里暖暖的。我知道他只是为了顾及我的感受,感谢我的辛苦,才勇敢尝试自己从来不吃,甚至是厌恶的食物,我为他的诚实、体贴、勇于尝试而感动,也为其他学生的善解人意而感动。不出几分钟,两盒凉拌黄瓜就被大家分完了。

从那以后,我发现金思有了些变化。上课游离的时候少了,还常常主动向我打听中国的事。再问起他喜欢不喜欢吃中国菜的时候,他会说:"我有点儿喜欢了。"期末考试的最后一题是要求写一段有关饮食习惯的文字,金思写了一句:"我不喜欢吃凉拌黄瓜,但是我喜欢我的中文老师。"虽然不太对题,但我还是给了他一个较高的分数。

凉拌黄瓜是一道凉菜,但是它却温暖了我的心,让我和学生的距离缩短了,让我在遥远的异国他乡感受到了人性的光辉,也让外国学生以美食为载体喜欢上中国,体验到中国文化无穷的魅力。

后 记

在美国生活的这一年,我不时感受到文化差异带来的冲突,也时时感动于人性的美好,这种善与美是跨越种族、文化和地域限制的。饮食习惯的差异便是最明显的例子。我常常困惑,到底应该展现原汁原味的地道的中国美食,还是应该迁就他们的习惯,做成美式中国食物。如上文中所说,我选择了前者,却引起了冲突。但是人性中的美好——包容、理解、体谅、尊重,最终化解了冲突,跨越了文化差异。我相信人的口味偏好是伴随一生,很难改变的,比如我自己,就算在美国待一辈子,我也不会爱上三明治、汉堡、比萨。同样的,每天都吃中国菜的美国人也是少之又少。但是,正是有了这种换位思考和互相理解,才让无障碍的跨文化交际成为可能。所以我认为在与美国学生的交往中,只要心存善意,时时换位思考,不懂的虚心请教,彼此的距离自然就会拉近,无障碍的跨文化交际也会成为可能。

Tales of teachers
Case Studies and reflections from CFL classroom in North America

北 美 故 事
美国一线汉语教学案例与反思

第四章

师生故事

导读：

不同于前面几章"课堂管理""中文教学""文化差异"等一看就"主题分明"的故事，本章"师生故事"，将会为读者讲述主题更加多元的故事，展示更加复杂多样的美国课堂，同时阐述作者经历故事后的思考和建议。

《当我老了，我要像她那样美》《短暂却绽放的生命》《我的"问题"学生》三位作者都是任教于美国高校的中文教师，各自记录下一个让自己难忘的"特殊"学生：一个年近不惑却坚韧向上、豁达乐观的单亲妈妈，一个品学兼优却不幸患癌症去世的学生，一个被美国家庭领养的华裔学生。三位作者的真情记录，都将我们引向同一个问题：在美国这个文化多元、个体独立的国家，如何对待中文教学中遇到的那些有特殊经历或者特殊背景的学生？

《放开你的心》《好学生惹的"祸"》两篇的作者，都是担任远程教学的汉语教师，他们的故事和思考是：在无法与学生直接面对面的远程教学这一特殊教学环境中，如何与远在屏幕另一边的学生进行沟通乃至心灵的触碰？

《没有一个学生是"多余"的》和《偏心的老师》，两篇文章的主旨都是有关"公平"的：每个孩子都是一个特殊的存在，都需要一个表现的舞台。教师应该对孩子一视同仁，但是面对误会和质疑，也不能一味退让，错失了教育他们成长的机会。

《亮闪闪的绿色盒子》中，作者用一个盒子和不断变换的礼物，去引导学生遵守秩序，尊重他人，学会关爱；《送你一个中国碗》记录和反思的是，在有关中国文化活动中，如何面对和化解学生的矛盾和冲突；《Who cares（谁在乎呢）》则是借两个华裔女生的故事，思考家长以及教师如何对待华裔学生学中文的问题：既不能逼迫，也不能放任自流，对孩子学习状况的适度关心和正向引导非常重要。

《当我"踢了"学生之后》《小天"告状"》两个故事，涉及的话题则是美国的课堂上（不仅限于中文课堂），课堂教学和师生交往中，极容易碰触到的两个"雷区"：身体接触、种族问题。如何避免"踩雷"，进而避免由此引起的不必要的麻烦甚至是冲突，且看作者的故事和建议。

第四章 师生故事

当我老了,我要像她那样美

王小戎,美国芝加哥大学东亚系中文项目讲师,美国威斯康星大学密尔沃基分校教育学专业博士,华东师范大学对外汉语专业硕士及学士。自2009年起,先后在弗吉尼亚大学、威斯康星大学密尔沃基分校和芝加哥大学中文项目任教,曾开设多门初、中、高级汉语语言课程,以及面向高级汉语学习者的中文文化课程,内容涉及中文电影、中华饮食文化、商务中文等等。研究兴趣包括对外汉语语言与文化教学理论与实践、海外留学项目、语言教学法等。

在州立大学教过多年中文的我,渐渐习惯了学生群体的多样性,半工半读的、高中毕业后隔了好几年上大学的、已婚的,都不稀奇。因此,班上学生的年龄有一定跨度已是常态。

初识美莹的时候,我对她的第一印象是:略年长,为人成熟,处事稳重,学习勤奋,办事严谨。虽然稍稍年长,她却永远眼神灵动、顾盼生辉。她特别爱笑,看到好笑的图片笑,听到好笑的答案笑,甚至回答问题卡壳了也笑。她的笑还特别有感染力,喜欢涂大红唇的她总是神采飞扬,很容易就赢得了大家的喜爱。每次看到她洋溢的笑容和精致的妆容,我都忍不住想问她口红色号,心中默默感慨,真是一个精致漂亮的姑娘!

有一天,我突然收到学校的学生组织委员会的通知,中文俱乐部的会长马上毕业,作为指导老师的我必须在一周内找到人接替会长职位,这位会长得组织起整个"领导班子"。

我焦头烂额地在课上问班上的学生:"谁有兴趣当这个会长?很紧急啊,要不然中文俱乐部就得取消了!"

一片寂静,毕竟这可是很繁杂的志愿者性质的工作。

"如果没有人愿意的话,"美莹举起了手,"我来。"

"太棒了!"我心中对她感激得一塌糊涂。

因为她的热情和负责，很快同班的几位学生就愿意追随她共同加入中文俱乐部，并担任相关职位。我们的接触越来越多，对她的欣赏也日益增加，那些夜里十一二点发出来的热情饱满的活动策划邮件，那些带到电影之夜的喷香诱人的巧克力蛋糕，让我怀疑她是不需要睡觉的女超人。

"美莹，你除了中文，还学别的语言吗？"

"我还学俄语，我是语言学专业、俄语专业和中文专业的！我的家人都说我是不是打算将来做间谍，哈哈哈！"美莹眉飞色舞地说着。

我心中一惊，因为我知道语言课需要花多少时间去准备和练习，而她竟然同时学习两门外语。"那你每天还这么精神啊？"我开玩笑地说。

"我其实每天只睡四个小时，但是每天早上得喝这个。"她扬了扬手中的红牛饮料，"不然我肯定没办法来上课，哈哈。"

每天只睡四个小时，还得管理中文俱乐部，她却依旧每天早上化着精致的妆容，笑容满面地递上几乎可以作为标准答案的功课。

只是每周固定两天，她都是一阵风似的踩着点冲进教室，似乎有事情牵绊住了她，平常的大红唇也忘了涂，面色略显苍白。我看在眼里，有些心疼，"美莹，你最近身体怎么样？"

"哦，我太累了！"

"你要少喝点儿红牛，对身体不好。在中国文化里，女生身体不好的时候，常常喝一种鸡汤。"

"什么鸡汤？超市买得到吗？"

"是乌骨鸡，我给你看照片，"我打开手机，"中国超市买得到。"

"是吗？"爱尝试新鲜事物的她眼里亮亮的，"那我下午接了我女儿就一起去买。"

"你女儿？上学了吗？"听闻她有女儿，我并没有很诧异。

"她跟我一样，也是这个大学的学生。"

我一脸震惊的样子大概太好笑了，她哈哈哈地笑了起来。

我一直知道她是单身，却不知道她是一位单亲妈妈！脑海里想到"单亲妈妈"这个词，来自中国文化背景的我，对她各种同情和担忧涌上心头。我委婉地询问她经济情况如何，怎么兼顾家庭和学业，语气中大概透露着怎么掩盖也掩盖不住的担忧。

"那你们的学费、生活费……压力一定很大吧？孩子的爸爸会帮你分担

第四章 师生故事

吗?你的女儿是不是很独立,不太需要你照顾呀?"我脑子里连珠炮似的提问忍不住从嘴里蹦出来。刚问完,便有些后悔,是不是太触及个人隐私了?

却见她给了我一个大大的笑容,拍拍我的肩说:"王老师,别担心!上大学以前,我是一个理疗师,我的钱够!"说着,还眨眨眼,仿佛各种费用只是小菜一碟。

仿佛体会到我"八卦"的心情,美莹淡然地讲起了自己的故事……

"我结婚很早,大学的时候就结婚了,很快就有了孩子,所以没有继续上学。"她停顿了一下,好像当年的情绪涌上心头,"后来,我做理疗师做了很多年,但是上大学一直是我的梦想,现在我的钱够我和我的女儿一起上大学了!"她转头看看我,突然下定决心说:"其实,十几年前,我原本是上麦迪逊分校的,那是全美前十的公立大学,现在再考SAT考不好了,哈哈哈!跟我的女儿做同校生,也不错!"她笑呵呵地看着我,眼里亮亮的,比平日的光芒更亮一些,"我很喜欢现在的生活,这是上天还给我的机会和时光,所以老师你说,我怎么舍得睡觉呢?"

我突然领悟,失去的青春,又重回手中,换谁也舍不得浪费这来之不易的机会吧?我无言以对,只能紧紧地给了她一个拥抱:"加油,美莹!"

后来,她拿到一等奖学金去北京留学,Facebook上的她笑容洋溢,热情奔放。一天,我收到她特意发给我的邮件,邮件里满满的惊喜和感叹。"王老师!我今天吃到了地道的乌骨鸡汤!别的学生都吓得不敢吃,我告诉他们,中国的女生都喝这个,才那么漂亮!给你看我拍的照片!我要谢谢你教我中文和中国文化!"

看着那碗黑乎乎的汤,我都能想象到她眉飞色舞的样子,忍俊不禁。当我老了,我多么希望可以像她一样快乐阳光,无论生活给了我们什么,都勇敢地接受并欣赏,保持初心,保持笑容。

后 记

在近不惑的年纪,背负着家庭和学业的双重压力,仍然可以保持对新鲜事物的好奇心和坚韧向上的态度,这个学生让我深深折服。我也曾经以为,离婚后带着孩子独自生活,是成年女子最悲惨的状态之一。因此，我最初对美莹的关心多多少少掺杂了些许怜悯的态度。然而，她的云淡风轻让我先入为主的看法汗颜。"教学相长"这句话放在这里再合适不过了。在中文方面，我是美莹的老师，可是在面对人生低谷时，她独立自强的态度和乐观阳光的性格，却更值得我借鉴学习。"独自"和"独立"，一字之差，却是天壤之别。独自，是寂寞的，柔弱的，让人同情甚至怜悯的，犹如生活的小船，在命运的海洋里随波逐流，便是把日子过下去罢了；独立，是充实的，坚强的，让人欣赏甚至钦佩的，哪怕小船的航线曾出现偏差，也可以重掌船舵，返回幸福的港湾。

在美国这样一个强调多元文化、个体独立的国家，在对待像美莹这样一个有特殊经历的学生时，中文老师们尤其需要拓宽自己对多样性的理解，并提高对学生背景的敏感度。要尽量避免先入为主的观念，比如有孩子就一定是已婚状态；还要随时保持理智和情感的距离，即使知道了学生的真实情况，也不必带着同情的目光去看他们，而是继续以尊重和欣赏的态度平等相处。

第四章 师生故事

短暂却绽放的生命
——记一个未能修完中文课的学生

刘艳，2006年末来美，2009年秋季开始在卡耐基梅隆大学攻读第二语言习得博士学位，并从事对外汉语教学。2013年博士毕业后就职于杜克大学，从事对外汉语教学及研究工作。主要研究领域包括：第二语言阅读，中文作为第二语言或外语的习得和发展，华裔学生的中文教学，以及社区服务与中文教学方面的研究。

And in the end, it's not the years in your life that count. It's the life in your years.
（生命的价值不在于长短，而在于精彩不精彩。）

——Abraham Lincoln（亚伯拉罕·林肯）

　　转眼我在美国从事对外汉语教学已有八年，这期间早已记不清教过多少学生，但有一个学生深深地印刻在我的记忆中。这个学生叫Jerry，是我在杜克大学工作第一年所教的二年级华裔班中的一个普通男孩。

　　第一次见到Jerry是在2014年1月初，春季学期开学后的第一节中文课上。他个子不高，微胖，留着小平头，戴着一副茶色的眼镜，坐在教室里一点儿都不显眼。自我介绍的时候，他告诉大家，他是大二的学生，学生物。他的中文名字中有一个"北"字，那是因为他的父母来自北京。他学中文的目的不单是为了达到学校对本科生外语学分的要求，更重要的是为了跟父母和祖父母更好地交流。说完冲我微微一笑，脸上露出了两个小小的酒窝。他暖暖的笑和略带京腔的发音，让我一下子记住了他。

　　在接下来的中文课上，我发现Jerry并不是特别活跃的学生。他常常安静地坐在座位上，时不时在本子上写上几笔。为了确定他是不是在认真听课，我故意提问了他几次，每次他都能回答出来，而且回答得很好。下课前两分钟，他总会提前把书本收进书包里，等我一说"下课"，便匆匆地离开教室。后来有一次跟他在课前聊天的时候，他告诉我中文课后他得赶校车到另一个校区去上课。我问他："学生物累不累？"他淡淡地一笑说："累是累，但是很有意思！我非常喜欢。从高中的时候，我就开始做跟生物有关的研究了。"

2月3日早上，我在上课前收到Jerry的电子邮件，他告诉我他那天不能来上课了，因为他要去看医生。他请我把课上要用的幻灯片和练习题目放到课程网站上，这样他从医院回来以后可以把缺的这次课自己补上。下午4点多，他又给我发来了医生给他开的就医证明。我以为他那次只是去看感冒一类的小病，所以没有多想，也没有问他是什么病，只是告诉他要注意身体，如果对那天的课有什么问题或者需要补课就联系我。接下来的两个月里，Jerry没有再缺过一次中文课。上课的时候依旧听得很认真，下课前会提前把课本收拾好，下课后匆匆离开教室。在我看来，他一切都很正常。

日子在忙碌中一天天过去，转眼就到了4月下旬，离春季学期结束大概还有半个月。4月21日傍晚，我收到了Jerry的电子邮件：

> 刘老师：
>
> 　你好！从周四开始，我的健康状况每况愈下，我今天去医院看医生了，结果在那里待了一整天。X光和CT的诊断表明我有癌症，尤其是我胸部有淋巴瘤。我想我不能再上课了，我妈妈明天很可能会带我回家。
>
> 　我真的不知道该怎么做最后的期末报告。如果你给我零分也是公平的。我会尽我最大的努力来参加期末考试。我不愿意花了整个学期的时间学习，最后却拿不到学分。
>
> 　如果你想跟我讨论任何事情，请发邮件给我。
>
> Jerry

这封信我从头到尾读了好几遍，生怕是自己看错了或者理解错了，直到确定没有读错之后才停了下来。我半天没缓过神儿来，既震惊又难过。真的无法相信，一直看起来健健康康的他竟然得了癌症！听到这个消息的时候，他的反应是什么样的呢？他的家人现在应该也知道了，他们会怎么样？目前他的癌症

第四章 师生故事

发展到哪一步了?下面的治疗会怎样进行?这些问题一个接一个地浮现在我的脑海中。同时我也对Jerry本能地产生了一些敬佩,敬佩他在这种情况下还会想到跟老师联系,并且能如此淡定地讨论期末考试的事情。

心情平复之后,我马上给他写了回信,建议他跟教务主任Rom联系,听取他的建议。同时我也告诉他,我会跟我们的项目主任商量,先不要担心考试的事情,先配合医生的治疗,有什么需要帮忙的尽管告诉我。第二天晚上收到了Jerry的回复,他说已经跟Rom联系过了,而且他妈妈已经开车赶过来了,他稍稍放心了点儿。有什么新消息也会告诉我。

当晚,我跟我们的项目主任商量了一下,我们都觉得应该根据Jerry的身体情况,给他提出不同的方案供他选择。比如,他的期末报告可以录音或者通过Skype来做。至于期末考试,到时候看他的身体情况再说。信发出去以后的第二天(4月24日),我收到了Jerry的回复:

> 刘老师:
> 　　你好!
> 　　很抱歉没能及时回复你的信。做口头报告目前对我来说非常困难,因为我一说话就咳嗽。或许等我的呼吸得到改善以后,我可以发一个录音给你。
> 　　过去一周,我的医生们一直在努力加快我治疗的进程。下周一我就可以开始化疗了。不幸的是,这意味着我将在考试周的时候(4/28—5/2)每天待在医院里4到6个小时。我想我不能按原计划参加期末考试了。
> 　　今年夏天我会在杜勒姆,这或许能让我更容易计划期末考试的事。
> 　　谢谢。
>
> 　　　　　　　　　　　　　　　　　　　　　　　　　　　　　　Jerry

说实话,我一直心存幻想,以为Jerry的病发现得很及时,还不是很严重,或许他还能出现在教室里。但这封信彻底让我的幻想破灭了。没想到一周之内,他的病情竟然恶化得这么快,这么严重。难过的同时,我又为他可以马上开始化疗而感到了一丝欣慰。不管怎么样,这说明医生们正在全力以赴地医治他。早一天治疗,希望就更大一些。况且杜克医院的癌症治疗和研究水平在全美数一数二，而且他还这么年轻，一定会有希望的。想到这些，我略感安慰。马上跟我们项目主任和Jerry的教务主任进行了协商讨论，最后我写信告诉Jerry，他可以等身体状况改善后再补考。当然，他也可以选择不补考，以现在的成绩作为这门课最后的成绩。这封信发出去一个多小时后，我就收到了Jerry的回信：

> 刘老师：
>
> 　　你好！我可不可以现在拿一个"未完成"（Incomplete），然后根据我治疗后的情况，再决定我要不要补考？
> 　　如果你觉得这样做不可以，那就请你直接提交我现在的成绩。
> 　　非常感谢你的支持！
>
> Jerry

　　看到信，我马上回复他，当然可以，如果他夏天可以补考，我会再更改他的成绩。最后我嘱咐他安心治疗，如果有什么我可以做的，请他随时找我。这封信发出去以后，我没有再收到他的回复。我想他一定是在忙着积极配合医生的治疗吧。那时候不知道该怎样帮助他，只有在心里默默地为他祷告，给他加油，期盼着他能早日战胜病魔！

　　再次收到他的信已是2014年7月25日了。那时他已经接受三个月的治疗了。这次他的信很短：

> 刘老师：
>
> 　　你好！好久没跟你联系了。我希望你暑假过得很好！我已经做完所有的化疗了，马上还要做一个手术。治疗的结果一直都很好，我也感觉比以前好多了。对了，忘记告诉你了，你能提交我现有的成绩吗？
> 　　谢谢！
>
> Jerry

第四章 师生故事

　　看到他说化疗效果不错，真让我感到无比高兴！这个好消息让我这几个月以来对他的担心一下子减少了许多。我当时有一种"守得云开见月明"的感觉。但是我万万没想到，这竟然是他写给我的最后一封信。

　　2015年3月4日晚上11点半，Jerry的教务主任Rom给我和Jerry的其他几位老师发了下面的信：

> 亲爱的各位同事：
> 　　我很难过地告诉你们，Jerry今晚去世了。正如你们所知道的，Jerry去年春天被诊断出患有一种罕见的恶性肿瘤。Jerry不想死，他一直在顽强地和疾病斗争着。他的家人和医生对他给予了极大的支持。
> 　　对你们中的一些人来说，Jerry是你们去年春天的学生。我想特别说声感谢，因为你们一直在关心他、支持他，对他来说意义重大。我也知道他对所有的老师都非常尊敬。虽然他在杜克的时间并不总是那么容易，但你们对他短暂的一生产生了重大的影响。为此，我感谢你们。
> 　　保重！
>
> 　　　　　　　　　　　　　　　　　　　　　　　　　　　Rom

　　读完这封信的时候，我发现自己早已泪流满面。怎么会这样？怎么会这样？我反复问自己，实在无法接受，也不愿接受，一个年仅20岁的生命就这样离去了的事实。

　　三天后，我在学校的网站上看到了一篇纪念他的文章。这篇文章的标题是"杜克大学降半旗致哀：生物系学生Jerry病故"。文章中提到，Jerry在读北卡州立科学与数学高中（北卡最好的高中）的时候就来杜克做研究了，负责指导他高中和大学期间研究的陈教授回忆说："Jerry作为一名有天赋的学生来到我们这里，他对科学有着浓厚的兴趣。他求知欲强，也很聪明，很快就学会了复杂的材料。Jerry的工作和思想都很有创意，他的贡献相当于一个低年级的研究生。"文章里还提到Jerry在治疗期间对他的朋友和家人一直心存感谢。他在最近的Facebook帖子中写道："你们……我甚至不知道从哪里开始说，我的邮箱一天没有查看就爆炸了。谢谢你们的大力支持！谢谢你们分享我的故事！谢谢你们的好意！我被周围社区的善良和支持深深感动了。"他的好友这样回忆他："Jerry是那种你可以跟他分享内心深处秘密的人，他永远不会告诉别人。我们常常在一起讨论课程、朋友、实验室工作、人际关系。他善于提出建议，并保持客观的态度。他爱他的朋友、学业和家庭。我深深地怀念他。"

是的，这样的一个人怎能不让人怀念！

他就像流星一样，虽然在这个世界只是短暂地停留过，但他努力发出的光芒却永远留在了人们的心中！

后 记

在美国从事汉语教学这些年，Jerry是我遇到的非常少见的认真努力的学生，无论是对中文还是对其他专业，他都一如既往地努力着，直到生命的最后一刻。令人遗憾的是，他今生未能修完中文课，也未能实现他当医生的梦想。对此，我们无能为力。扼腕叹息之余，我不禁想到，虽然Jerry这样因突发重病而去世的情况只是个案，但是在教学过程中，我们可能会遇到各种各样的突发情况，比如学生突发疾病或有料想不到的心理问题，学生的家庭突发紧急事件等，这些情况并非按照学生的意愿发生，但可能会使他们无法正常参与教学活动或无法按计划完成学业。作为老师，我们可以先向学生了解情况并表达关心。如果突发情况超出我们的职权范围，我们可以建议学生立即与其所在院系的相关老师（比如学生的指导教师或者主管学生工作的院系领导）联系。同时，我们最好直接跟这些老师联系并征得他们的意见。当然，我们也需要与自己所在的中文项目或者院系的领导及时沟通，与他们商议解决的办法。与各方沟通和商议之后，我们可以将商讨出的方案（最好不止一个，这样学生可以有选择的余地）提供给学生，供其考虑和选择。一旦学生做出最后的选择，我们应该完全尊重其选择并做出相应的安排或通融，比如帮助学生补课、补考，或者办理休学、停课的相关手续等。以上这些做法，我认为既可以照顾到学生的实际情况，符合学校的相关规定，又可以降低突发情况对学生学业的影响。当然这些做法仅供各位老师参考，具体怎样处理还应看学生和老师的实际情况以及学校的相关规定。

第四章 师生故事

我的"问题"学生

周晓芳,北京语言大学对外汉语专业研究生。曾先后任教于美国纽约大学、斯坦福大学等知名学府,2010年至本文成文之时任斯坦福大学中文讲师。

转眼间,我在美国任教已经10年。这10年间,碰到过形形色色的学生。他们来自不同的背景和种族,有着不同的文化与思维方式,总的来说,大部分学生给我留下了热情开朗、善于思辨的良好印象。但不可否认的是,这些年我也遇到过很多棘手的"问题"学生。顾浩就是其中的一个。

那是2016年秋季开学第一天,我提前来到四年级①非华裔班教室。刚到门口,就看到里面坐着一个戴眼镜的圆脸亚裔男生,捧着一本英文书认真地读着。我有点儿惊讶,因为在非华裔班,很少看到亚裔面孔。即使是韩、日等亚裔学生,因为有读写汉字的优势,也更愿意去华裔班。看我进来,这个男生抬头迅速瞟了我一眼,小声说了句"老师好",便又低下了头。也许是因为天生直觉敏感,也许是他躲闪的目光激起了我的好奇心,也许是想化解这种尴尬的气氛,我一边设置电脑,一边跟他拉起了家常。在交谈中得知,他从佐治亚州来,中学开始学习中文。他的水平着实不错,发音字正腔圆,我以为他是华裔,就顺口问了一句:"你知道四年级还有个华裔班吗?也许你可以试试那个班。""我父母不是中国人!"他马上回应道,脸上似有不悦。我为自己随口给出的建议隐隐感到后悔,谁说中文说得好的黄种人就一定是华裔呢?也许他只是个并不想给自己太大压力的日、韩或者越南裔学生,我暗想。

恰好这会儿教室的学生多了起来,我回到讲台开始上课。也就在那天,我

---

① 斯坦福大学的中文课按学生的中文水平高低来分,共五个阶段,分一至五年级。比如一个刚上大一的学生,分班考试后,水平高的话可以分到四、五年级中文班。

发现他是这个班唯一的亚裔。下课后走出教室，我总感觉这个孩子有些神秘。他无论是在自我介绍还是在回答问题时都惜字如金，欲言又止，感觉有点儿不对劲。但具体哪儿不对劲，却又说不清。

随着教学的不断深入，我对学生们的水平有了进一步了解。第二语言学习是一个不断累积、不断探索的过程。随着大家词汇量的逐渐增多，同学们参与课堂讨论的积极性不断增强。当然，顾浩也会参与其中，只不过他的口语仅限于日常交流，在讨论较为正式的话题时，常常保持沉默。我时不时地创造机会，让他多发表些自己的看法，谁知他每次被点名回答问题时，都故作沉思停顿几秒，然后用一两句极其简单的话来应付。当我鼓励他多说一些时，他总是用"我对这个话题不感兴趣"搪塞过去。起初我以为他是真的对这些话题提不起兴趣，但对他的语言能力了解得更深入后，我确信他在汉语书面语理解和表达方面有极大的欠缺。

顾浩是个自尊心极强的学生。其实，他并不能完全理解其他同学说的话，但他似乎很怕别人看出来。所以在听得懂的时候，他会用一些特别的方式暗示大家他听懂了。好几次讨论时，有同学说到一些好笑的例子，他都会突兀地大笑几声，那夸张的笑声让人莫名其妙。如果别人说的观点他不赞同，他又会不屑地发出一声嘲笑。时间长了，他在这个班显得有些格格不入，其他人都不愿意跟他交流。

更让我担心的是，接近期中考试，我开始发现他听课的状态越发不对劲，虽然每天按时来上课，但他的眼神总有些空洞，甚至有些游离。我不知道到底发生了什么，但我知道有必要找他好好谈谈了。而在接下来一周的一节课上，发生了一个我任教十多年来从未遇到的状况，也是这件事，让我明白了这个学生的问题所在。

那节课我们讨论被领养中国儿童的种族认同问题。我的问题是"养父母是否需要尽最大的努力，帮助被领养的孩子建立与自己本族文化的认同？"大家积极探讨，众说纷纭。轮到顾浩时，他顿了一下，面无表情地回答："我没有看法。"然后起身推开门，走了出去，顺手摔了一下门。大家面面相觑，气氛瞬间变得凝重。我一时不知该说什么，尽管心里非常气恼，却只能故作镇定地继续上课。下课后，我给他发了一封邮件，让他到我办公室来，准备狠狠给他一个警告。

见到他时，他已经没有了上课时的冷漠，甚至有些局促不安。我让他坐

第四章 师生故事

下,很严肃地问他:"你对中文课有什么不满吗?""没有。""是对我有什么意见吗?""也不是。""那为什么上课的时候是那样的态度?"我提高了嗓门。他欲言又止,憋红了脸,沉默了足足有一分钟,而我静静地等着他回答。最后他像鼓足了很大勇气似的说:"那个话题让我不舒服,因为……因为……我是父母领养的。"我的心一震,听过也看过很多被领养孩子的故事和报道,但真正在生活中面对面遇到的,他是第一个。

那个下午我们聊了很多,他讲到了他的成长环境:他家所在的白人社区,他是唯一一个亚裔,平时不得不面对一些嘲笑和歧视。他会被笑眼睛小,会被笑长得和父母不一样,他养父的朋友甚至会当着他的面开玩笑,问他养父是不是在家做米饭给他吃,因为他觉得中国人都爱吃米饭。这些嘲笑和刻板印象给他的内心带来了巨大的冲击。他开始恨,恨自己不是白皮肤、高鼻梁,恨亲生父母把他带到这个世界上来却又抛弃了他,甚至恨养父母当年收养了他,如果他们不收养他,他的成长过程也许不会这么艰难。他也讲到了他对中文的感情,一方面,他希望了解自己母国的文化和语言,寻找自己的"根";另一方面,他又对自己的身世难以释怀。慢慢地,他变得像只刺猬一样,随时竖起尖尖的刺保护自己,使自己免受别人的伤害,却也因此陷入了孤立无援的境地。这样下来,他变得异常敏感,喜怒无常。

听完他的故事,我开始理解他那些看似不可理喻的表现,那是一个被压抑太久的孩子所能够找到的唯一可以维护自己尊严的方式。我不知道他到底压抑了多久,也许是10年,也许更久。作为一个母亲,我能够对他的痛苦感同身受。我告诉他,人生确实有很多无奈,有些事是不能选择的,比如一个人的出身。但有些事是可以选择的,比如一个人如何看待生活,以何种方式过一生。过去的已经过去了,再郁闷再悲伤也于事无补,而未来是充满希望的,毕竟他还年轻,凭自己的努力入读名校,会有大好的前程。最后,我给了他校园心理咨询中心的联系方式,鼓励他有压力的时候,寻求专业的帮助。

从那以后,我增加了对他的关注,会有意识地让他回答简单一些的问题,对于他中文学习的点滴进步,我都会提出表扬。我调整了教案,布置了更多的小组任务,让他和不同的同学合作完成。我鼓励他参加北加州地区的中文演讲比赛,他取得了非常好的成绩。与此同时,我发现他上课走神儿的时间少了,开始更主动地参与讨论,那种违和的笑声也渐渐消失了,取而代之的是会心的微笑。虽然在某些时候跟他交流还是有些不顺畅,但比刚开学的几周已经有了很大的改善。在第二个学期，他成功申请到了东亚系的奖学金，并把自己的辅修专业确定为东亚研究。

后来，他上了五年级中文课，我也从五年级老师口中得知了一些他的消息。跟之前相比，他变得更开朗、更积极。2018年6月，他顺利毕业，并申请到了中国政府的全额奖学金，去了北京大学攻读研究生，开始了他真正的"寻根"之旅。

后记

随着全球化的深入，每年有很多美国家庭从中国领养儿童。据美国官方数据统计，从1999年到2017年，美国从中国收养儿童8万余名。而这些收养家庭并非都来自多元化的大城市，有很多住在种族结构较为单一的偏远、保守地区。这些孩子卡在中西文化之间，很难定义自己的身份，他们渴望寻找自己的"根"，从而获得认同感和归属感，而学习和了解中国语言和文化，是他们"寻根"的最好途径。

作为在美中文教师，在面对这一群体的时候，除了文化知识的讲解和传授以外，更应该给予他们精神上的关心和支持。在准备材料、选择文章或者设计讨论时，也要更加谨慎，避免一些敏感话题。在他们"寻根"的过程中，如何把他们和中国文化更好地连接在一起，做好他们与中国文化之间的"摆渡人"，是我们应该深入思考的问题。

第四章 师生故事

放开你的心
——远程汉语教学案例纪实

张艺琳，北京师范大学汉语国际教育专业硕士，国际关系学院传播学专业学士。2016—2017年在美国匹兹堡大学孔子学院下属伯克斯县区域教育服务局（BCIU）从事远程汉语教学。接受远程授课的学校都是当地的公立学校，学生以8—11年级零基础的中学生为主，班级学生数量为1—25人不等。平时采用的是远程授课的形式，一个月安排一次现场授课。

教育是春风化雨，以心交心的过程。远程教学就是跨越时空的距离与学生交心。这段路途，道阻且长。

一 "老师，我改了名字"

开学前，我拿到名单，准备给学生起中文名。那时，Isabella在我的名单上显示的名字是Isabella Cordoba，我给她起的名字是柯谊蹊。"柯"取的是姓Cordoba的部分谐音，"谊蹊"取的是Isabella的部分音节，意为：你我的情谊，桃李不言，下自成蹊。

开学第一天，为了拉近与学生的距离，方便日后的远程教学，公司给我安排了一场面对面的现场教学。我向他们做了自我介绍之后，就一一告诉他们中文名。

"Isabella Cordoba？"

"……"

"Isabella Cordoba在吗？"

过了一会儿，我看到坐在后排角落里的一个小女孩犹犹豫豫地举起了手。她的眼睛很大，但眼神却不像别的孩子那样充满新奇。我从她眼里看到的更多是胆怯——

"老师，我叫Isabella，但是我改了名字。"

"好，下课后过来告诉我你的名字。"

下课后，Isabella跟我说了她的名字，但我听一遍记不住，就给她拿来纸和笔，让她写下来。她肉乎乎的小手抓起笔，一笔一笔认真地写下Isabella Slobodjian-Morta。我看了有些犯迷糊："这个姓到底是Slobodjian还是Morta？"她怯生生地说，哪个都行。于是，我就将她的中文名改成了莫谊蹊。

因为这个名字，让我很自然地想到"莫须多言""情谊"以及"桃李不言，下自成蹊"。

二 "你家有几口人？"

10月，转眼已经开学一个多月了。虽然同学们对视频这头的我还是有距离感，但是他们之间都过了新鲜劲儿，课间就互相打闹起来。莫谊蹊不同于别人，往往独自坐在角落里，睁着带有戒备的大眼睛看着大家，并不参与大家的活动。

这个星期，我们进入了家庭的主题教学。在完成了基本词汇和句型的教学后，我开始找学生对话。

"甘凯平，你家有几口人？"

"我家有五口人，爸爸、妈妈、哥哥、妹妹和我。"

"很好！莫谊蹊，你家有几口人？"

"……"

我以为她没有听清楚我的问题，又重复了一遍："莫谊蹊，你家有几口人？"

全班同学的目光都集中到角落里的莫谊蹊身上——隔着远程教学设备，我可以看到屏幕那边的她十分尴尬，半低着头，小脸憋得通红。我突然想到，以前培训时老师说过有些美国学生的家庭可能存在问题，如果贸然问学生的家人，很有可能侵犯他们的隐私。但是话已经说出口，无法收回了。我正想要摆脱这个尴尬的局面，准备找一个比较活泼的学生搭话，只见莫谊蹊一边思考，一边掰着手指头算起来。班上的同学也觉察到了，都保持着极大的耐心等待着莫谊蹊数数的结果。

"我家有10口人，爸爸、妈妈、4个哥哥、3个姐姐和我。"

我还没有反应过来，就听到班上同学开始窃窃私语："10口人？""这么多？""Wow！"……

莫谊蹊说完之后非常释然，显得格外镇定，一双大眼睛隔着远程屏幕一动不动地看着我。

我给莫谊蹊以掌声鼓励，全班同学也随之为她喝彩。

三 "我是被领养的"

在一次文化课上，我和学生交流中美姓名和家庭的差异。考虑到此次的话题很有可能触及隐私，我先将这个话题阶段化，逐渐深入。大致分为以下三个阶段：

（1）在美国，询问他人的家庭情况是否礼貌？

（2）在美国，女人什么时候要改姓？

（3）谈一谈你的姓名来源。

对于第一个问题，班上20名学生的回答是一致的：在美国，问家庭情况是礼貌的，大多数人很愿意与他人分享自己的家庭。第二个问题，大家的回答也都相同：在美国，男人和女人结婚后，女人要以丈夫的姓作为自己的姓。到了第三个问题，回答就因人而异了。有的学生说了自己的名字之后，就滔滔不绝地开始介绍自己的姓，有的是来自爱尔兰的姓氏，有的是来自墨西哥的姓氏，还有的就是来自美国的地名。也有人谈到，有的女人与丈夫结婚后，也会保留自己原来的姓，所以就以连字符连接两个姓氏，但是这种情况并不常见……

不知怎的，同学们又开始三三两两地看向莫谊蹊。我突然想起，刚开学的时候，她在纸上给我写的姓名Isabella Slobodjian-Morta，这时候班上有个小男孩突然恍然大悟似的，大叫起来："就像Isabella！"这一次，莫谊蹊又涨红了脸，但是却不像以前那样张皇失措，而是很镇静。她沉默了几秒钟，说道："不是这样的。我是去年被领养的，所以我的姓里面，有我生母的姓，还有我养母的姓，那不是我爸爸妈妈的姓。"

她说的话让全班安静了下来。这一次，她说得很平静，对于家庭和姓氏，她没有侃侃而谈的自豪和骄傲，也没有自卑的尴尬和窘迫，显得很平淡，很释然。

四　最受欢迎的队友

转眼几个月过去了，莫谊蹊开始慢慢跟同学们打成一片。

由于是远程教学，受到设备的影响，很多学生上课像在看电视，十分不认真，聊天、打闹的都有。但是，莫谊蹊却是自始至终都在专心听课。此外，她做笔记非常认真，记忆力很好，所以学得很快，成绩也比其他同学好。然而，每次做游戏，或者是课堂活动的时候，她都不太积极，后来经小伙伴的多次邀请，她也上过几次台，但还不是很主动。

这一周，我们学的是运动。十几个运动的相关词汇，能全部记住的人很少。于是我准备让他们玩"你来比画我来猜"的游戏——两个小组同时进行，汉语说得又快又好的优胜组可以留下来，并选择下一轮PK的对手，说慢的、说错的或是没有用中文说的小组就要回到自己的位置坐下。这种小组之间的竞争大大点燃了同学们的参赛激情。大家为了能留在台上，继续PK别的小组，都在努力地记生词。

但是，十几个生词，光靠临时抱佛脚，还是不够的……

有人故意选择挑战平时默默无闻的莫谊蹊，以为她肯定撑不过一轮就下台了。令大家惊讶的是，莫谊蹊在台上留了一轮又一轮，一轮又一轮……一时间，莫谊蹊成了大家最喜欢的队友，同学们都争先恐后地想要跟莫谊蹊一组。因为他们知道，有莫谊蹊，他们就一定能赢。

毫无疑问，莫谊蹊成了大赢家。她刚开始说生词的时候，声音很小，显得很不自信，后来有男生故意大声吼叫，企图盖过她的声音，不让她获胜，她也毫不示弱，争着抢着大声说出生词，一次又一次地为自己的小组赢得荣耀……获胜的时候，莫谊蹊的队友就会对她大喊："我爱你，Bella！"刚开始她还不太好意思，后来与队友的感情越来越好，她也会大声回应："我也爱你！"

莫谊蹊变得越来越开朗，越来越自信，加上她记性好，也乐于助人，别的同学回答不上问题的时候，莫谊蹊就一字一句地教别人，大家也都越来越喜欢莫谊蹊了。

临近期末，我们开始复习之前学过的内容，又到了家庭这个单元。我又问莫谊蹊："莫谊蹊，你家有几口人？"

我听见旁边的男生小声对她说："哇！你可是有一个很大的家庭呢！"

只见莫谊蹊笑了笑，很自信地说："我家有10口人，爸爸、妈妈、4个哥哥、3个姐姐和我。我爱我的家！"

那笑容，温暖纯真。

后 记

  在教学的过程中，老师与学生互相了解，将心比心，无疑能够在情感上加强沟通，强化学生的学习动机。而远程的外语教学由于受到时空和语言的限制，难免会给老师在触碰、了解每个学生幼小心灵的过程中造成困难。此次莫谊蹊的案例，我误打误撞摸索出了一个通过隐私问题拉近与学生之间距离的方法。但是隐私问题是一个敏感问题，需要注意的地方有很多。首先，关于隐私问题的了解要逐步深入，或者是从侧面了解，切题直入有可能会很突兀，得不到交心的效果。其次，对于特殊学生的敏感问题，注意时刻察言观色。如已造成尴尬，要随机应变，可通过其他学生或是其他教学活动来转移注意力。最后，因材施教，找到每个学生的长处，让学生树立自信。孩子们只有在获得他人的尊重和喜爱后才会更加自信，发现自己的价值所在。此外，老师主动与学生分享自己的故事也能增加学生的好感，带动师生之间的互动。

好学生惹的"祸"
——每一个学生都需要关注

刘启明，北京师范大学汉语国际教育专业硕士，写作本文时任教于匹兹堡大学孔子学院下属伯克斯县区域教育服务局（BCIU），从事远程教学。

开学前几天，作为一名初出茅庐的新手老师，对教学充满了期待的同时，也为自己的课堂感到一丝丝紧张。因为我所任教的单位有一点点特殊：它是一家公司，而非学校；教学方式是远程教学，而非面对面授课。开学之前，我对班上学生的情况知之甚少，只知道有8个学生，其中3个女生，5个男生，都是中文Level 1的学生。

开学第一天在教室里见到了这8个可爱的学生。他们在打量我的同时，我也在观察他们的一举一动。

沈佳成功地引起了我的注意。人如其名，她是一个典型的好学生，她上课的时候非常专心，总是能跟上我的思路，迅速理解我讲解的内容，并且能及时给出反馈，对于一个新手老师来说，真希望这样的学生能够来一打。但是，引起我注意的不仅是她敏捷的理解能力，还有她的外表……

她有一点点生理缺陷，是斜视眼，眼睛无法正常转动和对焦。

后来，通过学校的成绩系统发现，沈佳的名字后面有一个大大的M，这意味着她属于IEP[①]学生，需要特殊帮助。公司的指导老师还专门提醒我，这个学生有学习障碍，如果她发音不好或者学习进度跟不上，让我不要强求，对她要包容一些。

可是，在接下来的课堂上，我发现事实并非如此。

---

① IEP全称为Individualized Education Program，是美国联邦政府1975年颁布的《全体障碍儿童教育法案》，目的是"为每一位障碍儿童维持一项个别化的教育方案"。

第四章 师生故事

因为远程教学的缘故，除了每月一次的现场教学以外，我只能隔着电脑屏幕看见我的学生。因为隔着屏幕，班上顽皮的孩子总觉得老师不在教室，可能听不见他们说话，看不见他们玩手机，经常上课趁我不注意，就有一些小动作。

沈佳不一样，她学习非常认真，上课特别专注，总是很认真地记笔记，每次我问问题她都能应答如流，发音还很不错。在别的同学能作答的时候，她最先说出答案，在别的同学回答不了的时候，只有她的声音回绕在教室里。开学一个多月，班上的孩子大部分都不按时交作业了。可是，沈佳不仅每天都按时完成，而且完成质量还非常高。这不得不让我对这个学生更加刮目相看。

不过，渐渐地，我发现了一些问题。沈佳因为上课认真，所以每次回答问题都很快。沈佳抢答完问题之后，其他同学就不说话了。这就意味着我抛出去的问题，每次只能收到一份答案，其他同学完全没有练习的机会。如果让其他的同学再回答一遍，他们只是再重复一遍沈佳的答案，从而失去了思考的机会。

这时的我，还没意识到沈佳已经树"敌"太多了。

矛盾的爆发，是在一节复习课上。

练习中出现了"星期一是几月几号"，这类句子相对较难，虽然已经学了一段时间，但是班上很多同学回答还是磕磕绊绊，不太流利，但每次沈佳都能抢先并且流利地回答出来。班上一个比较积极的男生终于忍不住了，对我说："It's unfair, she is so gifted in Chinese, she is always the first one to answer your question, we can't follow you." 其他同学也跟着七嘴八舌地附和起来，表示自己也深有同感。我心里咯噔一下，但并没有完全想好解决策略，只能说："沈佳，你能说慢一点点吗？"

那一节课，沈佳没有再抢着回答问题，而是等着大家一起回答。一节课暂时就这样相安无事地过去了。我以为这样就算解决了问题，可是后来的课让我明白，问题依然存在。沈佳慢慢地又开始抢答，班上几个学习稍差的学生可能连问题都没听明白，她就已经说出了答案。我只好用点名的方式让其他学生回答，这样她就没机会抢答了。

上次的事情过去没几天，又出现了新状况。上课的时候，我让学生在小纸条上写上他们的姓名、年龄、生日等信息，收上来再随机分下去。每个人说出纸条上的年龄和生日，其他同学猜这是谁的纸条。

活动开始后，班上除了沈佳和她同桌以外，其他同学都在笑，他们一边传看纸条，一边窃窃私语。由于远程看不清楚他们到底在做什么，于是我便问笑得最厉害的董欣："在笑什么？有什么有趣的事给我们分享吗？"她磕磕巴巴地说出了沈佳的名字。

根据他们的反应，我突然明白了，他们是在嘲笑沈佳。我不清楚沈佳的卡片上究竟写了什么，但是通过他们的一些描述，好像是因为沈佳所有的信息都是用汉字写的，而其他学生只认得拼音。这一点，再加上沈佳平时的优秀表现，让她成了全班嘲笑的对象。

意识到这一个问题之后，我一脸严肃，对所有学生说："大家都是平等的，请彼此尊重。"这才止住了全班的笑声。

经过这两件事情，我意识到我必须做点儿什么了。课后，我给沈佳发了信息，告诉她以后课上回答问题可以稍微慢一点儿，给其他同学一些思考的时间，也能给自己一份更完美的答案。

她同意了，并且令我欣慰的是，她也做到了。

这以后，每次上课她都会故意放慢语速，或者有些时候话说到一半，突然想起和我的约定，就停下来等一下其他同学。而我，也改变了提问的方式，不再是单纯的齐答或点答，而是把简单问题留给所有人齐答，难度适中的问题交给基础较弱的学生，难度较大的问题交给像沈佳一样学习较好的学生。学生们也明显更喜欢这样的方式，学习较好的学生开始主动帮助学习较差的学生。然后，我又通过礼物的"诱惑"，鼓励大家按时完成作业，这样，课后作业的上交率也提高了，上课能像沈佳一样跟上节奏的同学也变多了。最后，我还改变了以前实行的同桌固定、只换前后座位的方法，通过每周调整座位的方式来增进他们之间的了解。

学期1/4已经过去了，班上的学生相互有了更多的了解，也从最开始的不熟悉慢慢成了现在的好朋友。

班上再也没有出现过嘲笑事件，这也让我更加相信，只有了解，才有尊重。

 后 记

我也曾是像沈佳一样的好学生，抢答问题也是我的"专长"。那时班上人多，课时少，老师睁一只眼闭一只眼也就过去了，同学们不

第四章 师生故事

仅不会埋怨，甚至还会感激有人救场。可是，美国不太一样，他们追求平等，不仅获得知识的权利是平等的，而且表现的机会也应该是平等的。他们追求自我，每个人都渴望得到应有的关注，不想因为他人的优秀表现而埋没自己。这也是我在这些孩子身上学到的重要一课，每个人都有表现的欲望和说话的权利。作为老师，应该在课堂上关注到每个学生，不仅要让好学生展示自己，还要让学习成绩不那么好的学生也有表现的机会，因为每个人都是最独特的存在。

其实，何止是课堂，生活中不也一样吗？

没有一个学生是"多余"的
——"竹竿舞"汇报演出后的反思

乔娇娇，武汉大学对外汉语专业研究生，写作本文时在美国匹兹堡大学孔子学院担任汉语教师志愿者。

不合拍的舞者

"开合，开合，开开合；开合，开合，开开合……"我嘴里一刻不停地念着竹竿舞的拍子，生怕跟不上孩子们的节奏。

"天啊，Jay，你能不能别老是用竹竿夹我的脚？疼死啦！你是故意的吧！"Josh抱怨道。负责敲竹竿的Jay不好意思地低下了头，脸涨得通红，像个熟透了的苹果。

不止Josh抱怨过，同组的小伙伴也是怨声载道。

"Jay，第二段的时候你可以和跳舞的同学换一下吗？我相信你会做得更好！"希望这样说没有伤害到他的积极性和自尊心。

"好的，乔老师。"Jay低着头回答我。

今天给学生们上了一节动静结合的文化课——流行于南方少数民族的竹竿舞。教授完一系列和竹竿舞相关的表方位和动作的词语后，我和几位一起合作的老师给学生们表演了一段简单易学的竹竿舞。当邀请学生上来尝试的时候，他们别提多开心了，一个个把手举得高高的，跃跃欲试。

其他组敲竹竿和跳舞的同学配合得还算不错，毕竟是非常基础的动作。唯独Jay这一组，也是最后展示的一个小组，进行得磕磕绊绊，就连我打拍子的声音也被一片抱怨声淹没了。本以为换Jay去负责跳舞的部分会有所好转，但是他的脚一次又一次硬生生踩在竹竿上，竹竿又硬生生地压住了负责敲竹竿的学生

第四章 师生故事

的手，随之而来的是一阵嗷嗷的叫喊声。一时没想到应对策略的我，只好把学生们的注意力转移到了竹竿舞的经典伴奏曲目《捕鱼歌》上头，在剩余的课堂时间里，带领学生们一遍一遍地熟悉歌词和旋律。

拒绝

暑期汉语项目负责人要求我们将学生所学搬上舞台，做一次汇报演出，届时家长也会受邀观看表演。于是在第二节竹竿舞课接近尾声时，我准备选拔一拨学生做竹竿舞的成果展示。但是如果由我亲自选拔，未免显得不够民主，跳得好的学生不一定想要参加演出，跳不好的学生应该会有自知之明，不会主动报名。和几位一起合作的汉语老师商量以后，我们决定让学生们自愿报名参加。

当我拿到长长的报名名单时，我看到了Jay的名字，这比报名人数更令我惊讶。

我是一个不善于说"No"的老师，既然他报名了，我就应该让他参加。说不定稍加练习，他就会有进步。可是问题是大约40个学生报名，而舞台大小以及竹竿数量最多只能允许28个学生上台表演。这就是说，我们要无情地拒绝12个学生。我真的开不了这个口，更何况还是要把"No"对12个孩子说12遍。

不过，合作老师Jane做到了，并且斩钉截铁，不留余地。在学生们排练的时候，她慧眼识珠，留下了28个比较适合跳竹竿舞的学生。她对其余的学生说："对不起，我不认为你适合参加竹竿舞表演，我觉得你更适合表演戏剧或者小品，你应该花更多的精力来练习这些。"

大部分学生都选择接受这个结果，虽然依然能看到他们脸上的失望。当然，Jay也在这批学生里面。

竹竿舞不难，但是需要成员之间的密切配合，一着不慎，满盘皆输，所以真的不能留下节奏感不好的学生。虽说如此，可是看着Jay的背影，我还是有一丝负罪感。

多出来的一个人

确定好最终的学生名单后，我和合作老师抓紧每分每秒来彩排。彩排的时候，学生人数变为了29个，我和合作老师一致认为28人是最大极限，并且我们希望队形看起来是对称的，对称才能彰显美感。彼时的学生们穿着一模一样的文化衫，老师们一时也看不出来究竟多了谁。我疑惑不解地问学生们："上次我们明明选了28个学生，今天怎么变成29个了？是不是有人记错了？你们好好想一想！"

一眼望去，学生们个个耸肩噘嘴，一副无奈的表情。等了大约30秒，还是没有人主动站出来承认自己是"多余"的那一个。无奈之下，我们只好拿出竹竿舞汇报演出的学生名单，要求被叫到名字的学生站到老师的左手边。在核对名单的过程中，我的余光瞟到了躲在人群里的Jay。我立即停止了核对，和大家说："对不起，耽误了你们的练习时间，我已经知道是谁了，大家继续彩排吧！加油！"

我和Jane趁其他学生专心练习的时候，把Jay拉到了一边。

他近乎哀求地说："真的不行吗？我还有时间练习的，我会努力的。老师，请你们相信我，我会进步的……"听到这样的话，我心里五味杂陈，所以我选择保持沉默。

Jane直截了当地说："对不起，我们真的只需要28个人，一个不能多，一个不能少。"

"那我可以负责把竹子搬到舞台上吗？我的力气很大。至少让我负责这个部分，可以吗？"紧锁的眉头，期待的目光，让我们没有了拒绝的勇气。

我和Jane对视了一眼后，同时点了点头。

"谢谢老师！哦耶！"Jay紧握拳头，手臂使劲儿向下弯曲做了一个表示胜利的动作。我和Jane都感叹Jay这个学生真容易满足。不就是搬竹竿到舞台上吗？至于如此兴奋吗？

Jay心满意足地离开了。再次抬头看到他的背影，我少了那一丝负罪感，多了一份怜爱。

不对称的美

汇报演出那天，Jay按照原计划把竹竿搬上舞台。但上了舞台之后，他似乎没有要离开的意思，而是静静地站在角落里。他和其余参加演出的孩子一样双手并在大腿两侧，面朝观众席，等待着《捕鱼歌》的音乐响起。

第四章 师生故事

我带着微笑向他挥手,其实潜台词是:"Jay,谢谢你,你可以下去啦!"他礼貌地回以微笑,但却始终没有离开舞台半步。我和Jane的目光再一次交汇,然而这一次是出于疑惑。疑惑之后是恐慌。难道Jay要和其他人一起跳竹竿舞?当初真的不应该答应他的请求,我们并不需要专门的人搬竹竿。

音乐声已经响起,我们已经来不及上台把Jay叫下来了。事已至此,希望不要出什么差错才好。

就在我们担心"多余"的Jay要跟着音乐跳舞时,他依然站在那个属于他的角落,脸上洋溢着他的招牌微笑,双手打着竹竿舞的节拍,嘴里跟着伴奏在哼唱那首《捕鱼歌》。

彼时,我眼中的焦点早已不再是那些能够在竹竿之间挥洒自如的孩子,而是这个被我认定是"多余"的孩子Jay。他那带笑的眼睛一直望着台下的某个席位,我朝着他目光的方向望去,原来是Jay的妈妈,此时此刻的她,脸上满是骄傲和幸福。

我不知道上次答应了Jay的请求之后,到底发生了什么。也许他曾回去和妈妈信誓旦旦地说:"妈妈,相信我!我会让你看见舞台上的我。"也许他只是单纯地想要帮忙搬竹竿,留在舞台上是临时起意,为了给妈妈一个惊喜。也许他是要通过这种不是参与的参与,证明自己在舞台上的意义……有太多的"也许"。但无论哪一种"也许",似乎都在否定"Jay是多余的"这个命题。

29个真的就比28个多一个吗?只有对称才算是美吗?我看未必。

后记

这次汇报演出落幕后,我反思良久:每个孩子都是一个特殊的存在,都需要一个表现的舞台。也许有的孩子在某方面确实缺乏天赋,但是我们要积极创造让他们展现的机会,争取让他们找到存在感和满足感。对于态度端正又特别想要上台的孩子,我们可以制造机会,让他们在舞台上各司其职。比如,他们可以像Jay一样负责打拍子和唱歌,也可以拿着道具表演海浪和大鱼。如此,既满足了孩子们的表现欲,也为演出增色不少。在和学生的相处中,老师也在不断成长,慢慢学会设身处地地去触摸学生的内心世界，小心翼翼地去呵护每一颗童心。

再者，"优胜劣汰，适者生存"的法则并不适用于现今的美国中小学教育体系，学校和老师更多的是在强调尊重个体需求，促进多元发展。作为美国的汉语老师，我们需要及时调整观念，以免造成不必要的误解甚至伤害。

第四章 师生故事

偏心的老师
——礼物大小惹误会

丁清,武汉大学语言学及应用语言学专业硕士。写作本文时在美国匹兹堡大学孔子学院工作,任教于利格尼尔山谷学校。

孩子们是形态不同、色彩各异的珠宝,却都渴望着老师一视同仁的呵护与关怀。

——前记

一 教具变礼物

我所在的山谷学校坐落于一片森林里,是当地最有名的私立小学,也是当地唯一一所开设中文课程的学校。今年是二年级小朋友学中文的第一年,我带去的教学材料,对他们来说都格外有吸引力。每当我做教具或词卡时,总有孩子伸长了脖子围观。

一天,在阅读课上,我一边踱步巡视,一边剪着巴掌大的卡片做熊猫卡纸,准备复习颜色词时用。晶晶火眼金睛最先发现了,立刻凑上来撒娇:"丁老师,这个熊猫好可爱呀!给我好不好?"我婉言拒绝了她:"中文课要用到它呢。"晶晶舍不得放弃:"那等上完中文课,您再给我呗!""恐怕不行。"我摇摇头。谁知小姑娘抱住我的腰,把小脑袋搁在我的肚子上,皱紧了眉头:"求你了!"我抽身要走,她便跟在后面,急得左蹦右跳,"求你了!求你了!求你了!"

这是晶晶第一次开口向我提请求,她平日都是大大咧咧、笑嘻嘻地做我的小粉丝。忽然,我转头看见了桌上摆着的一排她分享给我的玩具。她妈妈和我说过,这些小玩意儿以前都是晶晶的宝贝,她喜欢上中文课,就毫不犹豫地把这些宝贝送给了我。这么慷慨热情的孩子,我怎么对她这么小气呢?正在我纠结之时,晶晶似乎有些气馁,怅然若失地看着熊猫卡片:"哎,我真的很喜欢它。"我心软下来:"那……等我上完中文课,就给你好了。"

晶晶激动坏了!我眼睁睁看着她第一时间把这个消息告诉了几个好朋友,隐隐觉得不妙,但也来不及阻止了。

等我收起熊猫卡片,准备回到办公桌旁,果然一群小朋友围上来,嚷着:"丁老师,我也要熊猫!""我也要!""求求你!"我想想也没道理只给一个孩子熊猫卡片,只好答应下来,给所有孩子都做一张。

二 老师偏心

可是近二十张卡片,得耗费学校很多彩色颜料和纸张,这事又和教学无关,我用之有愧。要不做"迷你版"的?大熊猫卡片就只有一个,晶晶又是第一个要的,把大的给她,无可厚非吧?大半天过去,我总算完工了。趁着午休,我把熊猫卡片挨个发下去。孩子们欢呼雀跃,直到看见晶晶独享的,整个班炸锅了。

"为什么晶晶的最大!"

"我的好小啊!"

"太不公平了!"

"丁老师,你给我也做一张大的吧!"

他们失望、郁闷,甚至愤怒,觉得我偏心,奋力维权。而我精心做出来的小熊猫,在他们看来已全无可贵之处。我连忙向大家解释我节省材料的初衷,不是有意区别对待,这才稍稍平息"怒火"。班主任Mrs. W闻讯而来,批评孩子们不懂感恩,并下令以后谁也不许向老师要礼物。孩子们若有所思地收起小熊猫,轻声向我道谢。

只有最内向的月月仍是愁眉紧锁。

三 文静女娃内心崩溃

月月在班里是个"小大人",她个子最高,文静沉稳。来自德国的她,还在融入阶段,平时只和晶晶要好,在老师们面前尤其严肃拘谨。但面对我,月

第四章 师生故事

月又格外不同。也许是因为父亲在亚洲生活过，也许是因为母亲常练太极，她非常喜欢中文课，与我很亲近。

一天上课，我忽然和愁眉紧锁的月月对视了一眼，她立马避开了，低垂着双眼，满脸通红。我试着靠近她，她连忙背过身去，仿佛不想理我。

我只好远远看着她。

下午小组活动时，月月向Mrs. W抗议："老师，请你让晶晶把她的大熊猫卡收起来吧！她一直在烦我。""是嫉妒好朋友吗？"我心想。但又难以相信平时懂事沉稳的她，会为了一张卡片，如此钻牛角尖。晶晶终于收起了卡片，但月月的头早就深深埋在了臂弯里。

终于放学了，我送孩子们去校门口等他们的爸妈。路上，我小心走近月月，探问她的心情。她不看我，双手交叉在胸前，严肃地说："一整天了！晶晶随身带着那张大大的熊猫卡，就是为了炫耀，为了让我难堪。真的很烦！""嗯……这其实是我的错。" 我本来只是试图安慰她，想把注意力转移到我身上，不料月月停下脚步，狠狠地点了几下头，抿紧了嘴巴，似是怪我，又似是要把委屈全憋在肚子里，停顿了一下，接着说："你不该对她如此不同！"

我吃了一惊，原来她不仅气晶晶炫耀，更是气我不公平。不管我的出发点是什么，大家拿到的卡片不同就说明老师偏心，何况我还破坏了她和唯一的好朋友的关系。

我试着继续安慰，她不再回应。到了校门口，月月妈妈Mrs. P正从远处走来。月月飞奔过去，扑在妈妈的怀里"哇"一声大哭起来。我赶忙追上去，小姑娘看见我立刻躲远了。我只好简要地向Mrs. P说明情况，而她丝毫没有怪我，只是担心孩子安全，急急地和我道了别。

当晚，我收到Mrs. P的短信，她说："我用轻松的方式，与月月讨论了什么叫宽容，讨论了什么叫真心为朋友高兴。请你别担心，这事不坏，这是人生中很重要的一课。我们聊完，她好多了。"接着她发来一张照片，照片里的月月又露出了我熟悉的笑容。

我长舒一口气——这场由熊猫卡片引起的风波，终于平息了！

 后 记

在美国教书，我时常被学生脱口而出的"不公平"吓到。学生经

常揪住各种细节向我抗议,小到回答问题的顺序,大到课堂管理记分。没人喜欢偏心的老师,但孩子天天把"公平"挂在嘴边,对得不到的东西反应激烈,真的正常吗?

同事们常和我说,随着美国家庭教育和社会环境的变化,越来越多的孩子变得"以自我为中心"。他们想当然认为自己要什么有什么,接受不了别人的东西比自己好。在分蛋糕之类的事上,宁可大家都没有,也不能他有我没有。以追求公平为由,人便能心安理得地"嫉妒"和"攀比"。

美国教育总挂着"平等""自由""以学生为中心"的标签,其实这里的老师也在反思:当代孩子的自我意识是否被过度强化,他们对公平的高度敏感是否正常?我所在的学校就曾多次开会讨论过这些问题。

最后我想把Mrs. W给我的建议分享给大家:老师应对孩子一视同仁,但面对误会和质疑,也不该一味退让,错失了教育他们成长的机会。孩子们应该明白自我意识不等于自私幼稚,公平不等于绝对平均。

第四章 师生故事

亮闪闪的绿色盒子

张婷，山东大学威海分校学士，中央民族大学硕士，美国西东大学硕士。持有美国新泽西州中文教师执照、小学全科教师执照。曾在美国多所学校任教。

"你更喜欢教小学生还是教高中生？"

"这个问题很难回答，我觉得教小学和教高中不但各有侧重点，而且对老师的能力要求也不同。相应的，老师从中收获的也不一样。对我来说，我喜欢在小学课堂上看到学生的成长，也喜欢在高中课堂上和学生们讨论。"

"你觉得教小学生最大的挑战是什么？"

"其实在教小学生以前，我从来没有想过小学老师对孩子的成长多么重要。虽然我的教龄不长，但是从平时的课堂观摩、教学培训，还有和老师们的讨论中，我深深地意识到品德教育和传授知识在小学教育中一样重要。"

这是一位学妹在做对外汉语教学调查的时候我与她的对话。每次参加这样的调查，我总是会想到以前教小学的时候，我教室里那个亮闪闪的绿色盒子。

还记得那是一年开学前，我用尽了浑身解数布置新教室：在每天晨会要用的白板前放了彩色的地毯，在墙上挂好了有中文的日历，划分出来了图书角，还搬来了一些和教学主题相关的图书，装饰好了学生的作品区，给每个学生设计了一个特别的文件夹……坐在焕然一新的教室里，小有成就感的我，忍不住想象和十几个六七岁的孩子坐在一起上课的样子。不过，硬件都准备好了，我要怎么在短时间内建立起有效的课堂秩序，并且让孩子们一整年都遵守这些秩序呢？

后来有一天，我在图书馆看到了一本名叫《老师的十二样见面礼》的书，我从中得到了很多启发。书的封面上画着老师给孩子们的十二个礼物。这本书一下子吸引了我，后来，也就有了我们班神秘的绿色盒子……

开学第一天，学生们排队走进教室，按顺序坐在了自己的"小家"（地毯上的位置）。小玉第一个发现地毯中间放着一个绿盒子。她是个很外向的孩子，直接问道："张老师，这个盒子里是什么？"小亚也看到了这个盒子，上前就要伸手打开。我告诉他们在自己的"小家"里坐好。其他的孩子也都好奇地看着这个盒子，有的想问不敢问，有的在朋友耳旁轻声地说着什么。

看着孩子们这么好奇，我随即问道："你们觉得这个盒子里有什么？"

"糖果、怪物、贴纸、生日礼物……"

"嗯……里面是礼物，但不是生日礼物，是给你们的礼物！"

"太好啦！"小玉边拍手边笑着说。

"今天我想请一位小朋友从里面拿出一个礼物来，而且拿的时候要闭上眼睛。想拿的小朋友，请举手。"

好多小手举了起来。我选了小亚，然后告诉大家以后还有机会从盒子里拿礼物出来。

小亚迫不及待地从地毯上站起来，走到了中间，小心翼翼地拿起盒子，准备要打开。教室里一下子变得格外安静，所有学生的眼睛都盯着那个盒子。"张老师，我看不到！""我也看不到！""我也看不到！"坐在小亚背后的几个学生看不到盒子，着急地喊起来。

我对小亚说："你觉得坐在那边的几个小朋友，想不想看盒子里有什么？"

"想。"

"那你觉得你站在这里，他们能不能看到盒子？"

"不能。"

"如果你看不到盒子，你会不会高兴？"

"不会。"

"那我们想一个办法让大家都能看到盒子，好不好？"

"好！"全班孩子答道。

"那我们怎么做可以让大家都能看到呢？"我微笑着看着每一个孩子。这是非常珍贵的教学时刻。

不一会儿，几只小手举了起来。

小美说："看不见的人可以去前面。"

小蕾说："我们可以站起来。"

小伟说："他做的时候可以看每一个人。"

第四章 师生故事

小勋说:"他可以把盒子拿高。"

"这些办法都很好,我们先试一试让小亚把盒子拿高吧。"

我让小亚转过身去,站在最前面,面向大家。小亚高高地举起了盒子,他试着打开盒子,但是六岁的孩子很难一只手举着较重的盒子,另一只手打开盒子。就在他险些把盒子摔到地上的时候,小美说:"张老师,我可以帮他吗?"

我笑着说:"当然可以。你可以帮他拿着盒子。"

在全班的注视下,小美从小亚手中接过了盒子。小亚闭着眼睛打开了盒子,把小手伸进盒子里摸来摸去,小脸上露出了笑容,他终于拿出来一样东西,盖上了盒子。学生们的眼睛都盯着小亚拿出来的东西,可是大家马上变得很失落。

"啊……这个不是礼物。"

小亚睁开眼睛看到自己挑选了半天的礼物竟然是一张面巾纸,瞬间也很失落,眼神一下子黯淡下来。我请他回到了自己的座位。

"张老师,你为什么说纸巾是礼物?"

"大家想一想,我们什么时候需要纸巾?"

"流鼻涕的时候。""哭的时候。""吃饭的时候。"……大家七嘴八舌地说道。

"你们都说得很好。我现在请你把纸巾放在脸上或者手上轻轻地擦一擦。"我一边说一边给学生们示范怎么擦。学生们轮流做完以后,我问大家:"你们觉得舒服吗?"

"很舒服。"

"你们哭的时候觉得舒服吗?"

"不舒服。"

"所以如果有小朋友哭,我们要不要给他纸巾?"

"要给。"

"特别好!这是我们班的第一个礼物,如果你看到有小朋友在哭,请你给他一张纸巾。"

说完以后,我请一位小朋友来表演一个在哭的小孩子,然后请大家递给他一张纸巾,让他擦干眼泪。接下来的十一天里,学生们轮流从盒子里拿出来其余的"礼物":牙签、橡皮筋、创可贴、铅笔、橡皮、棉花球、巧克力、救生圈形糖果、口香糖、一分钱、线球。每一件礼物都有特别的含义:牙签提醒学生们每个人都有长处；橡皮筋提醒你保持弹性，每件事情都能完成；创可贴是要想着恢复别人以及自己受伤的感情；铅笔可以写下你每天的愿望；橡皮提醒你每个人都会犯错，没关系的；棉花球提醒你这间教室充满和善的言语与温暖的感情；巧克力提醒当你沮丧时，小小的善意会让你舒服些；救生圈形糖果提醒孩子们当他们需要谈一谈时，可以来找老师；口香糖告诉你，当你尝试时，你会得到乐趣；一分钱提醒你，你是有价值的而且是特别的，线球可以用友情把我们的心绑在一起。①

后来，我们一起讨论要把这个绿色盒子放在哪里，才能让大家每天都能看到。最后我和孩子们决定将它放在书架的第三层，这样大家不但一进教室就可以看到，而且每个人需要的时候都可以拿到。这个亮闪闪的绿色盒子陪我们班走过了一整年。

后 记

或许我不需要花那么多时间引导学生们怎么打开盒子才能让每个人都看到，或许我直接打开盒子拿出来一件礼物，就可以省去很多麻烦，又或许我直接告诉大家要帮助同学，要关心朋友，就可以省去更多解释礼物的时间……但是我相信慢工出细活，虽然我花了更多的时间，但是学生们用思考的方式一起解决了一个问题，而不是简单地听老师的话。

当你看到学生在楼道乱跑，与其上前阻止，告诉他不要乱跑，还不如静下心和孩子谈谈为什么不能乱跑。一旦孩子理解了如果乱跑会撞到人，会让别人受伤，或许再想一想如果我们受伤了会不会难受，我们要不要让别人难受……孩子就能理解为什么不能在楼道乱跑，从而也就接受了这个规则。大声阻止或者直接要求，可能在短时间内很有效，但仔细一想，孩子到底是理解并接受了这个规则才遵守，还是因为老师和家长的要求而不得不去做？和孩子平等对话，是我从有经验的老师那里学来的宝贵经验。如果要让学生们遵守秩序，一定要先让他们理解为什么要遵守秩序。

---

① 参看简嫃（2013）《老师的十二样见面礼》，北京：北京十月文艺出版社。

第四章 师生故事

送你一个中国碗

柯芳芳，北京师范大学汉语国际教育硕士。此前任教于北京某汉语培训机构，学生均为韩国三星公司驻中国地区专家。写作本文时在美国匹兹堡大学孔子学院工作，任教于美国宾夕法尼亚州的Bellefonte Area School District孔子课堂，学生为公立高中生和小学生。

春日和煦的阳光透过窗户，在桌上洒落出斑驳的光影。

美国Bellefonte高中的艺术教室里，学生们正在设计制作传统的中国碗。这是我们第一堂中文和艺术合教课，今年10月，校长会带着18名高中生赴中国游学，这些碗就是美方为中国寄宿家庭精心准备的礼物。

一段冲突

克劳拉不喜欢做陶艺，因为她觉得会把裙子弄脏，从一开始就一脸嫌弃。

"克劳拉，你画的桃心真好看。"我尝试通过赞美她的设计鼓励她，并时不时走到她身边，关注她的动态，可她好像并不怎么在意。好在一切还算顺利，终于到了最后的清洁收尾环节，我在心里长舒了一口气。

"柯老师，克劳拉和海泽老师吵起来了。"吓得我一个激灵，连忙赶到"案发现场"，只见桌子上有明显污渍，像是被人胡乱擦了一通留下的痕迹，擦完的废纸散落一旁。

"克劳拉，注意你的态度，你这样非常粗鲁无礼！你要立刻把桌子擦干净！"海泽老师一脸气愤，狠狠地将纸扔进了垃圾桶里。那一刻，我觉得那些废纸更像是砸在了我的脸上。

"我已经擦了，你还想要我怎么样！"克劳拉背起书包转身就要走。

当着两个班学生的面，我心里又气又恼，但无论如何，我打算息事宁人，尽量缩小影响范围。先组织其他学生清理污渍，再代克劳拉向艺术老师说一声抱歉，最后单独做学生的思想工作。

"克劳拉，你先回教室，我待会儿有话和你说。凯拉、劳伦，你们俩可以帮我一起把桌子擦干净吗？"

"海泽老师，非常不好意思，我代克劳拉向你道歉，回去我会好好教育她的。我向你保证，这样的事情绝对不会再次发生。"

一个拥抱

回到教室，克劳拉委屈地哭了，看她哭得那么伤心，我心里也很不好受。毕竟是十七岁的大姑娘了，发生这样的事脸上肯定挂不住。

我走上前去，给了她一个暖暖的拥抱，安慰她："没事儿了……"

"I didn't do anything wrong！"她一边哭一边跟我说她什么都没有做错，她讨厌艺术老师当着所有人面说她。

等她情绪稳定些，我告诉她："老师看到桌子确实没有擦干净，有很明显的污渍，本来是一件很小的事情，我们只是希望你能做好应该做的事情，没有针对你的意思。其他学生都把自己的桌子擦干净了，我相信你也可以的。下次你只要更细心，把该做的做好就没事了，我们依然爱你。"

克劳拉还在轻声抽泣，不过不再抱怨了。我继续上课，给她时间平复心情，过了一会儿，她也主动加入了课堂。

课后，我陷入了沉思。或许我刻意的赞美加剧了克劳拉的反感，使得她在最后清洁环节敷衍了事，最终引发和海泽老师的争执。中国碗的合教课今天只是一个开始，以后还会有第二次、第三次……如今有学生抵触不合作，还和美方老师闹成这样，该如何挽救呢？我考虑再三，决定求助海泽老师，毕竟她是美国本土教师，又是当事人之一，找她再合适不过了。

再次谈话

放学后，我找到海泽老师，就克劳拉的问题向她咨询意见。"说实话，在我的中文课上，克劳拉的态度时好时坏，开心了就会跟读、回答问题，高兴了还会帮着管纪律，不开心就拒绝活动、玩手机，让她把手机放进书包，她就使

第四章 师生故事

脸色跟我叫板……"

美国学生自我意识强，不合作的情况时有发生，老师一旦处理不当，很可能会成为课堂的不定时炸弹，随时"爆炸"，我深知其威力。

"学生如果不喜欢这堂课的安排，老师可以给他一些别的任务。"海泽老师说，"比如说让他看中文书、做课堂练习，如果学生扰乱课堂纪律，你可以直接打电话送他去校长办公室。克劳拉不愿意做陶艺的话，可以给她一张Pass条让她去图书馆自习，图书管理员会帮你看着的。总之，保证学生有事可做，不给你捣乱就行。那天以后，我找克劳拉谈过一次，她的态度好了很多，我相信，只要跟她好好沟通，她会听话的。"

听完海泽老师的话，我决定第二天和克劳拉好好谈谈。

"克劳拉，这是老师第一次做这样的活动，如果有做得不够好的地方，我向你道歉。你对我们真的很重要，你懂中文、会写汉字，可以做很多其他同学做不了的事情。当然，你有权利选择是否加入我们。"最后，我询问了她的参与意愿，并给出图书馆自习的备选方案。让我惊喜的是，她希望继续和大家一起制作中国碗。

第二天，她早早地来到了教室，表现得很积极，似乎在努力向我证明，她也可以做得很好。

我很高兴，告诉她："我为你感到骄傲。"

中国碗的制作，经过这次的波折，一切又恢复了平静。

前后历时三个月之久，从摞泥、拉瓷坯，到上釉、煅烧，学生自己设计制作的中国碗，终于在高中图书馆清新展出，福禄寿、花、山、自由、幸运、马，各种主题异彩纷呈。展览过后，学生拿到自己制作的碗，欣喜不已。

克劳拉："柯老师，我喜欢我做的碗，我想留着它可以吗？""可以，

我尊重你的选择。"

鲁美:"柯老师,我想把我的碗送给中国的寄宿家庭。""可以,我替他们谢谢你。"

苏菲:"我也想把我的碗送到中国。"

……

在我心里,每一个孩子都是独立的灵魂,是努力绽放的花蕾,形态各异。为师者,要有足够的耐心,悉心呵护,终能见其成长。

后 记

作为一名海外中文教师,在美国中小学组织学生进行文化活动时,我们难免会遇到种种矛盾。这些矛盾的产生,有时是因为跟合作老师交流不顺,有时是因为学生的抵触和不合作,有时是因为学生过强的自我意识。因为矛盾产生的原因不同,在处理时也要采用多种方式。在活动之前,要和外方老师充分沟通,了解流程,搜集好可能用到的资料,做到有备无患。有条件的话,还可以主动申请观摩当地老师的课堂,向本土老师取经。在活动中,若遇到学生抵触不配合,不可硬碰硬,要尽量宽容,了解原因对症下药。活动前要给出备选方案,保证学生有事可做,避免学生因抵触而捣乱,酿成祸事。时刻谨记,美国学生自我意识强烈,不想做的事情他们会直截了当、不留情面地说:"I don't want it, you can't make me."这种情况下,作为老师,我们不能灰心丧气,更不可硬性强迫,学生是有权直接去校长办公室举报的。要知道,在美国,师生关系是平等的,这里没有中国的

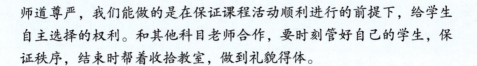

师道尊严，我们能做的是在保证课程活动顺利进行的前提下，给学生自主选择的权利。和其他科目老师合作，要时刻管好自己的学生，保证秩序，结束时帮着收拾教室，做到礼貌得体。

Who cares（谁在乎呢）

黄芸，来自上海的二宝妈妈，出于对自己两个孩子的教育心得和对教育事业的热爱，走上了教师的道路。在美国公立学校和私立学校都有多年丰富教学经验，用热情、耐心、坚持去帮助海外孩子们喜欢学习中文。现在美国纽约某公立学校担任中英文双语老师。

记得刚正式当上中文老师时，因为学校安排，我接触到了一群八年级和九年级的学生。他们多数是华裔，或者父母中至少有一方是华人。老实讲，一开始看到这些身高都比我高很多、嗓门也不小的大孩子，我的内心是打鼓的，不由得开始怀疑起自己来。但是转念一想，毕竟自己也是两个孩子的妈妈，从事教育工作很多年了，不管是理论还是实践，都是有丰富经验的，对付这么一帮大孩子应该问题不大吧？

无论如何，我的第一节中文教学课就这么开始了。

"I don't care！"一进教室就听见这样一句话，寻声看去，只见一个穿着连帽衣，嘴里叼着一根棒棒糖的女生一副满不在乎的神情，正坐在我的中文教室里。我想，她可能就是前一阵离职的老师口中那个"聪明但是难搞"的女生吧。

只见她含着棒棒糖，不时摇着头，头上的帽子遮住了半边脸。她还戴着耳机，指手画脚地在跟同桌女生聊天。那个女生箍着牙，一直在哈哈大笑。其他几个学生不是在窃窃私语，就是埋头玩手机……对于我这个新来的老师视若不见，真正彻底地忽略了我的存在。

这节课，正好赶上给他们发期中试卷。我把试卷发到每个同学的手中，顺便把名字和人一一对上号。棒棒糖女生叫倩，她的同桌叫仙。拿到试卷的时候，我问她们："你们对自己的分数满意吗？"她们一脸满不在乎的样子说："Who cares, I don't care。""你们都不在乎我更无所谓，老师在你们这个年纪

第四章 师生故事

也是如此。"下面突然哄堂大笑，她们好像以为自己自由了，再没人管得了她们了。

而我对这两个顽皮的女生也特别地留意起来。这两个女生，只要一闲下来就是聊天，对于学习中文，都是一脸的满不在乎。为了保证她们不闲聊，不扰乱课堂秩序，我中文教师生涯的第一节课，就是在不停地提问这两个人的过程中结束的。当我口干舌燥、累得不行的时候，再看她们，还是一样的精力充沛，感觉浑身有使不完的劲儿。这个时候真的是不由得令人感叹——年轻真好。

思前想后，这样下去可不行。于是我课后单独找这两个女生出来谈话，而她们还是一脸不在乎的表情。

"你们为什么来学中文？"我问她们。

倩说："我才不要学呢！是我爸妈让我学的！"仙也抢着说："谁要学啊，浪费时间！"我说："那你们可以跟爸妈说，你们不想学。"这时倩回答："如果不在这里学，他们会送我去其他地方学，这儿反而好，还可以聊天、做喜欢的事情，或做其他科目的功课。我们每天学校的功课都要做到11点，哪有时间学中文啊。"仙点头表示认同。

听了她们的抱怨，我虽然苦口婆心，但一通警告和沟通听上去没有任何效果，之后我放她们回去上课了。

第二节课果然还是老样子，我不停地提问，点名让这两个女生回答。那时候，不知道是记性差，还是太紧张，我总是叫混她们的名字，其他学生以为是老师在使坏，而她们两个人也十分紧张地听着我到底是在叫谁。歪打正着，就这样让她们集中了注意力。

事情也出乎意料地向好的方向发展，虽然她们嘴上说"I don't care"，但是其实我提出的每一个问题，她们都很认真地在听、在思考。我也在内心感慨起来，果然她们都是聪明孩子，毕竟学好中文是一件不容易的事，而她们却能够一边扮演着忽略老师的酷女孩角色，一边把问题通通答对，甚至偶尔还能帮助其他同学回答问题……这样高效的"一心二用"，实属不易。

于是我故意不停地让她们两人轮流回答问题，一节课下来，整体气氛也算融洽。下课的时候，两个女孩丢给我一个"算你狠"的眼神，然后昂首挺胸得意地走了。

这样的情况过了一周，大家相安无事。我觉得应该再找她们谈一次话。这一次，虽然她们还是一副"who cares"的表情，但是明显对我恭敬很多。

"你们跟父母说过不想学中文了吗？"我问。

"我傻啊，才不说呢？"倩说。

"你们既然觉得不开心，学的那么痛苦，为何要学呢？"

"其实是我们爸妈想让我们学的，他们自己平时也不说中文，还让我们来学。"仙轻轻地翻了个白眼。

"我们功课太多，逼着我们写很痛苦，如果没有作业就好了！"

我不禁哑然失笑，想起了小时候的自己。"谁要你们这个年纪有使不完的劲儿呢？如果你们愿意，课后可以来找我，我会帮助你们的。"

接下来的日子里，我们一直相安无事，平静地上课、下课，互相遵守着我们的约定。当然，让她们规规矩矩地听课显然不现实，但至少她们每节课都能够在提问的时候说出正确答案，作业也算是积极完成了。

在我教她们中文的一年时间里面，一直说着"who cares"的两个酷女孩，不仅坚持上完了一整年，期末的分数还都到了90分以上。现在想来，其实当初并不是她们不想学，只是曾经的老师和家长未免太急于求成，布置了太多没人愿意接受的任务，最后只好变成了一味地逃避。

谁说小孩子不懂事呢？她们其实最聪明了。在这个不大不小的年纪，孩子其实是最能够察言观色的。作为教育工作者和父母，我们真的需要好好反省自己日常和与孩子相处的每个细节，把中文从被忽视的边缘拯救回来。

后记

对于目前很多在海外的华人家长来说，让孩子学中文，是排在让孩子学才艺后面的。很多人默许了孩子把中文当作一种课外兴趣，甚至持一种学得好不好都可以，只要你去上课了就行的放任态度。也有不逼着孩子学中文的华人家长，但是彻底不学又感觉自己的孩子长着中国人的脸，流淌着中国人的血液，却张开嘴一句汉语都不会说，心里的落差太大。可是作为家长，很多人又不愿意付出时间和精力陪伴孩子、倾听孩子的内心，导致孩子不懂学中文的重要性，只当它是爸妈布置的一个任务。其实，正是家长的不重视，才导致了孩子的不重视。对孩子学习状况的适度关心和正向引导非常重要，希望每一位家

第四章 师生故事

长和教育工作者都可以对此有足够的关注，为海外华人的中文教育贡献出自己的一份绵薄之力。

当我"踢了"学生之后

刘志刚,北京语言大学对外汉语专业硕士,汉语教师及汉语教学培训师。2009年硕士毕业后先后任教于厦门大学、上海新东方学校、北京德国使馆学校、美国蒙哥马利奥本大学孔子学院、美国印第安纳国际学校,同时为兰州大学、西北大学、西北师范大学、赣南师范大学等国内多所高校的特聘汉语国际教育专业实践指导教师。

2014年7月出版《麻辣汉语》(商务印书馆),为中国大陆首部对外汉语教学题材大众作品;2016年8月出版《一个对外汉语教师的手记》(世界图书出版公司);2020年2月出版《多媒体辅助汉语教学案例集》(北京语言大学出版社)。

微信公众号、荔枝微课:"麻辣汉语"

个人网站:www.liuzhigang.me

"刘老师,Derric上课发生了什么事?"

问我这话的时候,校长Dr. A靠在沙发上,两个手指在太阳穴上揉搓着,很疲惫的样子。不知道是一如既往地为学校里的那群麻烦不断的熊孩子头疼,还是因为今天的Derric。

我很快知道了Derric就是六班的那个让人头疼的迪克,但还是没反应过来,我是怎么一下课就被Dr. A请到她办公室的,看起来不是什么好事。

"他跟我说今天上课你踢了他,虽然下课后你跟他道了歉,但他还是不满,所以他给他爸打了电话,然后我又接到了他爸的电话。"

"什么?"

我努力地回忆了一下今天上课我和这位学生发生的一切,"Dr. A,是这样……"

第四章 师生故事

二

在我所教的七个班级中，六班很让我"尴尬"。这个班绝对算不上差班，因为班里这13个刚上初一的孩子都很淳朴善良，看得出他们也都很喜欢我，学习也算认真；但在这个班上课可真算不上省心，所消耗的能量甚至不亚于那个最让我头疼的三班。

这个班的孩子，有个要命的缺点或者说特点，就是"嘴碎"。就像一群笼子里的小鸟，叽叽喳喳，从一进教室就说个不停，虽然没有那种大喊大叫的喧闹，也没有那种进进出出的随意，但也让人不堪其扰。更要命的是，这个班的学生经常"互动"，引起的连锁反应简直像一出活话剧，让人哭笑不得。

"德文，be quiet！刘老师在上课！"班长塔尼娜提醒着。

"Hi, I am not talking to you！"德文回应着。

"Leave him alone, he is always like that."另一旁的凯森接着说。

"Hi 凯森，you be quiet！"卡梅伦显然觉得凯森在多管闲事。

"What？I am helping 塔尼娜！"凯森可不这么认为。

也许你会问："你就站在前面，任其这样喊来喊去吗？不阻止他们吗？"

我的回答是："来不及阻止，因为他们的语速是如此之快，以至于我还没有反应过来，他们的'对话'就结束了。"

就是这样的一个班，就是这样一群孩子。

而在这群孩子中，迪克绝对是一个不可忽视的存在。

三

迪克应该是一个混血儿，长得很帅，而且很聪明，在这个汉语水平都是零起点、谁都没资格笑话谁的班级，迪克总是能第一个抢着回答出我的问题。

但他的聪明却掩盖不了他的缺点——"明目张胆"。

他总是最后一个到教室的学生，把文件夹拿在手里，但不抱在胸前，懒洋洋地垂在腿边，懒洋洋地走进教室。

他坐在第一排，自从教他开始，我就没看见他有哪怕一次是安静又端正地坐着的，斜着身子横着腿是他的标准姿势，而你要是让他别随便回头跟后边的同学说话，那好像是比任何事情都难。

明明大家都在那里安静地做练习，或者是看电影，他却莫名其妙地站起身，从容不迫地往教室后面或者外边走。

"迪克，你干什么？"

"我拿我的作业本""我扔垃圾""我去关灯"……他总有理由。

而在每一个班，好像都有一个不被所有人待见的孩子。很显然，六班的这个孩子，就是迪克。

事实上，每次上课我点名，一点到迪克，班里的其他孩子便露出诡异的笑容，几个男生甚至"噗"的一声笑出来。我也是过了几天才意识到，自己犯了一个低级的错误：虽然"迪克牛仔"是我给这个孩子起中文名字的初衷，但是这个名字读起来总让人想起英语中的"dick"。

可迪克却拒绝了我给他改名的建议，尤其是在听了我给他解释这个中文名字的来历之后，他更坚定不移。

所以每次上课，迪克既要应对我的警告，又要反击同学的嘲笑，很多时候，都能感觉到他身体里有一种焦躁。

我绝对说不上讨厌迪克，但他确实很让我头疼。因为就在本学期，我在班里雷厉风行地开始整顿纪律、改进课堂秩序。其他学生都意识到我是认真的，进而有所收敛甚至改变，而迪克却依然我行我素，来得晚，坐不正，随意离开座位，随意说话。

而在今天上午，做练习的时候，当迪克又一次歪着身子跟后边一个位女生你一言我一语的时候，我开始有些生气了。

"迪克，sit well！"我发出了警告。

"I will！"虽然这样说，迪克却一动未动，伸出的左脚几乎触到了旁边同学的桌子。

"把你的腿收回去，坐好！"我一边说，一边用自己的右脚碰了他那只伸出的左脚。

仿佛是触了电，迪克夸张地缩回了左脚，睁大了双眼望着我，那样子好像在说："刘老师，你竟然踢我？"

四

"明白了！"听我讲完这一切，Dr. A好像松了一口气："我也不相信你

第四章 师生故事

真的会'kick'他。"

"如果这样定义kick,我确实是踢了他。"虽然已经完全明白了怎么回事,我心里不再忐忑,可还是为自己那轻轻的一脚感到后悔——助教思涵离任前曾经提醒我,不要跟学生有任何肢体上的接触,我还是没做到!

"可是他说你踢了他之后,下课又跟他道了歉,这是怎么回事?"

"我确实是跟他道了歉,但不是因为这个。"

事实的情景和真实的对话是:

我:"迪克,我不明白你为什么上课总是管不住自己呢?为什么你总是要回头呢?"

迪克:"Because I am pacing!"

我:"Pacing?"

迪克一边用词典打出这个单词,一边解释:"我总是感觉后背上有个东西让我很难受,所以我需要不断地回头!"

……

我:"不知道你说的是真是假,但如果是真的,我向你道歉,我之前对你可能太严格了,但我不知道你有这样的问题。"

迪克:"没关系,刘老师,你是个好老师,我经常跟我的朋友说起你,他们都想来上中文课。"

这就是"刘老师踢了我,又跟我道了歉"的始末。

只是我不明白,迪克的那句"你是个好老师"是否发自内心,如果是,又是什么驱动着他在离开教室后,走进了校长的办公室,又拨通了爸爸的电话。

"完全明白了,我现在就给迪克的父亲打电话。他刚才还在电话里说如果有必要,他下周会来学校跟你和我面谈,现在看来没这个必要了。"

"不,请让他来,我想跟他谈谈。"

跟Dr.A告别,我回到教室,收拾好自己的东西,明天就是周末了。

"刘老师,不必介意,这种事情经常发生,而且明天就是周末了,不是吗?"在回家的车上,载我上下班的Alison听完我的讲述,很耐心地安慰我。

"Alison,谢谢你!我心里不难过,也并不介意,我只是在想,做一个老师，尤其在美国的学校做一位中文老师，有多难……"

车窗外是蓝天白云，白云低得似乎跳一跳就可以摘到，而那蓝天，如此宁静而清澈。

后记

"跟美国的中小学生相处时要尽量避免任何形式的肢体接触"，相信很多汉语教师都有这样的意识，这篇文章中的案例虽然略显极端，但也确实是在"肢体接触"这个问题上给我们每位老师的参考和提醒——有些在我们看来根本就不是肢体接触的行为，很可能会被学生另类解读，并由此给我们带来麻烦，甚至是严重的后果。

笔者曾经就此问题跟美国的同行教师进行过交流，发现美国不同的学区对"肢体接触"的定义和处理也有不同的政策，比较严格的学区甚至连"Give me a five"这样的动作也会认定为肢体接触，所以建议教师一是有避免肢体接触的意识，二是认真了解学校乃至学区的政策和规定，避免在这个问题上犯错误惹来麻烦。

第四章 师生故事

小天"告状"

罗丹韵，本科毕业于北卡罗来纳大学经济学专业，硕士毕业于弗吉尼亚大学教育学院课程设计专业。曾任教于VIF国际教育机构、华盛顿育英公立特许学校、印第安纳国际学校。

2016年的夏天，是一段值得纪念的时光。因为这一年的八月，我正式成为一名美国小学一年级的老师，并且我任教的这所私立学校采用的教学模式，正是我向往的中文沉浸式教学。整个暑假，我翻读了大量书籍，思考课堂管理方法，计划如何教课，每天沉浸在自我充电的快乐之中。

可是开学以后，这样的"蜜月期"仿佛很快就消失了，我每天的情绪都被小朋友左右。我忽然发现，以前研究生时学到的各种"高大上"教学方法似乎完全没法施展。我每天的主要任务，成了和小朋友斗智斗勇。

9月12日下午，我让学生独立完成一个学习任务，每个学生需要在自己座位上完成。可是全班闹哄哄的，有的在说笑，有的在玩笔，有的在左顾右盼。唯有两个想认真做的小朋友，在那儿无奈地看着四周。我呢，感觉自己在"打地鼠"，一个一个"打"，一边"打"下去安静了，另一边又闹起来了，我的脑子一直嗡嗡作响。

忽然，小天笑嘻嘻地指着同桌告状："罗老师，他说我的皮肤是棕色的，说我很丑。"

我看着小天和他的同桌小文，严肃地说："这样说话不礼貌，不可以说的。请专心写作业！"

两个小朋友笑嘻嘻地低下头继续写作业。然后，我又转战另一边，继续"打地鼠"。终于，混乱的一天过去了。送走了学生，我回到教室，喝口水，开始收拾学生留下的残局，捡起地上乱七八糟的铅笔，摆好歪歪扭扭的桌子，挂好掉在地上的衣服，擦干净满是颜料的桌子。最后坐下来想一想明天做什么，然后把材料准备好。

回到家以后，已是身心疲惫。虽然肚子很饿，但身体和脑子更需要休息。我习惯性地坐在沙发上，随手翻翻邮件。叮叮，连着收到了小天爸妈发来的邮件：

"小天告诉我们，班上有个学生说不喜欢他，因为他的肤色。你能告诉我发生什么了吗？"

"不好意思，那个学生是说他很丑，不是不喜欢他。"

"那个学生说小天的皮肤是棕色的，很丑。小天说他告诉你的时候，你不理他……"

看完以后，我的脑子一片空白，心跳加快。小天当时说了什么？到底是哪个学生说他丑？怎么今天学生说的事情上升到了种族歧视这么严重的问题？我当时怎么没意识到？我怎么没有认真处理这件事？怎么办？怎么办？家长生气了怎么办？

我赶紧给小天爸妈回复：

"亲爱的J和A，今天下午小天告诉我一个同学说他皮肤是棕色的，说他很丑。我当时告诉他们：'这样说话不礼貌，不可以说的，请专心写作业。'当时班上比较吵闹，我还需要处理其他学生的问题，所以没有和他们深入讨论这件事。我对此事应该严肃处理，让他们明白评论别人的肤色是不对的。对不起，我让小天感觉我没有理会他。我明天会找他们认真谈一谈。"

很快，又收到小天爸妈的回复：

"你觉得'这样说话不礼貌，不可以说'就算解决问题了，这让我们感到很寒心。看看你明天怎么处理这个问题吧。"

读完，我难过、委屈地号啕大哭起来。明明已经很努力了，每天放学以后加班到天黑才回家，晚饭过后又是加班到深夜。为什么还是做不好？自责、委屈、焦虑，化作眼泪止不住地流下来。

以前听说过美国新老师压力非常大，能撑到第一学年结束就是"第一年幸存者"（First Year Survivor）。现在看来，一点儿也不假。对于新老师来说，所有的教学内容都是陌生的，需要自己思考、计划。另外，我们学校是IB（International Baccalaureate）学校，有非常重的课业任务。而且，学生各种行为问题和课堂管理问题，对于新老师来说都是棘手问题。所有事情山呼海啸一

第四章 师生故事

般涌来，我感觉自己像一个不会游泳的人，在水中不断挣扎。

第二天一早，我先去找小天，问他昨天发生什么事情了。他说，小文说他很丑，因为他的皮肤是棕色的。然后，我又去找小文了解情况，小文承认了。接着，我苦口婆心地对小文说教了一通，让小文明白这件事的严重性，小文一直低着头，默不作声。最后，小文去向小天道歉，小天笑嘻嘻地原谅了他。

午饭过后，小天又跑来"告状"，说小文吃午饭的时候说不喜欢他。我想，可能小文是因为小天告状而不开心，如果我直接去找小文谈话，也许他会更难过。我寻思着解决的方法……

巧的是，我们正在学习的单元主题是"友谊"。我借这个机会，下午和小朋友们读了一本书里有关"不伤人的语言"的内容。然后，让小朋友各自给他们的朋友写小卡片，可以写感谢的事，也可以写对不起的事。有意思的是，小文和小天竟然决定共同写一张感谢卡，感谢对方和自己玩。

放学以后，我赶紧给小文和小天的爸妈发邮件。小天的爸妈表示对我今天的处理方式很满意，小文的爸妈也很快给我回复：

"谢谢你的邮件。我觉得美国种族问题已经超出学校的教学任务，也超出了小文的理解力。但是，我们利用这个机会，在家和小文一起探讨了这个问题。希望两个孩子能成为更好的朋友。"

我长舒了一口气……

一个星期以后，小文的妈妈趁课间休息时间来学校陪儿子玩，和我聊起了上星期的这件事。她说，小文后来在家说，那天其实是小天先唱了一首有关小文又白又丑的搞笑歌，小文觉得很好玩，所以才说了后面的话。

听完小文妈妈的话，我忽然意识到，我在处理这件事情上有点儿草率、主观了。我在和小天、小文谈话的时候，完全被小天爸妈的态度左右。在没和孩子谈话以前，我便主观认为是小文做得不对。当小文承认他对小天说的话时，我感觉已经收集到了全部我需要的信息，就可以开始对小文进行"教育"。

后来在副校长的帮助下，我们再次找小文、小天谈话，抱着中立的态度，让两个孩子分别说一说发生了什么，真相正如小文妈妈所说……然而，在向老师和父母告状的时候，小天"忽略"了自己先唱歌的部分。这是常见现象——孩子会选择性地保护自己，毫无保留地告别人的状。作为老师，应该保持中立，先了解清楚事情的经过，寻找孩子行为背后的原因，这样才能真正处理好学生的问题。

后来，两个孩子成了好朋友。而我，认识到了沉稳理智地处理学生矛盾的重要性。

后 记

　　学生矛盾，是在美国的汉语教师，尤其是中小学汉语教师，课堂上都会遇到并要处理的问题，而如果这个矛盾又涉及敏感的种族问题，就会更加棘手——学生情绪要安抚，矛盾要化解，误会要消除等。正因为如此，教师处理起来要尤其谨慎。

　　不过从另一角度看，问题的出现，其实也是教育的契机。我的体会是，有时候，耳听未必虚，眼见未必实，老师应保持中立、冷静，安抚好学生的情绪的同时，也要控制好自己的情绪。在此基础上，让学生双方都有机会阐述他们的看法，在认真全面地了解到事情的原委之后，做出自己的判断，然后争取家长的配合，获取校方的帮助，寻找最佳的处理方式，终能圆满解决问题。

北 美 故 事
美国一线汉语教学案例与反思

第五章

多样学生

导读：

毫无疑问，"中文教师"和"学生"，是本书每个故事中的主角。而本章中故事的学生，则都有其"特殊"之处。

《轮椅男孩》（一、二）和《特别的一课》，两位作者所面对的是腿部有残疾的学生；《清风明月，尤是故人》《"男"闺蜜》《Tā爱汉语》，讲述的分别是班里的同性恋和"跨性别"学生的故事；《老师，能不能给我低一点儿的分数》记录的是六年级的班上一个被领养学生的身份认同障碍；《我是谁》则是华裔学生的身份认同探索；《没有颜色的世界》《白天不懂夜的黑》《变形记》《一封未发出的邮件》中的故事主角，则分别是患有抑郁症、自闭症、癫痫症和多动症的学生。

面对这些"特殊"学生，该如何与他们相处？课堂上出现了与之相关的问题，又该如何处理？十一位作者，讲述了自己的故事，也记录下自己的思考和建议。尽管每位老师的故事和经历各异，但纵观他们的记录和思考，"关怀""尊重""理解""包容"是不约而同的关键词。

"关怀、理解但不怜悯。"

"真正的公平，不是人性的怜悯而是人格的尊重。"

"充分给予理解却又一视同仁，充分信任却又愿意在适当的时候伸出援手。"

"一种理解的精神和一个开放包容的态度，也许是中文教师能给跨性别学生的最大的支持和帮助。"

"多去关注一下学生的内心世界，有时候用眼睛看不到或者看错了的东西，用心却是能看得清楚的。"

……

本章的标题，本来是"特殊学生"，后来经过慎重考虑，我们改为了"多样学生"。从"特殊"到"多样"，一词之变，起于思考，止于尊重。

第五章 多样学生

轮椅男孩（一）

庄爱红，2011年本科毕业于福建师范大学汉语言文学专业，写作本文时任教于美国马里兰州波多马克小学。

为师七载教学，高中初中小学，
问汝现时功业，只差名牌大学。
——致敬可爱的世界！

他是一个三年级的小男生，眼大鼻梁挺，卷发皮肤白，每天都喜笑颜开，非常可爱。我第一眼看见他，心里十分惊喜。他虽然双腿残疾久坐轮椅，但却笑得自信洒脱。然而不久，他却成了我文化课上的"巨大阻碍"。

一个轮椅男孩，为什么会成为"巨大阻碍"呢？

原因在于，我们这一季文化课的主题是中国武术操。既是武术，总少不了"花拳绣腿"，更何况我们还要排练成可以登台表演的晚会节目。可是缺了"腿上功夫"，到哪里去拼凑那应有的"武美"？你该如何让一个坐在轮椅上的小男生伸展他行动不便的双腿？你又怎么忍心组织同学们在他面前尽情地踢蹬蹦跳？所以每次上这个班的课，我都紧张兮兮，小心翼翼，尽我所能地减少"秀腿"的成分，生怕哪一次不经意间挫伤了轮椅男孩宝贵的自尊。

有一天，轮椅男孩没来上课，我松了好几口气，课上得很尽兴，每一节动作我们都甩开身体，迈开步子，踢蹬跳跃，纵情地展现该有的"武美"。没有他在的课堂，我可以轻松自在，任意点名一个学员上前展示。

只是，上完课不知为何，心里却有着莫名的落寞，脑子里反复闪现出轮椅男孩因为无法站出漂亮的马步而略显尴尬失落的神情，以及平时高举的摇摇晃晃的小手、瞪得圆圆的水汪汪的眼睛。

隔天下午，我们教研组开组会，因顿老师想征求我们的意见，看是否可以把武术操的腿上动作去掉。组长立马就回绝了她，因为某个个体而改变一个对其他同学都有利的方案，这对多数人是不公平的。"公平"在美国的教育体制里非常重要，机智的组长利用这一"利器"说服了因顿老师，挽救了我们的劳动成果。要知道早在开课前，我们就把这一季全校的文化课全备齐了——没有课本，没有教案，都是我们绞尽脑汁、费尽心力、日夜辛劳所得。

看得出来因顿老师是个好老师，对每一个学生都很上心。她不仅关心轮椅男孩的身体健康，还关心他的心理成长。她或许认为这对轮椅男孩不公平，不曾想组长用集体的"大公平"压制了个体的"小公平"，这不得不让人深思：到底如何才是真正的"公平"？

组长站在我们的立场否决了他朝夕相处二十几年的同事，我为此而感动，当然也更担心昨天轮椅男孩的缺席也与此有关。可能我再也不能看见轮椅男孩高举的摇摇晃晃的小手和瞪得圆圆的水汪汪的眼睛，可能我课上的这个"巨大阻碍"已经被"清除"。

然而当轮椅男孩再次出现在我的课堂上时，我一如初见地惊喜。他灿烂的笑容让我确信，他的缺席只是意外，并非被文化课上的"腿上功夫"挫伤了自尊。他的出现也帮助我找出了真正的"公平"。

课程里有个动作叫"蝎步盖打"，后脚一屈、双腿一蹲，就摆出了蝎子的姿势。孩子们头一次接触很感兴趣，一个个跃跃欲试却不得要领。聪慧的轮椅男孩倒一下子就明白了。我两次提醒学会了的孩子上前给大家示范一下，没有人回应，只有他高高举起小手在空中挥舞，大眼睛紧紧盯着我，像在说"me…me…me…"。我心里很难受，他的双腿是残疾的，走路都还要靠轮椅，怎么能做得了呢？我不叫他，是对他举手参与的不尊重；我叫了他，让他在公众面前展示他的缺陷，会不会更让他难堪呢？我别无选择，"You, please! Thank you!" 只见轮椅男孩双手滚动着轮子来到地毯中央，自己从轮椅上爬下来坐到地毯上，掰着自己纤弱的双腿堆叠成蝎步模样。孩子们都看呆了，我也是，尴尬、心疼、不忍、感动……

经久不息的掌声告诉了我何为"公平"——那就是充分的尊重。因为某个个体去改变一个让集体受益的方案，非但对多数人不公平，我想对这个个体也缺乏应有的尊重。我们怎么就事先设想了他不行，怎么就事先断言他需要特殊照顾，怎么就如此堂而皇之要给予怜悯？这怜悯本身是不是就是一种歧视？**真正的公平，不是人性的怜悯而是人格的尊重。**

后来，我听到了轮椅男孩在午间休息时被欺负的事，他侧着身体要拿放在轮椅边上的水瓶，几个调皮的男孩假意经过，踢倒了水瓶，让水瓶滚得远远的……

我想这是轮椅男孩要经历的现实，赤裸裸的，活生生的，旁人无法取代的。我也坚信教育不能缺乏爱，但教育同样不能仅仅只有爱。爱是护其周全，教育是促其成长。

后 记

> 常听人说美国"过度"照顾残疾人，任何公共设施都配有辅助残疾人的装置，我想这是人道主义的做法，能在个人主义的土壤里生根发芽不足为奇。然而，残疾人在如此健全的保障体系中被"过度"保护着，精神却始终独立。

轮椅男孩（二）

庄爱红，2011年本科毕业于福建师范大学汉语言文学专业，写作本文时任教于美国马里兰州波多马克小学。

为师七载教学，高中初中小学，
问汝现时功业，只差名牌大学。
——致敬可爱的世界！

听到轮椅男孩被欺负，我心里许久不能平静。再去他们班上课时，却看到他依旧喜笑颜开，好像不曾受过欺负似的。他学武术操更加坚定、努力，让我心生佩服，或许他是想让自己变得更强大吧。

我突然有了一个很大胆的想法，让轮椅男孩登台表演武术操，让他在全校师生面前展现他的"威武"，让他有机会用行动告诉那些欺负他的同学："我不是好欺负的！"我当然知道这是一个很艰难的决定，也有很大的风险，操作不当，结果很可能适得其反，非但不能帮助轮椅男孩"耀武扬威"，还会给他招来是非。"为"与"不为"，我十分苦恼。

我搜肠刮肚寻找奇谋妙计，后来在路边与学生打招呼时找到了答案。

那天下午，我若有所思地走在学校的廊道里，眉头紧皱，全然无视迎面走来的一群学生。突然一声清晰的"你好，庄老师！"令我猛然抬头，解开了我紧锁的眉头，我开心地应道："你好！谢谢！"大概是我由忧转喜的神情感染了队伍中的孩子们，又或是我喜悦的回应鼓舞了他们。孩子们一个个从我眼前走过，认真地情感饱满地说着："你好，庄老师！"

远远地，我看见那个"牛头"男孩也在队伍里，平时打招呼，他总是故意冲过来，用头顶我的肚子，有时出手不知轻重，我有点儿发怵跟他面对面，但我还是很专注地、饱含激情地继续回应从我面前走过的每一个孩子："你好！谢谢！""牛头"男孩越来越近了，我也暗暗攒着一股力气准备迎接他的"牛头神功"。然而这次我收到的不是"牛头神功"，而是清脆响亮的"你好！庄老师",就像排在他前头的小朋友一样认真,一样郑重其事。

我深深地感受到了集体氛围的力量。第一声响亮清晰的"你好,庄老师",以及我的热情回应,点燃了整个队伍的表达欲望,就连那个习惯施展"牛头神功"的男孩也一改旧习,投入这充满激情的问候之中。

那一刻我醍醐灌顶,明白了我与"牛头"男孩的干戈,不是要以暴制暴,而是要跳出"制"与"不制"两个选择项,直接进入另外一种状态。所以我也明白了:我应该跳出"让"或"不让"轮椅男孩上台表演的挣扎,直接进入我想带给他快乐和自信的终极目的之中。

当我再回到轮椅男孩班上上中国文化课的时候,我给他们看了由刘亦菲主演的《四大名捕》中的一个片段。除了让他们看清楚电影里的五个基本步法,也为了让他们看到坐在轮椅上的无情(刘亦菲饰演的角色),虽然腿有残疾,但智慧过人。八岁的孩子很聪明很善良,他们立马想到了班上的轮椅男孩,有些同学还爆料轮椅男孩在数学计算上就有超能力。我看到了孩子们对轮椅男孩的肯定,也看到了轮椅男孩快乐自信的笑容。

轮椅男孩的故事还会继续,他会坚强,会自信,更会在爱里得到温暖。

后记

随着武术文化课的深入,我越来越感受到我们已经渐渐超出了形体上的一招一式,孩子们也渐渐走出了花拳绣腿,能静下心来品味中国的武术文化。于我而言,在教学中我重新认识了宽容、忍让、坚强的武术精神,不禁感叹中国文化的博大精深。最关键是美国的孩子们竟也慢慢有了文化认同,我想,好的文化品质就应该"天下大同"吧。真为中国文化感到骄傲,满满的骄傲!

清风明月，尤是故人
——对同性恋学生的理解与接纳

何璇，北京师范大学汉语国际教育硕士。写作本文时任职于美国匹兹堡大学孔子学院下属的吉尔福伊尔天主高中。喜欢中国传统文化，热爱汉语教学工作。

思之如月

"您看我选这两个字好吗？"

眼前的金发小男生温柔乖巧地注视着我，顺着他的目光，我俯身低头看见了纸上的"思""月"二字。他似乎发现了我轻微地蹙眉，眼里的期待变成了忧虑。我知道，作为零起点初学者，需要得到老师更多的肯定，来增强学习语言的自信和动力。我不想打击他的积极性，于是在略微迟疑后，便笑着告诉他："这个名字很好。"他也笑了，眼里满是得偿所愿的喜悦。

这是我的第一节中文课，每个人都要从我提前准备好的配有英文解释的汉字卡片中选出自己喜欢的名字。班上男生大多选了"天、武、灵、杰、正、雷"等字，他们没有咨询我的意见，便直接告诉我结果，然后互相炫耀，笑作一团。只有这个男孩，在紧张地等待我的肯定，也偏偏是他，选择了"思月"这个在我已有认知中偏女性化的名字。我的直觉告诉我，这个孩子可能比较敏感和内向，想到这里，我便十分庆幸当时没有轻易质疑他的选择。

灯笼宝宝

思月最初在我的课上说话一直怯怯的，声音特别小。上语音课的时候，我每次都要走到他跟前俯身倾听，才能勉强听清楚。为了让他更自信，我在课堂上多次鼓励他表扬他，即使如此，他也只是低头脸红，并未有实质性的改变。我猜测他是因为怕出错被嘲笑所以不愿大声说话，于是便私下告诉他，初学阶段读错音没关系，要自信地说出来。思月听了，抿嘴浅笑，而后轻轻摆手："谢谢您，我很好，不用担心。"看着他远去的背影和优雅端庄的走姿，我愣住了，不禁开始思考，怎样才能让这样一个男孩子在我的课上感到自在呢？

每个月的区块时间表（block schedule）是中文课学生最期待的，因为每当这时，我都会安排中国文化相关主题的展示及实践活动，这对从小在美国成长的孩子来说，是一次神秘而奇特的文化探索旅程。第一次我选择了难度最小的剪纸，介绍了很多不同的花样。当我们正准备一起动手时，突然听到思月一声惊呼："哦！"所有人纷纷将目光转向他，我也疑惑地向他走去，他的脸刷一下就红了，随即又恢复了平时的柔声细语："这是我剪的灯笼宝宝。"看着他高高举起来的微型灯笼剪纸，其他男生纷纷叹气、翻白眼，说他无聊，思月见状咬着嘴唇收起了笑容。这是思月第一次在班上这么引人注目，平时他都是谨言慎行、规规矩矩，这次的惊呼是他难得的真情流露。想到这里，我笑着轻轻接过他的剪纸，向全班宣布："这个灯笼宝宝很可爱，我要把它放在我们的展板上。"话音落下，便见思月张大嘴巴惊喜地看着我。

第二 模特

剪纸的事情似乎极大地增强了他的自信，思月在班上也越来越活跃。一次应班上女生的要求，我准备了一次主题为"中国历代传统服饰"的文化课，同时也带去了一套带着墨荷刺绣的袄裙，和一把画着幽兰的团扇。当我提出需要模特时，女生们和思月都举起了手，我叫了坐在第一排的莉莉，思月失望地低下了头。看到他的神色，我内心后悔不已，可是下意识地认为女式袄裙就应该找女生来穿。

当全班学生与穿着袄裙的莉莉合照时，我注意到思月的眼神一直偷偷地瞟向莉莉，并流露着羡慕的神色。虽然不知道什么原因，但我还是想成全他，同时也尽力弥补一下自己的无心之失。可是问题来了，我如何才能名正言顺地在众目睽睽之下让一个男孩子穿上女式袄裙呢？毕竟班上只有思月一个男生有这种想法，搞不好不仅不能帮他完成心愿，反而会让他的自尊心受到更大的伤害。

思索片刻后，为了避免尴尬，我便告诉全班，我没有带男生的衣服，如果不介意的话，男生也可以自愿上来试穿这套袄裙。于是思月便顺理成章地成了第二个模特。我耐心地帮他扮好后，他问："老师，可以借用您的扇子吗？"得到许可后，思月微微侧身，手持团扇半遮面，不自觉地低眉浅笑，一瞬间让我仿佛看到了中国扇画上风姿绰约的古代美人。大家纷纷跑过来开心地和他合照，俨然一副明星的样子，思月自然是十分满意。

老师，你知道吗

一天下午放学后，我待在自己的教室里改卷子、备课，几个同校的中国女留学生跑过来问我："老师，你知道××是同性恋吗？"他们口中的××正是思月的英文名，我的心里咯噔一下，如果一件事连国际学生都知道，那么估计全校的人也都知道了。不过我还是不太明白他们的用意，便摇了摇头。

他们更兴奋了，仿佛发现了新大陆一般："老师，我跟你讲，××上节课向我们炫耀他男朋友送他的戒指，他有男朋友！我们早就看他不对劲儿，美国学生都在偷偷嘲笑他，男生也坐得离他远远的，他自己还乐得跟什么似的。"

我强作镇定地答道："个人自由嘛，这很正常，不用大惊小怪。"他们噘着嘴悻悻地走了。不过我还是十分担心，不知道思月主动公布这件事后会不会被大家孤立和欺负。

牛奶风波

没过多久，一天早晨，伴随着阵阵令人作呕的腥臭味，思月愁容满面地走进教室。我才发现，他的书上、本子上、文件夹上都是深黄色的不明液体，而那阵阵恶臭，分明是从他穿的夹克衫上散发出来的。我感到不可思议，平时的思月是最注重形象的，每天都会吹头发、喷香水，衣服熨烫得平平整整，今天一定是出了什么大事。

恶臭难忍，我下意识地捂住口鼻，一边打开窗子一边询问，而其他同学，

第五章 多样学生

早像兔子一样一溜烟跑到了教室最后排。思月强忍着眼中的泪水,说:"我很抱歉让大家不能正常上课了,我这就去前台看能不能换件衣服。"没想到这个时候他还在为别人着想。看着那群躲在教室后方看戏的男生,我十分心痛。我将面巾纸递给思月,赶忙安慰他:"没关系,通通风就好了,你去换衣服吧。"

思月落寞地走出教室,这时后面角落里的同学逐渐回到了自己的座位上。一个男生手舞足蹈地说:"是什么东西居然这么臭?真不敢想象沾上这东西,尤其是思月这种如此注意自己形象的……"这种往别人伤口上撒盐的行为实在过分,话未说完我瞪了这孩子一眼,他识趣地收起了幸灾乐祸的表情。接着,我以前所未有的严厉,批评了所有在场没有施以帮助和安慰的学生,并且整整大半节课都没有给全班半分笑容,我得让他们记住,在我的中文课上,不管什么原因,无论是有心还是无意,不能歧视,不能嘲笑。

到了后半节课,思月换好了干净的衣服,垂头丧气地回到了教室。我招呼他回座位坐好,全班没有人敢问他究竟发生了什么。小组讨论中,我将思月和莉莉分在了一起,莉莉聪明大方又温柔体贴,思月平日里最爱和她讲话。我装作四处巡视,眼睛却一直瞟着思月那里,只见莉莉轻轻拍着思月的肩膀,低声关切地询问着什么,随后笑着从口袋里掏出一包巧克力递给他。思月擦了擦眼泪,冷不防地和我扫视的目光撞在了一起,看来他是在顾忌上课不能吃东西这条规定,我笑着对他点点头。

讨论结束后,我带着全班复习,又练习了很久,思月学得格外用心,手里一直攥着那包巧克力。当我宣布要做游戏时,全班重新沸腾了起来。我叫了一些孩子,其中就有思月,并且采取了搭档制,中文成绩极好的莉莉顺其自然地成了思月的比赛搭档。结果不出所料,思月与莉莉以遥遥领先的分数得到了抽奖的机会,在一片羡慕的眼光和称赞声中得到了奖品。思月拿着福袋笑得格外开心,看来清晨的伤痛已经消散了不少。

下午放学后,几经周折我才从别人口中知道,原来有人搞恶作剧,将腐烂变质的牛奶倒进了思月的锁柜。我的愤怒陡然而生,即使是小孩子之间的恶作剧也该有个限度,这样捉弄别人难道不算校园霸凌吗?我冲到前台,尽量心平气和地向负责人说明了早上的事情有多么严重,对思月的打击有多么大。

"可怜的孩子。"前台的南希小姐露出了同情的神色。

"那知道是谁干的吗?会留校处罚吗?"我问。

"应该是一些调皮的坏男孩。很遗憾走廊监控没有录到。"

我意识到自己的身份不适合再追问下去,毕竟学校十分保护学生隐私。我除了为思月感到心痛,也没有其他办法。

融合

牛奶风波似乎对思月造成了不小的打击,之后很长一段时间,我们的中文课都不敢提"牛奶"两个字,生怕又刺激到他。一次,一个调皮的男生在要说出"牛奶"的前一秒,愣是把话咽了回去,因此还被自己的口水呛到,咳嗽了半天。不过这确实让我感到了些许欣慰,终于不再只有我一个人接纳他、保护他了。

我的班上人数不多,相处久了大家也越来越合得来,逐渐懂得如何互相照顾。以前玩最爱的拍苍蝇游戏时,其他男生总是争着抢着上台,现在却会主动说"让思月先去吧";上台展示时,也总是主动留出一个位置给思月;带点心和大家分享时也先走到思月面前,让他先挑口味。逐渐地,思月看到了大家的友善,也恢复了以前的活力,甚至比以前更加开朗。

后来,复习课上,我用中文随机提问,学生用中文回答。我问思月:"你喜欢什么?"在我想来,对可爱的事物无法抗拒的他,肯定会说出喜欢小猫或者小狗之类的句子。

"我喜欢牛奶。"思月笑着,看着错愕的我,接着说,"何老师,莉莉也喜欢牛奶。"

看来曾经的牛奶风波在他心里已经过去了。

学期快结束时,同学们都互赠中文贺卡作为离别礼物,思月在给每一个同学的贺卡上都画满了心形图案和五彩缤纷的花朵。其他同学除了贺卡之外,也送了一些零食给思月,还很细心地避开了会引起思月过敏的坚果。所有人都开心地到处合影,好几次全班照都把思月放在中间,让他尽情地摆动作。我最后送了思月一把红牡丹团扇作为离别礼物,并告诉他什么是"国色天香",经过这一年的相处,我深知他很敏感。不过思月也很善解人意,主动接过团扇,高兴地说:"那一定是我吧,国色天香。何老师,谢谢你!"

第五章 多样学生

后 记

在这一年的教学中，思月的所有事情都让我印象深刻。我的学生只有十人，其中两位是同性恋者，在我看来这是一个相当高的比例了。来美国之前，我以为在美国同性恋者普通如常人，大家不会过多关注或者排斥他们。可是当思月的牛奶事件发生后，我开始重新审视这个问题，或许我们对美国的开放包容程度有所夸大，或许对同性恋的接纳程度因人而异，也或许因为我待在一所天主教学校而一叶障目了。

天主教学校与其他的公立、私立学校有所不同，它与教会息息相关，每月有固定的弥撒仪式。最重要的是天主教学校规矩多，比较保守。全校学生每天都要穿校服，男生西装革履，女生的裙子长度也有严格规定。学校虽然保守，但不会干涉学生自由，因此作为一位汉语教师，在尊重学校宗教信仰的同时，面对情况特殊的学生一定要给予尊重，以及更多的鼓励、耐心和保护，但是也不要关注太过明显。他们都是普通孩子，只是有勇气面对自己的内心而做出不同的决定，他们当然有权利健康快乐地成长。

"男"闺蜜
——对外汉语教学中的同性恋话题

王静，美国威斯康星大学麦迪逊分校东亚语言文学系博士，写作本文时任教于美国普林斯顿大学东亚系中文项目，著有 *First Step: An Elementary Reader for Modern Chinese*; *Song Dynasty Tales: A guided Reader*。

    大约十年前，我初到普林斯顿大学工作的时候，分配到一个四人间的办公室。隔壁房间是"LGBT Center"，门庭冷落，隔着玻璃窗能看到桌子上常备的各式饮料、点心。初时我以为这不过是个普通的学生活动中心，后来才搞明白LGBT是四个英文单词的缩写，分别代表：lesbian（女同性恋）、gay（男同性恋）、bisexual（双性）和transgender（跨性别）。后来中文老师的办公空间越来越紧张，一间办公室从四个人到六个人，暑期班的联络处也挤进来，每人只剩下个格子间，隔壁倒是似乎越来越兴旺。去年我们接到通知，学校将扩建LGBT中心，我们的办公室也要划拨给他们使用。这算是我在美国与同性恋文化的第一次亲密接触。

    在普林斯顿大学选学中文的学生不少，但公开恋情的同性恋学生并不多。新学年刚开学的一天，我下了课走进办公室，听见老师们正在议论一个名叫小强的学生。正像学生议论老师，老师们私下也会交流学生的情况。有人的地方就有江湖。

    "上411的那个大一新生小强，你们见过吗？"

    我暗自皱眉，他的父母怎么给起了这么个名字？难道不知道"小强"在中文里的特殊含义吗？不过一想我们曾经还有叫白居易的学生，"小强"这个名字也没那么难接受了。411是我们语言项目里最高级的中文课，学生中文水平一般都很高。

    "他中文说得很好。"

第五章 多样学生

"他街舞也跳得很专业。"

"听说他好像是'断背'。"

"断背"是我们的暗语,从华裔导演李安的电影《断背山》而来,用来指同性恋。那是我第一次听到关于小强的事情,后来也时常听到老师们感叹他的中文水平之高,我却一直是只闻其名未见其人。直到有一年我开了中国现当代文学与电影课,在选课学生名单上赫然看到了他的名字,那时他已是大三的学生了。

开课的前一天,我正在办公室备课,突然听到轻轻的敲门声。"请进!"应声进来的是一个高大的白人男生,金棕色的平头短发,匀称的身材,一看就是经常健身的。身上的T恤颜色鲜艳,在沉闷的办公空间里显得尤其醒目。他看着我,文质彬彬的脸上露出热情洋溢的笑容:"王老师,您好!我是小强。"

小强?在我对小强拼凑而成的印象里,他应该是个华裔学生,此时冷不丁看到个白人面孔,竟禁不住一愣。"啊,小强,快请进,请坐!你这学期选了我的中国现当代文学与电影课啊。"

"是,王老师,我很期待这门课。"

"你喜欢中国电影吗?"

"很喜欢。我就是通过听广播、听音乐、看电影学中文的。"

"你的高中有中文课吗?"

"没有。可是我上过中文学校。我小时候最好的朋友是中国人,我很喜欢学语言,所以就跟他一起上了中文学校。"

我听到这话不禁莞尔,想象一个白人孩子跟一群华裔孩子一起学《龟兔赛跑》《画蛇添足》的画面,就觉得很有喜感。"你喜欢中文学校吗?"

"我的中国朋友都不喜欢,他们的父母强迫他们每个星期去上课。我上了几年,后来觉得没有意思,就在家自学了。"

"你最喜欢的中国歌手是谁?"

"周杰伦!"他毫不犹豫地回答。

"可是我有时候都听不清楚周杰伦在唱什么,"我直接说出自己的喜好,"我不是周杰伦的粉丝。"

他笑了:"虽然有时候听不懂,可是我很喜欢他的音乐。"

初次接触让我不得不承认同事们对小强的高度评价并不过分,他的中文说得的确很好，发音标准，语流自然，谈话间还夹杂着中国人常用的"嗯""啊"之类的语气词，若是不看脸，定然将他误认为是华裔。

那个学期的电影课，小强是仅有的一个"外国"学生，可是他的成绩在一众华裔学生中并不逊色。他上课的时候很少提及自己的家庭和个人的私事，只是有一次在单独进行语言练习时，他看起来有些黯然神伤，在我询问之下，他告诉我是跟男朋友分手了。那算是他第一次公开谈论自己的性取向和感情生活。那次谈话以后，我们的关系亲近了许多，谈话的气氛也越来越融洽。

期中过后，有一个单元的主题是同性恋，使用的材料是李安的电影《喜宴》，讨论中国传统家庭对同性恋的态度和造成这种态度的原因。讨论的过程中不可避免地要对比同性恋人群在中美社会中不同的生存状态。我惊讶地发现小强以公开坦诚的态度积极参与了讨论。这个单元结束的时候，他采访了一个香港朋友，了解香港人对同性恋的态度，他在报告中说：

"香港人根本不了解同性恋的情况，觉得用'基'这个词并不带有贬义，可是实际上这个词带有深刻的歧视同性恋者的意味……我的朋友之所以接受同性恋者，在一定的程度上是因为我和她的叔叔都是这样的人。她的叔叔先有一个感情稳定的太太，后来在44岁时向大家坦白了自己的性取向，又跟他的妻子离了婚，现在他跟男朋友在一起过得很幸福。我感到很幸运，美国虽然还得继续努力来保障同性恋者的权益，但是我至少能过上一种真正的生活。无论我的性取向是什么，我的家人、朋友和老师都会支持我。"

大家都为小强感到高兴，他跟同学们的关系也越来越亲密。学期快结束的时候，他成了班上几乎所有女生的"男"闺蜜。

然而，就在学期结束前的两个星期，一向守时认真的小强突然偏离了他的正常轨道，经常迟到，上课时也很难集中注意力，有一次竟旷课了。因此，我课后叫他去办公室询问情况。

"小强，你最近的表现让老师很担心。"

小强低着头，说了声"对不起"。

"出了什么事吗？有什么老师可以帮你的吗？"

他抬头看了我一眼，犹豫了一下说："我爸爸又晕倒了，被送进了医院。"

"你需要回家看看吗？中文课你不必担心，等你回来我可以给你补课。"

"不，不，"小强急切地说，"我不用回家。您放心，我以后不会迟到

第五章 多样学生

了。"

"你爸爸的病严重吗?"

"我刚上大学的时候他检查出来得了一种很罕见的病,会在不知不觉的情况下晕倒。"小强说到这里停下来,欲言又止。沉默了一阵,终于开口说:"我父母在我上高中的时候离婚了。那时候我告诉他们我喜欢男孩,我爸爸一直不能接受,我们已经很长时间没说过话了。"

我此时才明白原来小强报告里说的"家人"并不包括他的爸爸。

那个学期顺利结束,小强履行了他的诺言,以优异的成绩完成了我的中国现代文学与电影课。

寒假之后的一天,小强兴冲冲地来到我的办公室,寒暄几句后,迫不及待地告诉我,他跟爸爸的关系缓和了。他开始理解曾经是专业高尔夫球选手的爸爸失去运动能力的痛苦和无助,他的爸爸也试着接受儿子的情况。小强对我说:"我告诉爸爸,同性恋不是一种选择,而是生来如此,虽然每个同性恋者意识到这一点的时间不同。"

再后来,小强把专业从语言学换成了亚洲研究。三年级的暑假,他申请到了普林斯顿大学的研究经费,支持他去上海做一个关于中国街舞发展的研究项目。从上海回来,他神采飞扬地来找我聊天,告诉我他在上海的经历。他采访当地的舞蹈家,跟他们一起跳舞,跟弄堂里的阿姨学上海话,在同性恋酒吧结识新朋友。

后来小强毕业了,我们便少有联系。听说他后来改了一个严肃而富有诗意的名字,因为他的中国朋友常常拿"小强"这个名字开玩笑。可是我还是更喜欢"小强"——怎么也打不死,生命力超级顽强的小强。

 后记

在美国,种族、宗教信仰、性别认同、性取向等话题是社会敏感话题,一不小心就可能引来莫名的批评和非议。处在与学生交流最前沿的汉语老师在面临这些话题时,要注意谨言慎行。

最近几年,美国社会在承认和保障同性恋的权利方面发展迅速。2015年6月26日,美国最高法院宣布同性婚姻在美国合法化,全美50个州的同性伴侣都将平等享有法定婚姻权。在中国,有越来越多的人

开始关注这一特殊群体,但在传统的社会价值观和传宗接代观念的压力下,很多同性恋都不敢承认自己的性取向。

我们老师中的绝大多数都是接受中国的教育长大的,当面对同性恋学生时,即使最初对他们不理解,也可以怀着一颗包容的心,在交流中增进了解。如果被问到关于中国的情况,也要坦诚相待,据实以告。虚妄与粉饰永远都换不来真心的尊重。

第五章 多样学生

Tā爱汉语

张榴琳，夏威夷大学马诺阿分校中文博士，现任杜鲁门大学中文助理教授。先后任教于武汉大学、匹兹堡大学孔子学院、夏威夷大学马诺阿分校及杜鲁门大学，所教课程涉及不同级别汉语言及中国文化教学。

> 张老师：
> 　　您好，我叫Carmen。这个学期我打算上您的中文课。我很兴奋，我非常喜欢学习中文。我要告诉您一件事，虽然我的正式名字是Garrett ××，我想让人叫我Carmen。谢谢您，我特别感激。我很开心跟您学习，让我的中文好起来，我们一个星期后见吧。
>
> Carmen

　　开学前一星期，我就收到了这样一封邮件，不禁喜出望外，迅速回复他"非常期待见到你，一个星期后见"，然而我却忽略了邮件里最主要的信息。

　　课堂上，真的见到了这个同学，果然对学汉语特别有积极性。Carmen大概一米七五的个子，极瘦，五官清秀，留着半长的头发，涂着指甲油。有时会戴发卡，穿有流苏的衬衫，大多数时间打扮中性。仅仅从外表来鉴别Carmen的性别的话，好像不同的人有不同的看法。在课堂上，性别这件事好像也不如想象的重要，直到有一次……

　　在教"把"字句的时候，我让每一个同学轮流做动作，后面同学抢答，用"把"字句描述这个同学做了什么（比如"艾琳把书放在了桌子上"）。感觉抢答的气氛不是很热烈，我随即想到了一个屡试不爽的方法：分组比赛，看哪一组能正确地说出更多的句子。由于是即兴发挥，事先并没有想好要如何分组，便脱口而出男生一组女生一组。

第一轮，Carmen第一个举手，这个活动对Tā来说没什么难度，然而当Tā说"吉丹妮把……"，突然望着黑板停住了，黑板上面是我写的B和G，分别代表男生组和女生组，Tā似乎是在顾虑自己的性别可能会对班级产生困扰。空气凝固了，好在另一个同学挺身而出接上了这个句子："吉丹妮把手机放在了地上。"接下来，我始终在纠结要不要换一种分组方式，然而这个活动就在尴尬中进行着，直到最后一组完成。

Carmen自始至终也没有再抢答过。

真是学了一课，以后再也不会这样分组了。

然而根本问题显然还是没有解决，Tā究竟是男生还是女生呢？

Carmen还修了我的另一门服务学习课（Service Learning Course），课程的内容是每个学生通过Skype教远在台湾的小学生英文，为了帮助学生积累教学经验，提升教学水平，我会把每一周台湾学校发来的反馈转发给学生。Carmen任课学校的负责老师非常贴心地用英文写了反馈，免去了我翻译的工作，于是不假思索地就把反馈直接复制、粘贴发给了Carmen。可是邮件刚发出去就发现反馈里都是用she。邮件没有撤回的功能，我一下子变得很不安。Tā是我们汉语课上学得最好的学生，真的不想因为这件事让Tā难过。最终我扛不住自己的不安，又实在不好意思当面问，只好问汉语课上感觉和Carmen比较熟的另一个同学Lauren。结果得到了下面的回复：

> I am not exactly sure. I assumed Carmen is a girl because that is a feminine name. We were actually classmates in high school and he originally had a guy's name, but once college started Carmen decided to change his name. I just go with "she" because I am not sure either now.
>
> （我也不确定。我默认Carmen是一个女孩，因为那是一个女性的名字。我们其实是高中同学，高中时候他用另一个男性的名字。可是大学开始以后，他就决定了改名。我一般就用she，因为我现在也不确定。）

忽然想起了Carmen给我发的第一封邮件，当时怎么也不会想到Tā的一个问候竟然藏着性别的秘密。事实上，当时的我，甚至没有留意邮件的第二句话。虽然为时已晚，但我还是查了英语人名字典，Garrett是个典型的男名，本

第五章 多样学生

义是"尖利的矛",引申义是"守卫者";而Carmen是一个源自西班牙语的女名,本义是"花园",因法国作曲家乔治·比才创作的著名歌剧《卡门》(*Carmen*)而广为人知。剧中的女主人公Carmen是一个风情万种、敢爱敢恨的西班牙吉卜赛女郎。这样看来,Tā生下来是一个叫Garrett的男孩子,可是现在在Tā心里,自己却是一个女儿心肠的Carmen。

Lauren的态度也让我小小吃了一惊,对于自己的高中同学性别认同的转变,她那么自然而淡定地接受了,指称也从过去的he变成了现在的she。

现在的社会是开放包容的,不会因为你生来习惯用左手就觉得你奇怪,不会因为你生来不吃香菇就觉得你不好相处,不会因为你生来是XY染色体就默认你是男性……最重要的是你自己怎么认为的。

如果你坚持,别人自然会尊重你。

弄清了Carmen性别问题的来龙去脉之后,再观察班上其他学生的态度,才发现,这对于大多数美国学生来说,从来就不是个问题:我的服务学习课有个学生互评环节,每个同学都要观摩别的同学制作的教学视频,相互学习、相互点评,所有同学都不约而同地用she来指称Carmen。一次语言课上,我让学生互相表扬,被表扬者练习用"哪里哪里"来回应,有一个同学对Carmen说"你真漂亮",没有人对这个说法表现出哪怕一点点的惊奇。

我在课上鼓励学生看中国影视剧,有一次推荐了探讨女性人生选择的电视剧《荼蘼》(*Life Plan A and B*),剧中男主角苦追女主角一个月,终于获得了她的芳心。才推荐了一个星期,就收到了Carmen发来的剧评:

> The biggest cultural difference that I noticed in this show was in how persistent and sneaky You Yan was in trying to make Ru Wei his girlfriend, like how he left that wallet by her and chased her in the taxi. If a boy did that to a girl in America, she would not see it as cute or endearing and might even call the police.
>
> (我注意到的最明显的文化差异是,有彦追求如薇的时候有多么"粘",比如他故意把自己的钱包扔在她脚边,她坐出租车的时候在后面追她。在美国如果一个男生这样追女生,女生不会觉得这样很可爱,反而可能会找警察。)

真是出乎意料的、让人忍俊不禁的评论。在那一周的中文角，我特意跟Tā提起了这个，Tā一脸困惑地问我："在中国，男生真的会那样吗？"

我说："会啊。"

"还见过比这更夸张的呢！"在座的中国女生纷纷附和。

"那你们会喜欢这样吗？"Tā接着问。

"会……要看情况吧，看那个男生帅不帅了。"我真是耿直。

"是啊，帅的话没有问题。"Tā也很耿直呢。

一桌子人笑成一团。那一刻，我看见了一颗热爱中国的"少女心"。

后 记

Tā是男是女，完全没有影响Tā喜爱汉语、投入地学习汉语。有问题的，只是一开始那个特别敏感的我，纠结于英语第三人称单数的性别。跨性别者（transgender）的心理性别（gender）认同，与其出生时的生理性别（sex）常常会出现反差，甚至完全不同。在西方社会，公众对于"跨性别者"这个概念的接受，也经历了一个漫长的过程，直到今天还存在对立的态度。生活中，确实有一些跨性别者比较乐于谈论自己跨性别的经历，然而还有大量的跨性别者，如同本文中的Carmen一样，不会主动谈论自己的性别，并且介意自己的性别问题给别人带来困扰。在开课前，Carmen主动给老师发邮件解释自己的名字，实际上隐晦地向老师传达了自己跨性别的身份，这里就需要老师对英语人名的性别倾向有一定的敏感度。因为美国高校对跨性别者的态度是高度包容的，会以他们的心理认同来对待他们，所以在课堂教学中，如果遇到不喜欢主动谈论自己性别的跨性别者，教学设计就需要尽可能避免涉及学生的性别。遇到中国性别文化的讲解时，则可以特别强调课上所介绍的内容只是中国的通常情况。总而言之，一种理解的精神和一个开放包容的态度，也许是中文教师能给跨性别学生的最大的支持和帮助。

第五章 多样学生

老师，能不能给我低一点儿的分数
——华裔被领养学生教学探索

祁朋乐，北京师范大学汉语国际教育专业研究生，写作本文时任教于美国休斯敦MIMS中文沉浸学校，负责学校六、七年级的中文课和文化课。

开学前的家长见面会上，我第一次见到了自己的六年级学生。在这些学生之中，一个黑头发黄皮肤的学生吸引了我的注意，不只因为彼此相似的亚洲面孔，更因为他和父母交谈时那一口流利的中文。当时我心里窃喜：班上竟然有中文水平这么高的学生，他一定能成为中文课上的得力小助手。但这份窃喜很快被疑惑代替了，因为我发现站在他身边的爸爸妈妈竟都是标准的美国面孔。非亲生？领养？或是其他更复杂的缘由？出于对个人隐私的保护，我将这些疑问悄悄埋在心里。

令人费解的"后进生"

拿到学生名册后，这个学生的名字"党小小"更增添了我的疑惑。学生处的负责老师告诉我，党小小的妈妈每年都会领养一个孤儿，而小小正是今年刚刚被领养来美国的孤儿。听到这话，我既为小小心疼，又为他感到庆幸。心疼他坎坷的身世，同时又庆幸他能来到这所学校：在我们这所中文沉浸式学校，课程对小小这样的华裔学生来说应该不在话下。

然而开学后，小小的中文成绩却总是差强人意。作为一名汉语母语者，试卷上的那些错误本不该发生在他身上，但那一份份标红的试卷告诉我，事情或许没有我想的那么简单。更重要的是，每次在我帮助他分析考卷、询问原因时，他总是淡淡地回应一句"我不会"——我知道那不是真正的原因。就像一个包裹着诸多秘密的茧，小小也将他的秘密封闭了起来。

为了让他发挥出真实的汉语水平，我又做了一次努力。我试着推荐他参加学校的成语比赛，但却被他婉拒了。听着小小跟我交谈时流利的汉语和标准的发音，我知道，小小一定在故意隐瞒自己的真实水平。

可这究竟是为什么呢？在这背后隐藏着什么秘密呢？我决心要走近他，发现他，帮助他。

艰难的融合之路

起初，我总是不经意地找些轻松的话题和他聊上几句，比如午餐过后带队回教室的路上问一句："午餐吃了什么？觉得怎么样？"体育课后跟满头大汗的他说："今天是足球还是篮球？"把他送上校车时："再见啦，周末愉快。"发作业时："你觉得昨天的作业多不多？难不难？"每次交谈都看似随意又短暂，但我希望能够在这一问一答之中慢慢拉近师生之间的距离。

除此之外，我还借助"长得一样"的亚洲面孔和都是第一次来美国的情感共鸣，鼓励他遇到不明白的事情就来问我，比如跨文化交际的困惑和迷茫，我希望以此来慢慢打开他的心扉。终于，在一次分析试卷时，他将隐藏中文实力的缘由缓缓吐露出来："老师，要是他们听到我汉语说得这么好，就会问我很多问题，问我什么时候来的美国，问我的爸爸妈妈，我不想被大家知道我是刚刚才被人领养过来的，我觉得他们会看不起我。而且我也不想和别的同学差那么多，我想和大家一样。"

听了他的话，我意识到被领养儿童本就缺乏归属感和安全感，再加上他小小年纪就跨越种族、跨越文化，因此他所面临的身份认同的困难比我想象中要严重。也许他并不懂得那些跨文化交际理论，不懂得蜜月期、挫折期、调整适应期，但作为一位汉语教师，我希望能用自己的行动，在一年任期结束之前让他摆脱身份认同的困扰，融入集体，开心地享受新生活。

引导他将心底的秘密吐露出来算是帮助他的第一步，接下来我要让小小意识到学习中文的价值和正确性。我开始慢慢鼓励他回答一些简单的中国社会见闻类的问题，虽然有时候还是会被一句"我不知道"拒绝，但随着时间推移和提问次数增加，他回应我的次数也有所增加。后来是一些比较有难度的问题，当全班没有人回答的时候，我会多问一句："小小，这个问题你知道吗？"就这样，漫长的提问回答拉锯战持续了几个月。也许是由于回答问题带来的成就感，或是被别人请教的自豪感，小小渐渐体会到了中文流利带给他更多的是学业上的进步和同学们的欣赏，而不是孤立和歧视。

胜利的曙光

终于迎来了一次校级演讲比赛，我很想让小小报名参加，不仅是为了班级的荣誉，还为了检验这么长时间对于小小的帮助有没有效果。只要他能克服心理障碍拿出自己真正的水平，得奖对于他来说就如同探囊取物。于是我开始从各个方面"诱惑"小小参赛：

"小小，这个比赛不仅有证书和奖杯，还有非常丰富的奖品，你看这是去年的颁奖照片，这是去年的奖品。"

"小小，美国这边不只是注重成绩，社会实践也很重要，如果能获奖对你申请高中很有帮助。你想不想试试？"

"班里的同学都很认可你的中文水平，你想不想让更多人听到你流利的中文呢？"

"如果你能获奖，学校会给家长发嘉奖邮件，你爸爸妈妈一定会很开心。"

……

除此之外，我还将这个演讲比赛的消息告诉了党小小的爸爸妈妈，希望他们能站在父母的角度支持和鼓励小小参赛。由于他们也非常关注小小的心理健康状况，而且这段时间小小学业的进步和性格的改善他们都看在眼里，所以他们都非常支持我的工作。

终于，在老师和家长的多方动员下，小小终于同意站上演讲比赛的擂台。从故意考低分到认真对待考试，从抵触回答问题到同意参加比赛，这仿佛意味着我立下的帮助小小的目标已经达成。当我沉浸于这个阶段性成功而喜悦满足的时候，没想到更大的惊喜还在等着我。

新的国，新的家

演讲比赛的准备工作一步步进行着，当小小把准备好的演讲稿《新的国，新的家》放在我面前的时候，我简直不敢相信自己的眼睛，我反复确认"你真的要讲这个吗？你确定吗？"在此之前我曾建议小小选择与哈维飓风相关的主题来进行演讲，因为对于刚刚遭遇飓风的休斯敦来说，这个话题很容易引起共鸣。但没想到，小小放弃了这个话题，主动选择将自己的身份和被领养的经历展现在众人面前。

看着他用直白浅显的语句讲述着被领养的经历，字里行间透着简单真挚的感情，我十分惊喜，惊异于他的转变，惊异于他敢于正视身份的勇气，更为他打开心结而欣喜。比赛日期渐渐接近，相信在比赛时，他口中流利的中文带给他的不再是领养身份的标签和身份认同的障碍，而是来自母国文化的自豪和荣耀。

后记

对于像小小一样被领养的华裔学生，最常见的问题就是身份认同障碍，具体表现为拒绝承认母国文化，隐藏远高于同学的母语水平，从语言、行为、外貌等各个方面刻意迎合本土文化等。这本是学生用来保护自己的方式，但当他们发现再努力也做不到和本土学生完全相同，或是在全力融入本土文化时遇到了障碍，便会产生暴躁易怒、厌恶抵触母国文化的情绪。因此刻意迎合本土文化并不是解决身份认同问题、树立自信的正确方式。

反观小小，他的父母选择送他来中文沉浸学校接受开放式教育无疑是非常正确的决定，这使得学生既能学着融入美国文化，又可以保留双语优势、不忘中国文化，在多元文化环境之中找到自己的"同类"、正视华裔移民身份。因此可以说接受开放式的教育、多重文化环境才是克服身份认同障碍的有效方式。

选对学习环境是第一步，对于被领养的学生来说，除了身份认同困难之外，还存在缺乏安全感的问题。作为老师，遇到这样的学生要适当给予关怀，及时和家长沟通，并且愿意为孩子提供自己能力范围之内的学业和心理帮助，那么，学生是不是领养的便不再重要。只要孩子能感受到老师的、父母的爱，身心就会健康发展。

第五章 多样学生

我是谁
——华裔学生的身份认同探索

雷哲超，北京师范大学汉语国际教育专业硕士，写作本文时在美国匹兹堡大学孔子学院工作。

我在美国一所高中当汉语教师，该学校华裔学生占7.5%。我的中文班上就有一些华裔学生，他们都在文化认同和身份认同上艰难地探索着，想知道"我是谁"。

"他说的是方言"
I am sad that I'm losing my language.
失去了我的母语让我很难过。

York是一个非常聪明的孩子，他总是带着探寻的眼神看我，对中文老师有一种自然而然的亲近感，当班上同学轻声说话、开小差的时候，他总是将目光轻轻掠过他们，然后又继续看着我。

York学习很认真，特别想在我的课上好好表现，于是每次小组竞赛都铆足了劲儿想成为第一名，得到我的表扬。小组比赛中他的最强竞争对手是Ted，Ted有着一头金色的卷发，对中国文化十分感兴趣，可他学习却不太努力，有时不做作业，他要赢得比赛可不是因为要得到表扬，而是为了挽救他岌岌可危的分数。

这天是绕口令比赛，比赛要求是谁能在最短时间里把绕口令说得又快又好，就能赢得这场比赛。大家都很努力地练习，说得舌头都快"打架"了，最后York是第一名，比第二名的Ted快1秒。

正当我准备表扬York的时候，Ted突然插话："这个比赛不公平，他没有读对。"

"什么意思？"我问道。

"York说的不是普通话，他说的是方言，所以不算。"Ted争辩道。

York气鼓鼓地看着Ted，York的父母在家都说吴方言，他从小耳濡目染，分不太清平翘舌和前后鼻音。

"普通话是标准的、通行的汉语，但方言也属于汉语，就像纽约有纽约口音，匹兹堡有匹兹堡口音一样。我们要尽量纠正自己的汉语发音，但有一点点方言口音还是可以接受的，只要没有读错字就可以。"

Ted大喊："我下次再也不参加比赛了！"

"Ted，这次的第一名还是York，你作为第二名，我可以给你一颗糖果。"Ted点头表示同意，但是York和Ted从此结下了梁子。

金发的困惑
I am Asian and I can get ANGRY.
我是亚洲人，我也可以表达愤怒。

"Hi，York，你看了BTS（韩国男团）最近发的单曲MV了吗？"后座的Sophie和Abby问。

"我没看，没兴趣。"York淡淡地说。

"注意听讲！"我敲了敲黑板，将他们从闲谈中拉回来。

York最喜欢的明星是Jude Law，他对Jude Law的各种信息了如指掌。在期中演讲时，York说自己很喜欢Jude Law，喜欢他金色的头发和一身的肌肉，并且最近试图打扮得像他。

过了几天，上课铃刚响，York顶着一头金发走进教室，大家就开始起哄，还有人吹起了口哨，在那节课上，班上的学生异常兴奋。

"这个问题谁来回答一下？"我像往常一样提问。

大家突然像有了默契一般谁都不出声。沉默了五六秒之后，Ted做了个鬼脸，不怀好意地说道："The guy who has blond hair can answer that！"

大家都看向York，"Yeah，he can""Good idea""Hahaha"……大家七嘴八舌附和道。

第五章 多样学生

York的脸色突然变得有些难看，他手足无措地站起来，摸了摸头发，又很尴尬地望向我，小声说："Not me, I don't know."他尽量装作不知道的样子，低下头。

"York，BTS的成员Jung Kook有了新女朋友，你知道吗？"Sophie用笔戳了戳York。

"别烦我！"York一把将Sophie的笔打到了地上。

Sophie也生气了："你再也不是我的朋友了。"Sophie拉着Abby赌气地坐到了Ted的身边，Ted对着York挑了挑眉，York回瞪了一眼。

愤怒的拳头

I encourage your stereotyping because then I'll be able to surprise you every time.

我鼓励你给我贴标签，这样我就可以让你每次都被我惊讶到了。

Sophie已经两天没和York说话了，为了缓和他们之间的矛盾，在小组交流中，我把Ted、Sophie、Abby和York安排在了一组。小组交流的主题是：调查你的小伙伴的饮食习惯。活动一开始进行得很顺利。

在小组汇报的时候，Ted说："Sophie的饮食习惯不健康，应该多吃'York'。"大家一开始都没听懂，我用疑惑的眼光看向Ted，Ted哈哈大笑，说："Sophie应该多吃香蕉。"原来今天York穿了一件纯黄色的外套，我马上就想到了这是什么意思。

"Ted，你不应该说这个，你应该向York道歉。"

"他看起来就像个香蕉，难道像香蕉有什么不对吗？"Ted反问。

我内心很挣扎，"Banana"对于华裔是有特殊意思的，我内心正在纠结是否要向学生解释这个概念，不料York竟然握起了拳头，准备向Ted挥过去，在这千钧一发之际，我赶紧冲上去拦下了这愤怒的拳头。

我说："Ted和York到教室门口来一下，其他同学做Quiz Let的词语游戏，五分钟后我回来检查，做得最好的同学加一分。"并让班上平时表现最好的Jake看着大家。

"Ted，这件事是你的不对，下次你在我的课上不能再说这个词语。但是York，你也不能打人，这是你的过错。"我首先指出双方的过错。

217

"我只是说他穿黄色的衣服,像香蕉,这有什么?"Ted还想辩解。

"你明明就在侮辱我,你说我是华裔,是外黄内白的香蕉,你这是种族歧视。"York愤怒地说。

"Ted,我不知道你有没有这一层意思,但是你对别的同学造成了伤害,你需要道歉。"我说。

"不,我不。"Ted依旧觉得自己没错。

"York,万一我没有拦下你,这一拳打到Ted,你知道会有什么严重后果吗?"York看了看我,默不作声。

"你们今天必须向对方道歉,否则我会通知你们的父母。"

"好吧,对不起。"York先给Ted一个台阶下。

"好吧,我也有不对的地方,我不知道我说这些会伤害你。"Ted眼睛看着脚尖,轻声说。

"好的,知错能改就是好学生,我希望你们下次在我的课上不要随便开玩笑,也要控制好自己的情绪,最关键的是要懂得互相尊重,明白了吗?"

"明白了!"他们看了对方一眼,异口同声地回答。

另一个"我"的独白

I'm homesick sometimes, but I'm not sure for where.
我有时会很想家,但又不知道我想的那个家在哪里。

York是一个不善表达的学生,他很少向别人解释自己的一些行为。如果不是他的好朋友Abby后来写给我一封信,我也许永远不会知道他心里究竟在想什么……

Abby是华裔学生,学校舞蹈队的队员,打扮前卫时髦,跳起热舞来十分有活力。Abby最好的朋友是Sophie,她们是舞蹈队的"姐妹花"。

Abby的妹妹在我另一个中文班,有次介绍家庭成员的时候,她说:"我姐姐很美国。"那么这个"很美国"的姐姐平时是怎样的呢?她每天早上都要带两个大大的水杯,一个装冰水,一个装浓咖啡。有一天,我捧着一杯咖啡来到教室,Abby说:"老师,你竟然喝咖啡?"她告诉我她爸妈只喝茶,从来不喝咖啡。她有时会在课上说一些我不知道的俚语,配合一些嘻哈的动作,和同学们说说笑笑,每次我问起来,她就说"没什么没什么",然后和

第五章 多样学生

边上的Sophie相视一笑，做一个嘘的手势，似乎是有什么共同的小秘密。Abby的课堂纪律一直让我很头疼。她讨厌数学课，和大家印象中的学霸式华裔学生完全不一样。

期末的时候，每个同学要做绩效评估（Performance Based Assessments），我提供了很多场景供学生选择，如婚礼、春节、生日派对等，然后让他们拍一个跨文化交际的短剧。不料Sophie和York却因为在剧中谁扮演美国人，谁扮演中国人，谁扮演日本人发生了争执，僵持不下。他们都想拉Abby做搭档，Abby显得很为难，把头埋在臂弯里，肩膀微微耸动。

课后，我收到了Abby的一封来信："从我有记忆的时候开始，我的童年就在不断地搬家中度过，我有时候会怨恨为什么我不出生在一个美国人家庭。在我的整个高中生涯中，我都尽量表现得像地道的美国人，我说俚语，是为了能更融入大家，让自己更受欢迎。我因为妈妈在公共场合说中文而感到尴尬，也因为爸爸尝试用破碎不成句的英语交流而感到羞愧。我感觉自己生活在两个世界，中间隔了一道'长城'。我的家庭生活由广东话、红包和白米饭组成，而我的学校生活由英语作为第二语言的课、圣诞假期和比萨组成。在自我认知系统构建的过程中，我觉得自己被撕裂，我想要完整的自己，所以我强迫自己建了一道别人都看不见的'长城'，把自己围在里面，让自己看起来完整。我表面上喜欢参加各种活动，积极向上，可是我的内心却有厚厚的一堵墙，没人能懂。去年夏天，我被父母强行拖上飞机，去中国参加夏令营，体验中国的生活，我去了武汉，感受到了最真实的中国之后，我内心的中华文化和美国文化才慢慢开始握手言和。"

Abby的信对我触动很深。跟York一样，Abby是美国万千华裔学生的缩影，不过与York不同，她最终还是选择了用语言——而不是拳头——来表达她的探寻、思索与困惑。在信的最后，Abby告诉我她正在攒钱，今年夏天，她想和表姐一起去广东，看看她的"根"。

（注：文中英文引文来自杜克大学一个名叫Multitude的项目，此项目选取了40个亚裔美国人的特写照片，每张特写中都附上了他们的一句心里话。这个项目在当时产生了极其震撼的效果，呼吁人们关注这个少数人的群体。）

后 记

  "我是谁",一直是美国中文教学中华裔学生无法回避的一个问题。我们常常会认为姓名、国籍、种族、身体可以代表自我,因为"我"依附在我外在的种种标签上。但当我们要从中选择一个最能代表"我"的标签时,我们会发现,它既不是我们的姓名、国籍,也不是我们的种族和身体。英国哲学家约翰·洛克曾提出:"人格是由意识的同一性构成的。""我"是一种自我感知,它的核心是我们的价值观、意向、性格和我们特有的爱恨情仇。建立自我认同的关键并不是确定"我"是哪国人,属于什么种族,而是是否能找到心中的理想人格,用这种人格影响周围的人,并成为自己想成为的人,这样的"我",才是真正的"自有者"。

第五章 多样学生

没有颜色的世界
——我教过的抑郁症学生

刘刚，美国卡耐基梅隆大学现代语言系教学副教授，中文项目负责人，《汉语学习与教学研究》执行主编，西宾州中文教师协会董事会成员。美国密西根大学东亚语言文学系博士，加拿大西安大略大学比较文学系硕士，北京语言大学古典文学系硕士。自2010年起在卡耐基梅隆大学现代语言系任教至今，曾开设多门初、中、高级汉语语言课程，以及面向高级汉语学习者的中文文化课程，内容涉及中国传统哲学、古典文学与古典诗歌、鬼故事与鬼文化、中国现代社会热点、中国纪录片等等。研究兴趣包括中国古典诗歌和古典文学、中国笔记小说、对外汉语语言与文化教学理论。著有五册童书系列《洛洛汀神游上古》（新星出版社，2021年）。合编有《传统与现代：海外中文文化教学》《北美故事：美国一线汉语教学案例与反思》《跨文化交际案例：汉语教师海外工作实训教程》《生存攻略案例：汉语教师海外生活实训教程》等书（北京大学出版社）。

"It's so difficult to describe depression to someone who's never been there, because it's not sadness. I know sadness. Sadness is to cry and to feel. But it's that cold absence of feeling — that really hollowed-out feeling."

（很难向一个没有经历过抑郁症的人去描述抑郁症是什么，因为抑郁并不是难过。我知道难过是什么。难过是一种哭泣和感受。但抑郁是一种感受的缺失——一种完全空洞无物的感觉。）

—— J. K. Rowling（J. K. 罗琳）

Tasha是我在大学任教以来，见过的最有语言天赋的美国学生。在选初级汉语课之前,她学过四年日语,本来要把日语当作第二主修,但是选了中文课后,她觉得对中文的兴趣更大,所以决定主修中文。她在我的初级汉语班学习了一年,然后去上海的暑期班进修了八个星期,回来后直接开始选修高年级的汉语课。

当时我开了一门高级汉语的文化故事课,Tasha在我的班上。上课的时候,她从来不主动发言,每次叫到她,她总是要想很久,但是说出来的中文却完全无误。虽然我对她赞许有加,可是她每次说完后脸都会涨得通红,然后一直用中文说:"对不起!我说得不好。"我以为这是她学习日语和日本文化留下来的习惯,再加上她学中文加起来还不到一年半的时间,虽然说得不错,但信心可能不足,所以也并没有特别在意。

因为我的课是故事课,所以每隔一段时间,我会让学生根据自己在课上读过的中国传统文化故事,改编或者创作一个新故事,并把这个故事在课上讲出来。Tasha第一次让我看到她的语言天赋,就是她交上来的这篇小故事。

> I say "sorry" a lot, mostly because I feel like everything is my fault.
> 我常常会说"对不起",因为我觉得好像每件事都是我的错。

愚公给地着色

传说古代盘古开天辟地之初,宇宙完全没有色彩,从风景到动物一切都是暗灰色。不但世界阴沉得让天上的神仙都感到厌烦,更令人沮丧的是有一些神仙常常打架,他们这样吵架总是造成很严重的暴风。其中有一个愚笨的神仙,大家都叫他"愚公",因为他又傻又笨拙,一直让别的神仙很恼火,所以他被玉皇大帝放逐到了太阳上。

有一天,天神又开始打架,天帝也不能让他们平静下来。在太阳上,愚公听到天神打架的声音,担心他们会造成暴风,所以他非常想帮助玉皇大帝。但是愚公很愚笨,什么都不能做好,怎么办呢?他想啊想啊,终于想出一个办法:"大家都说我只是一个傻子。好吧,既然如此,我应该别假装坚强,因为我只有做自己才能成才。"

结果,愚公站在太阳的边缘,一边向天迅速地挥动手臂,一边大叫:"大家!看看我吧!太阳是一团火,热得难以忍受!我脚被烧毁了!哎

第五章 多样学生

哟！真疼啊！"愚公跳来跳去，在痛苦中呻吟。在打架中的天神都停了下来，看看愚公滑稽可笑的样子。那时候，他们都忽然哈哈大笑起来，笑得流出了眼泪。后来，他们眼泪变成了一场大雨。发现自己的影响力后，愚公因为自豪而喜笑颜开。他的微笑让阳光灿烂，照亮了天空。

那天，太阳比以前更明亮，炽热阳光下的雨点都闪耀着灿烂的光彩。忽然一件不可思议的事情发生了。暗灰色的天空中出现从来没见过的现象，是一道彩虹。天神都惊呆了，惊奇得大声说："啊！好美妙的奇观！是愚公的功劳啊！多么优美啊！"大家都很佩服愚公，玉皇大帝也很开心了。随着大家的激动，阳光越来越热，终于彩虹开始融化，像一片五彩缤纷的瀑布。颜色都滴落在地球上，草变成绿色，海洋变成蓝色，花也变成紫色。从此，宇宙完全变成更美丽，而愚公变得有自信了。

不亲眼看到的话，很难想象这是一个学习中文不到两年的学生写出来的文章。开始我还以为写作助教帮她改动了很多，结果跟助教谈过之后，发现助教几乎没对她的文章做出任何修改。除了语言之外，文章中更触动我的，是她编写的故事。在故事里，愚公用自己的笨拙和痛苦，逗笑了争吵不休的天神，让他们笑出了眼泪，眼泪化成大雨，在阳光的照射下产生彩虹，彩虹融化后，变成了五彩缤纷的瀑布，瀑布洒落，为本来灰暗的世界着上了颜色。这是个让人愉悦的故事情节，但当时我在读它的时候，却还不能体会它背后所担负的沉重。

从这学期的第六个星期开始，Tasha开始出现迟到、旷课和作业迟交的情况。当时，我对抑郁症的症状已经有一定了解，所以第一时间想到的就是，她可能抑郁了。我给她写了一封邮件，里面没有提任何迟到、旷课和补交作业的问题，只是说很长时间没在课上见到她了，想找她在课外聊一下。Tasha很快回了一封长信，信里反复抱歉，说她最近压力太大，睡眠不好，耽误了很多功课。第二天她来我办公室，把缺了的作业全部补交上来，然后又是中英文混杂的一通抱歉。当时她的精神状态不错，我以为她已经恢复了，也没有尝试刻意去开导或安慰她，只是告诉她什么事都要往好的地方想。

> Everyone thinks I've gotten better. I haven't. I've just gotten better at hiding it.
> 每个人都觉得我好转了，其实我没有，我只是变得更会掩饰了。

接下来的两周，她一直都按时上课和完成作业，脸上也时不时会露出笑容。正当我乐观地以为情况已经完全好转的时候，她又是一周没有来上课。

　　周五下课后，她突然在没有任何事先通知的情况下，出现在我办公室门口。我请她进门，她先是抱歉地说给我造成了很多麻烦，然后告诉我，她最近一直在吃的一种药被医生换掉了，新的药有很多副作用，常常会让她失眠。说话的时候，她的眼神一直游离不定，浑身都在轻微地颤抖。我一时间有点儿不知所措，只能告诉她对上课和作业都不要太担心，可以慢慢补上来，如果有什么需要我帮忙的尽管说。然后，我开始尝试开导她。我说这世界上困难和痛苦有很多，但最后都会被时间抹平。一件你当年觉得痛苦不堪的事情，在很多年后看来，可能就是那么一回事儿，你甚至会为自己当初被它折磨得死去活来而觉得不值。由此可见，现在无论多难受，只要想一想十年后开心的自己，一切痛苦就都变得无所谓了。这番话，加上我当时故作轻松的语气，逗得Tasha笑了一下，只是那笑容看起来很空洞，一时间让我觉得不知道是我在安慰她，还是她用尽所有的力气，挤出一个笑容来安慰我。

> Faking a smile is so much easier than explaining why you are sad.
> 装出一个微笑，要比费力去解释你为什么难过容易很多。

　　从第十周开始，Tasha再也没有来上过课……

　　中间她给我写过几封长信，每次都是反复抱歉之后，再保证一定会把作业补齐。我回信说让她把所有的作业都放下，只需要最后交给我一篇长一点儿的故事就行。学期快结束的时候，她又来找过我一次。这次说了没多久，她就开始哭起来。她说她很不愿意辜负我对她的期望，很想按时上课，按时完成所有的作业，但是每天她没有做任何事情的兴致。早晨起来时，她唯一的愿望就是想让这一天尽快过去；而到了晚上，她又会为一天的碌碌无为而感到沮丧，这种沮丧感让她彻夜不能成眠，一直到第二天早晨，她迎来新的毫无乐趣的一天。

> The difference between you and me is that when you wake up, your nightmare ends.
> 你和我之间的区别在于，在你醒来的时候，你的噩梦就结束了。

第五章 多样学生

"我想让你为我骄傲,可是我很抱歉让你失望了。" 这是那天离开时,Tasha站在办公室门口对我说的话。

我回答说:"你没有让我失望,永远不会的。" 但说完后,连我自己都不知道这句话会对Tasha起到多少实际的作用。

学期结束时,我给了Tasha一个"Incomplete",然后让她用下个学期的时间,来完成她最后的那篇故事,完成后我打算给她一个"A",算是对她最后的鼓励。在新学期快到期中的时候,Tasha给我写了一封短信说:"刘老师,请您还是给我事先设定的那个成绩吧,我想我可能写不完最后那篇故事了。"

不知为什么,这封短信让我想起她在学期初期交给我的那篇"愚公给地着色"的故事。我想起故事里的最后一句话:"从此,宇宙完全变成更美丽,而愚公变得有自信了。"

也许在一个不是神话的世界里,两者都不是那么容易实现吧……

2016年9月,美国为纪念自杀学生而创立的全国巡回公益活动"Send Silence Packing Exhibit"在我们大学举办。活动的当天,校园的大草坪上铺满了书包,每一个书包都代表着一个逝去的或险些逝去的年轻生命。书包上附有学生的故事和照片,我驻足看了很久,发现许多学生都饱受抑郁症的折磨,而选择离开这个世界。那些因抑郁而自杀的学生往往都很优秀,他们的优秀成就了他们生命的光环,却也榨干了他们活下去的意愿。

有人曾把抑郁症比作一个心理的"洞穴",一旦陷入,便无法攀出。对于一个陷入内心"洞穴"的人,人们自然的反应是伸出手去,拉他们一把。但是这些年跟各种抑郁症学生交流的经历,常常会让我怀疑,一个掉入内心"洞穴"的人,即使你伸出了帮助的手,就一定会够得着也握得住对方的手吗?即使握住了,你又能有足够的力量,把他们从"洞穴"里拉出来吗?

后 记

在美国大学任教之前,我对美国学生有着近乎盲目的乐观印象:好学、开朗、上进、上课喜欢发言、敢于跟老师争论。任教之后,我发现情况并非像我想象的那样。在现在大学任教的六年,几乎每个学

225

期我都会碰到一两个患不同程度抑郁症的学生,从其他老师那里,也常常听说过类似的情况。抑郁症的症状有很多,不过在学生身上最明显的就是,突然出现精神不振、迟到旷课、作业迟交或者邮件不回的情况。越是优秀的学生,越容易被抑郁症困扰,因为为了支撑他们的优秀,他们负担的东西常常会超过他们心理承受的能力。写这篇文章的目的,是想通过我自己的经历和感受,来告诉所有从业的老师,多去关注一下学生的内心世界,有时用眼睛看不到或者看错了的东西,用心却是能看得清楚的。

第五章 多样学生

白天不懂夜的黑
——我的自闭症学生

何舟洲，四川外国语大学对外汉语专业学士，美国内布拉斯加大学林肯分校课程与设计专业硕士。现任贝赛思教育集团亚利桑那州特许学校低年级中文教师，写作本文时负责该校四年级和七年级的中文教学。

2016年8月，我如前两年一样迎来了四年级新生。这是我在特许学校工作的第三年，也是在美国生活的第五年。那时候的我，已经有了一套自己的教学方法，也有了套颇为自得的课堂管理体系。直到海宁第一次在我的课堂上发作，我才被沾沾自喜的自满重重地打了一个耳光。

我在特许学校工作了两年，就以为自己已经身经百战了。毕竟第一年工作的我，就在学校各种不同的工作场合"小试牛刀"——不仅在早自习项目将学生管理得井井有条，还在食堂有条不紊地管理过三百多人的午餐。后来校长安排我在课后项目照管学生，也得到了学校领导和家长的肯定。我的管理方法，还曾被校长在例会上大加赞赏。所以当这个高个子、黑头发、戴着黑框眼镜的小男孩走进我的教室时，我是完全没有预料到我在课堂管理上的第一次"滑铁卢"就这么猝不及防地来了。

海宁最严重的一次崩溃我至今记忆犹新：当时我正在上课，他坐在自己的位置上，突然发出了愤怒的嘶吼，掰断了五根铅笔，然后爬到桌子上旋转了一圈，冲出了教室。当时的我只能用"发蒙"这个词来形容。我的第一反应是，他的精神是不是有什么问题？我的教学是否有什么不妥造成了他的反常举动？我从他的档案里知道他是高功能性自闭症，但是从未处理过这样的情况，只好按了墙角的应急按钮，请前台的秘书到走廊里去寻找他。

在这里，我也要介绍一下四年级上课的情况，每个班都会配一个班主任，班主任平时负责带领学生从一个科目老师的教室到另一个科目老师的教室。在我的课上，班主任的工作主要是帮助我管理课堂。在其他课上，他们还要负责差异性教学、家长沟通、作业检查等工作。

恰好管理这个班的老师是一个新老师，她比我还要茫然和慌张。我们俩面面相觑了几秒钟，小声讨论后决定我继续上课，她出去寻找这位"离课出走"的学生。

剩下的时间，学生们自然是很难再将注意力放在课程内容上了。尽管他们没有大声地议论，我想在课间休息也一定会议论：为什么海宁显得那么暴躁不安，甚至冲出了教室，而老师竟然不惩罚他？他为什么会这样？我们还可以和他做朋友吗？

回到家之后，我打开电脑搜索自闭症。也许我能够搜索到的资料，只是冰山一角，但当我意识到自闭症的孩子是多么孤独和无助时，我决定尽我所能地帮助他重新找回在中文课堂上的自信和成就感。

在美国，当学生出现异常的时候，任课老师通常会和负责特殊教育的老师进行沟通，寻找可行的办法。我和我们学校负责特殊教育的老师进行沟通后，提出了几个预先设计好的课堂管理方案，她告诉了我一些可以选用的管理技巧，并肯定了我想使用行为表格的想法。与此同时，我和班主任通过邮件与家长取得了联系，了解到海宁家中最近发生了重大变故——他的叔叔进了监狱，而海宁与他的叔叔关系非常亲密，这就造成了他压力过大，无法控制情绪，才会产生上述的行为。

第二天上课，我先让其他学生做课堂五分钟练习（Bell Work，我们学校叫Do Now），然后把海宁悄悄叫到教室后面和他一对一地谈了谈。

"你昨天受伤了吗？"我说。

"没有，没有……"海宁玩着手指（这是自闭症孩子的一种调节技巧，可以帮助他集中精力），"老师，我昨天……对不起。"

"没关系，你也不知道你自己会这样。"我安慰着他，"老师知道你很棒，你只是需要更多的帮助来让自己平静下来，所以老师想了个办法。"

我故意停顿了一下，然后拿出了一张行为记录表。"我们一起把这张表格贴在你的沟通日记里好不好？当你表现好时，老师就给你一个贴纸；等你凑齐五个贴纸，就可以获得一个奖励啦！"

海宁的眼睛一下子就亮了，他结结巴巴地说："好，太好了！"

我接着补充说："老师还决定让你选择你想要坐在哪里，你想要和莹莹一

第五章 多样学生

块儿坐还是想自己坐在后面呢?"

海宁看了看教室里正在做作业的同学们,想了想:"我想要自己坐,有时候……有时候我知道他们在笑我。"

我轻轻地搂了搂他的肩膀:"没关系,他们只是需要时间来了解,你能够坐在他们中间学习,已经非常勇敢了,老师一定会支持你的。你觉得你可以吗?"

他安静地点了点头,默默地坐到了自己的新座位上。

此后,每次积极表现我都会及时给他反馈:当他安静地读完白板上的指示,开始做作业时,我会轻轻地走到他身边,在他的行为表格上放一个可爱的贴纸;当他控制不住自己而渐渐提高声音时,我会直视着他的眼睛,轻轻摸一摸右边耳朵,暗示他需要减小音量(这是一个非常有用的策略。老师和学生一起讨论一个暗号,当学生做的时候或者老师做的时候,双方都知道这是"你需要注意了"的信号);当他控制不住自己开始玩手指头,其他同学窃窃私语发出笑声时,我会提醒大家要尊重同伴有不同的个人习惯。

如果实在控制不住自己的情绪,他会自己去书架上拿出我给他准备的压力球,在桌子下面默默地挤压缓解情绪。又或者他感到非常难过,他会摸摸耳垂,我点头同意之后,他自己静静地走到走廊里休息一到两分钟再回来。

在这里要说一下美国老师常用的百宝箱(Treasure Box)了!几乎每位老师都有这样一个百宝箱。尽管不同的老师对于物质奖励持有不同的看法,我个人还是很喜欢搜集有趣又好玩的小玩意儿来奖励学生的。

海宁换取的第一个奖品是一个企鹅望远镜。他拿到之后非常高兴,立马跟小伙伴们一起玩起来,之后还跟我分享他的感受。我偷偷地笑了,在我看来,这样的奖励机制就是双赢:老师得到了好好上课的时间,而海宁不仅得到了上中文课的乐趣,更增多了与小伙伴交流的机会。

在我使用行为记录表的一学年里,海宁脸上的挣扎和纠结渐渐变少了,笑容和自信渐渐变多了。他和我之间也因为这些心照不宣的"小秘密"变得更加亲近。尽管他现在已经五年级了,我也不再是他的中文老师了,他看到我还是会用中文问好。尽管他还是不习惯直接看着我的眼睛说"何老师好",但相比于最开始那个无助彷徨的海宁,现在的他让我很欣慰。

美国的公立学校有不少像海宁这样的学生,怎样能够平衡整个班级和特殊需要的学生,是每一位在美国中小学授课老师要面临的问题。通过海宁的例子，我发现与这类学生讲话要轻柔镇定，言简意赅而又不失亲切。最好的办法是能够与他们拉近距离，从而让他们感到上你的课是一件非常自在舒心的事情，这样才能真正从根本上减少他们发病的次数。创造良好互动的课堂氛围，让每一个学生都能有强烈的参与感，是保证教学顺利开展，保证特殊学生与群体齐头并进的有效方法。

后 记

我在大学学习对外汉语时，发现很多中国人有一种错误认识，认为会说中文就可以教中文。其实不然，当你在说一门语言的时候，你更多是通过自然习得去运用这门语言；而当你成为一位中文老师的时候，所面对的更多的是不同的文化观念、价值观念还有社会观念的碰撞产生的挑战。当老师遇到特殊学生时，一定不要先入为主地认为学生是在故意捣蛋，要充分了解他们行为背后的原因，更要在教学中适时转换自己的角色。我的一位老师告诉我："You have to wear both hats—teacher's and the student's." 我深以为然。只有当我们假想自己是学生的时候，才能更了解学生所遇到的困难和内心的真实想法，因此要时刻提醒自己：当老师，不仅是知识的传递者、文化的传播者，更是孩子心灵的塑造者。

变形记
——我的一个"特殊"学生

李岩，北京师范大学汉语国际教育专业硕士。写作本文时在美国匹兹堡大学孔子学院工作，任教于美国主教麦考特天主高中。

有癫痫症的小男孩

打开我所在学校的学生系统网站，点击一个学生名字旁边的红色医疗警示按钮，弹出来这样一句话："Seizure disorder being controlled by medication."特意去查了seizure disorder，是癫痫症的意思。备注信息上写着一直需要陪护，一旦出现任何身体不舒服的情况需要立即联系学校医务室。

这个学生就是我七年级的"特殊"学生。

开学第一天，走进教室我就注意到了班里陪护的家长，这也让我更加重视学生的健康问题，多了几分谨慎。

接下来我便按照名单，一一确定学生的名字。

"谁是Daniel？"我询问这个旁边标注着医疗警示符号的名字。

"是我。"只见一个带着小眼镜，身形与哈利·波特有几分相似的小男孩举起手来，"但是我不喜欢这个名字，可以叫我Danny。"

"嗯，好的。"我微笑着，马上把"Danny"写在旁边，好像对他多了几分责任感似的，生怕以后叫错了会让他不开心。在上课的时候，我的目光也会时不时停留在这位有癫痫症的小男孩身上，确保他的身体没有问题。

第一节课最后，为了了解学生的学习兴趣，我让学生写一下对这一年中文课有什么期待，对老师有什么要求，想学到什么知识。当我收上来Danny的纸条时，我看到他用并不太工整的字迹写着："This is awesome and the teacher is awesome."可以看出来他对中文课还是有好感的。

怎么办？怎么办？

Danny第一节课表现很不错，而且还有妈妈在身边陪护，状态还可以。可随后的日子里，我慢慢地感受到了他的"失控"。他很容易情绪紧张，会在课上控制不住自己的情绪，持续大声地讲话；他会很积极地询问老师问题，但是却自顾自地跟老师交流个不停，很强势地表达自己的观点；他总忘记写作业，不交作业，考试的分数也在班内倒数，甚至出现过接近零分的情况。记得有一次考试，他指着试卷很焦急地问我："李老师，怎么办？怎么办？我不会做，怎么办？"我只能安慰他："没关系，我们慢慢试一试。"但最后结果仍很糟糕。

不只是学习上有很大问题，在与人相处方面，他看起来也有一些障碍。每次我排座位，和他坐在一起的学生都会面露难色，甚至会在下一节课时自动换位置，不和他挨着坐。感觉他在同学之间是被排挤的，不被喜欢的。在课上，他甚至还与其他同学起过冲突。有一次，一位女同学因为嫌他太吵闹，自己换了座位，Danny就开始闹脾气，不停地抱怨："为什么她能换地方，我就不能，这不公平，我也要换位置。"说完就把自己的学习用具、书包都拿起来，坐到了另外的位子上。我立刻让两位学生都回到原座位，这时候，先换位置的女孩明显是被Danny影响到了情绪，在座位上委屈地哭了。我赶快给大家布置了作业，随后去安抚她。考虑到Danny的特殊情况，我也只能做到这里。

Danny在课堂上的表现也被其他老师注意到了。期中的时候，由于他的成绩不太好，在家长的问询下，学校聚齐了学生家长和相关任课老师召开会议。Danny的奶奶来了，会上奶奶很明显地表现出自己的不满意，觉得老师们给予的关心照顾比较少。在老师轮流介绍Danny的课堂表现时都多少有点儿为难，我内心也非常忐忑，在脑海里一遍遍地过着一会儿要讲的内容。当听到同事说"下面请中文老师介绍一下"时，我还没开始讲话，就听到Danny的奶奶说："他非常喜欢中文课，中文课上所有的材料他都专门整理在一个文件夹里。"在听到奶奶的话之后，我真的很震惊，因为我从他的课堂表现来看，并不认为他喜欢中文课，本来以为他对中文不上心，是课堂的"问题制造者"。可听Danny的奶奶这么一说，我对Danny的态度竟有了很大改观。

我教你中文，你教我英文

家长会后，我不再只是指出他在纪律上的问题，而是耐心给予更多的鼓励和引导。我对他说："我是你的中文老师，你是我的英文老师，我教你中文，你可以教我英文。"他欣然接受，并且真的会纠正我的发音，也会在课上鼓励我。

有一次，在我说"感恩节"这个单词的时候，Danny纠正了我的发音："Thanksgiving，跟我再读一遍，Thanksgiving。"

"Sanksgiving。"

"不对，是th，不是s。"

"Thanksgiving。"

"非常好。"说着他竖起了大拇指。

记得我在课上因为一个英文句子没有表达清楚，说自己的英文还需要努力的时候，他说："李老师，我觉得你的英文和最开始比，真的有特别大的进步，你非常棒了。"

课后，Danny也找过我："李老师，你知道李小龙吗？你会功夫吗？咱们多讲讲功夫吧。"

不再失控的小助手

慢慢地我发现，Danny不再是曾经那个容易失控的"麻烦制造者"了，他甚至会主动帮助我管理课堂。

有一次班里有点儿吵闹，我管了几次，大家还继续说笑，Danny看到我很无奈，突然大声说："你们都安静，能不能尊重这位给我们上课的中文老师，她每次都那么认真给我们讲课，大家能不能听她的话！"

说完，他明显感觉到有点儿无法控制自己的情绪，赶快走到了陪护人员身边。那一刻，我其实很怕他因为情绪不好而影响身体。但是他的举动，他想帮我维持纪律、想让大家尊重我的行为，真的让我觉得特别感动。Danny已经俨然成了帮我管理课堂的小助手。

我们师生之间的默契仿佛渐渐增加，我对他的关注也日渐增多。一段时间之后，我发现他在中文课上的学习状况好了很多。他会放学后在图书馆写中文作业，并告诉我："老师，我很喜欢写中文作业。"他会听话地在课上先举手再回答问题。在之后的一次小考中，他出乎我意料地拿到了高分，我十分欣喜，在卷面上写下了"非常好"，并且在发放考卷时又当面跟他说："Danny，good job！"

Danny做了很多很暖心的事情，他不再是原来那个容易失控的"问题制造者"，我真切地感受到了他的变化。虽然还有种种问题出现，但总是朝着好的方向发展，更让我感受到了这位"特殊"学生对中文课的"特殊"意义。

后 记

这是我第一次在美国的课堂上接触到需要特殊照顾的学生，这样的学生特别考验老师的耐心。老师需要在课上注意学生的情绪，尽量减少安排容易让学生兴奋的活动。课后多和学生的陪同人员进行沟通交流，多了解学生的情况，以确保他们在身体状况良好的情况下学习。

学生的身上也有着老师的影子，我也希望在自己这一年的教学之后，能给学生留下些什么。路漫漫其修远兮，吾将上下而求索。

第五章 多样学生

一封未发出的邮件

顾嘉玮，研究生毕业于美国印第安纳州立大学，在印第安纳州一所IB国际学校担任高中部中文老师，教授语言以及文学课程。本文所记录的故事正是发生在这所学校里。

2017年，是我踏入汉语教师行业的第三年，跟往年一样，这一年所教的学生们总体来说都是比较听话的，对于脾气较温和的我来说，无疑省去了不少的麻烦。

当我以为这一学年也会如以往一样平静、顺利时，在11月一个阳光明媚的上午，我接到了学校语言部主任的通知，要我临时接手一个六年级的初级语言班。而这个班学生的"捣蛋"状况是全校闻名，让各个任课老师都"闻风丧胆"。

面对这样的挑战，我临时向其他老师寻求意见和帮助，很多老师都建议我一开始就把这帮"顽徒"给镇住，同时要把那几个"大魔王"给分散到不同的角落去。

要镇住他们，就得"凶"，哪怕是装出来的模样；要分散他们，最好的办法莫过于重新调整座位。就这样，在一个冷风过境、阴云密布的早晨，顶着一副冰冷的面孔，拿着提前做好的座位表，我踏进了这个传说中的班级。

虽然已经有了心理准备，可是眼前的景象还是让我倒吸了一口冷气：不大的教室里，谈笑风生的、满屋子乱跑的、上蹿下跳的，没有一点儿上课的模样，俨然像一个自由市场。我吼了几嗓子，让全班都站到走廊外面去排队。走廊外面不远处便是校长室，借着校长的威风，我暂时控制住了这帮"顽徒"。等他们都稍微安静下来后，我便当场宣布了分座位的消息。可刚一宣布完，全班像炸了锅一般提出抗议，几个"大魔王"从队伍中直接跑出来大声质问"why",其中有一个叫安德里的学生,更是小跑着过来,做了个隔空投篮的姿势,引得全班大声鼓掌,之后又很得意地大声对我说:"老师,看我厉不厉害?我可以和朋友坐后面吗?"然后,便在全班的哄笑声中,挑衅般地看着我。

"你这么能捣蛋,还想着和你朋友一起坐后面去,那岂不是要翻了天?"想到这儿,我立刻义正词严地拒绝了他,严令他马上回到队伍中,并用起我们中国学校的一个传统做法——把刚刚捣蛋的几个学生的名字全部记了下来,警告他们会通知家长。

这一招立即奏效,毕竟还是刚入中学的六年级学生,听到要告诉家长,那几个"魔王"顿时生出了一丝害怕,安德里不仅没再耍酷吭声,对于调换的座位竟然也坦然接受,跟着班里其他学生一道,乖乖地走到了自己的新座位。

之后,我发现安德里一直盯着我手上那张记了名字的纸,全程一声不吭直到下课。下课后,他并没有离开教室,而是走到我的跟前,问我:"老师,你可以不发邮件给我妈妈吗?我保证下次一定好好表现。"

看着这个前一秒还调皮捣蛋后一秒又如此恳切的学生,我有点儿半信半疑,不知道他是否想忽悠我。犹豫之后,我决定给他一个机会:"好,我再给你一次机会,不给你妈妈发邮件了,因为我相信你刚才说的。"而听到这句话,他两眼放光,连声感谢之后,如释重负般地离开了教室。

我没食言,没有给安德里的家长发邮件,就等着看他第二天的课堂表现,可是我对此并不抱太大的希望——三年的教学经历告诉我,学生说的和做的是完全两码事。

可没想到,安德里竟兑现了他的承诺,第二天排队进教室时,他不仅没有乱跑捣蛋以及大声谈笑,还对一些没有排好队的同学说"安静"。我当时就愣了一下,朝他看了一眼,发现他正笑眯眯地看着我,好像正等待表扬,我便回了一个微笑。进班后,他一改之前"大爷"般的坐姿,身体坐直,双臂自然放在桌面上,俨然一副乖巧听话的模样。

看到安德里的表现,我当着全班的面大声表扬他,说他今天表现特别好,而且言出必行,是大家的榜样。此言一出,震惊四座,大家都睁大眼睛看向他,一脸难以置信的表情,纷纷对他说:"你听到了吗?老师夸你了。"与此同时,安德里脸上也露出了不太自在的、羞涩的微笑。

课后,安德里专门跑过来问我:"老师,我今天表现好吗?"我竖起了

第五章 多样学生

大拇指，对他说："非常棒，我希望你可以继续保持啊！"安德里听完后，有点儿羞涩地问我："那老师你可以给我妈妈发一封邮件，告诉她我表现很好吗？"这次，我很爽快地答应了。

当晚，我履行承诺，给安德里的母亲发了邮件，表扬了安德里今天的课堂表现，并希望他再接再厉。这位家长很快回复了我，为平时安德里给我带来的麻烦道歉，说平时收到最多的是老师的"告状"邮件，很高兴今天能收到我这封邮件。

邮件中，安德里的母亲还提到她和安德里的父亲已离婚多年，说安德里前几年检查出来有多动症，之前都靠药物控制，吃了药之后他就会呆坐一天，不说话也不笑，这药对大脑损伤很大，考虑到孩子正处于长身体的阶段，便不忍再给他吃药。所以最近一段时间收到的邮件基本都是任课教师的差评。但是，今天安德里因为早上受到了表扬在家高兴了一个晚上，并跟她说："妈妈，我今天不吃药也可以是一个好学生。"

看着安德里母亲的这封邮件，惊讶的同时，我心中不禁涌起一阵愧疚：我把所有的注意力都放在了学生的外在表现上，却从一开始便忽略了这些学生的家庭成长背景，既没有努力去了解他们这些表现背后深层次的原因，更没有试图走进这些孩子们的内心世界。

我不敢想象，如果我不顾安德里的恳求，简单粗暴地发出那封向她母亲告状的邮件，安德里今天的表现又会是什么样子——所有这些，引发了我深深的思考，也帮助我下了改变的决心。

在那之后的中文课堂上，我把板着的脸换成了真诚的微笑，把黑板上的"警告（warning）"换成"奖励（praise）"，努力去寻找每个学生每一个细微的闪光的表现，并及时予以表扬。

就在我的这些改变之下，安德里的表现越来越好，我也不失时机地给予他更多的表扬，并安排他和班里最好的朋友坐在一起，作为奖励，鼓励他们成为全班的榜样，而安德里，和在他影响之下的整个班级，也没有让我失望。

后记

患有多动症的学生在美国的校园里并不罕见，因为不希望被区别对待，他们大多数都会选择上正常的全日制学校。虽然这个病症在一定程度上可以靠药物来控制，但由于是身体和精神上不受控制，患有多动症的孩子很多时候就会成为班里的"问题学生"，在课堂上的行为表现往往让老师抓狂。

面对这些孩子，不要因为一些不好的表现就否定他们或排斥他们，要通过各种方式或者方法，更深入地了解他们——了解他们的成长背景，了解他们的家庭环境，了解他们的心理诉求……当你对孩子们有了更全面的了解后，便可以对症下药，找到课堂管理的诀窍和适合他们的教学方法。这样可以避免一味地批评给孩子们带来反感情绪，还可以通过更好的沟通以及适当的表扬，帮助他们树立自信心——毕竟，"教书"之外，"育人"也是汉语老师的职责所在。

第五章 多样学生

特别的一课

屈哲，华中师范大学英语专业学士，高中英语教师。2017年通过教育部中外语言交流合作中心公派教师项目赴美任教，为美国亚拉巴马州奥本大学蒙哥马利分校孔子学院中文教师，教授中文和中国文化课程。

上课铃声响起，我收拾好教具，怀着喜悦的心情走进教室。

本堂课我所准备的人体部位学习，受到了任教小学各个年级孩子们的欢迎，我以一首简单活泼的《幸福拍手歌》开始，给孩子拓展了"头、手、脚、肩"等新词，并有针对性地设计了游戏。孩子们的快乐和跃跃欲试，是对刚刚赴任的我教学能力的极大肯定。

我相信接下来的四年级也必然如此。

"同学们，下午好！"

"下午好！"

整齐嘹亮的问好声后，上课正式开始了。

"今天我们要先听一首中文歌曲。"说到这里，我微微一顿，看着眼前这帮孩子们。"中文歌曲"这几个字显然具有极大的吸引力，我话音刚落，孩子们就都瞪大了惊喜的眼睛看着我，有几个孩子更是精神振奋，迫不及待。

我继续说："然后我们要学习用中文说一些人体的部位。大家有没有兴趣？"

"有！"班上的孩子们异口同声。

"好，那我们开始吧！"我微笑着打开了视频。

"如果感到快乐，你就拍拍手……"熟悉的旋律响起，有的孩子们看着画面里憨憨的土拨鼠咯咯直笑，有的已经开始在座位上模仿视频里的动作。到最后一句"如果感到快乐，你就拍拍手"时，班上已经响起了一阵拍手声。

"如果感到快乐，你就跺跺脚……"虽然仍然听不懂歌词，但是孩子们大致明白了这首歌的内容，也熟悉了旋律，几个胆大的孩子已经悄悄站了起来，跟着音乐一起开始跺脚。我环视了一圈，大家都很开心，除了角落里一个女生。她没有看屏幕，而是目光呆滞地盯着自己的桌面，紧咬嘴唇。

　　也许她刚好心情欠佳。在之前的中文课堂，包括在国内中学任教时，我也见到过一些情绪化的孩子，有时候他们需要的是一点儿自由空间。给她一点儿时间，应该可以调整过来。如果情况没有好转，待会儿大家活动的时候我可以过去问问究竟是什么原因，看看能否进行开导。

　　"屈老师，我们可以站起来跟着一起跳吗？"一个男生的请求打断了我的思考。我回过神儿，看着几乎已经全部"扭动"起来的班级，笑着回答："当然可以。"

　　这一下小家伙们算是彻底放飞了自我，开始夸张地模仿视频里拍手、跺脚、拍肩的动作。整个班级都站起来了——除了那个角落。那个女生仍然坐在那里，没有改变姿势，在这个热烈的氛围中显得格格不入。我微微皱眉，看了看她的脸、她整洁的校服、她身前的课桌、课桌前贴的名牌Anya，然后是课桌下……

　　出乎我的意料，齐膝的校服裙摆下，是一双没有弹性的、反射着冰冷的光的假肢。

　　我的脑子嗡了一下，隐约记起刚来这所小学时，在走廊里见过她。虽然她行动没有四肢健全的孩子方便，但是见到我之后依然冲我微笑。当时我并没有注意到她是几年级的，备课时也没有想到这首歌会对这样一个孩子带来什么影响。很明显，她已经预见到了我即将从歌曲中选取的学习内容——这恰恰触及了她心中敏感的区域。一个成年人可能都难以接受自己的不足在公众面前被放大，更何况是这么小的孩子？

　　"如果感到幸福，你就拍拍肩……"歌曲进入了第三段，距离结束已经不远了。我的手心开始冒汗，有什么办法能够做到不继续伤害Anya呢？按照原定计划肯定不好，但强行改变学习内容也未必行得通——过于刻意，反而会把大家的注意力引至我不希望的地方。拍手、跺脚、拍肩是歌曲中反复出现的动作，跺脚是"雷区"，我不想"触雷"。那只剩下"拍手"和"拍肩"了，两者之间的联系在哪儿呢？我又该把课堂往哪个方向引导呢？

　　在那一瞬间，我看向正在手舞足蹈的学生们，耳边是他们把肩膀拍得啪啪

第五章 多样学生

响的声音，突然灵机一动。

音乐结束，我示意大家坐下。开始提问："请问大家，视频里的第一个动作是什么？"

马上有学生举手抢答："Clapping hands!"

我表扬了他，说："很好，clapping hands，中文就是'拍手'。大家一起来'拍手'！"

"啪！"教室里响起里整齐的拍手声。"很好！我们再来一次。拍手！""啪！""拍手！""啪！"

随着拍手声不断响起，有些孩子已经乐得笑了出来。的确如此，这个年龄段的孩子对做课堂游戏特别有兴趣。

此时我伸出了手问："同学们，这是什么？"孩子们回答："Hand！""很好。中文，这叫'手'。来，跟我读'手'！"

"手！"随之舞起的还有一双双小手。我不动声色地看了一眼Anya，她依然坐在座位上一句话不说。

"这是'手'，那——什么是'拍'？"

我抛出这个问题以后，小手们开始放了下来，片刻之后，一个孩子蹭一下站了起来，手举得老高。

我示意他回答，他说是"clap"。

"对！英文是clap，或者tap。"我冲他竖起了大拇指，然后让同学们为他的精彩回答鼓掌。还有几个孩子冲我喊："拍手！"这群厉害的小家伙们！

"那大家再想一想，视频中除了拍手，还拍了哪些部位？"我趁热打铁，继续追问。有同学回答："拍qiān。"

"是拍'肩'，"我笑着纠正，同时拍拍自己的肩膀，"那'肩'是？"

"Shoulder！""很好，大家一起来'拍肩'！"我又做起了示范，连续三次之后，小家伙们都已经熟悉了这一指令。我离成功只有一半的距离了。

"同学们，请大家想一想，除了手和肩，我们还可以拍哪里？"我提出这个问题，同时"漫不经心"地拍了一下自己的头。

马上有学生反应过来，举手回答："Tap the head！"

"对的！"我说，"跟我读'拍头'！"孩子们马上跟读。"同学们，'头'是哪里？"孩子们用手指向自己的小脑袋，大声回答："Head！""很好，我们再来做几次。不要太用力哦！"

最后一句话令孩子们捧腹大笑,几轮练习下来,课堂非常活跃。我看到Anya似乎也被同学们感染,开始面带微笑。

我停下了手中的动作,看着学生们。孩子们注意到了我的变化,慢慢地也安静下来。我扫视一眼班上,大声说出"拍手",大伙儿一愣,几个反应快的孩子马上做出了正确的动作。"拍肩",这一下反应过来的孩子更多了。

"拍头",这一次,全班都齐刷刷跟着我的指令拍起了自己的小脑袋。有几个捣蛋鬼用力过猛,疼得龇牙咧嘴还笑个不停。而最令我高兴的,莫过于我注意到后排的Anya也举起了手,保持着拍头的动作。她的脸上也挂着笑。这一丝笑宛如一缕清风,吹走了我之前的担心。无法想象,在刚刚不到十分钟的时间内,我的心情经历了这么大的跌宕起伏。好在接下来,课堂应该会往我想要的方向走了。

气氛又再度热烈起来,我看着学生们,说:"接下来,我们玩一个游戏好不好?"

"老师,我要玩!""老师,我要玩!"小家伙们最喜欢的就是游戏。不管什么规则,什么难度,一定先举手报名再说。

"这个游戏叫'我说你做'。老师会给出中文指令,你必须按要求做出相应的动作。谁想玩?"

"老师,我!""老师,我要玩!""我!我!我!"

"好。老师先挑几位同学上来玩。Mary、Zharria、Edward,还有……"我的目光扫过所有学生,最后迎上一双我期待的眼睛,"Anya!"

两个月后,我在这个小学的工作告一段落。最后一堂课结束后,孩子们跟我挥手道别。令我欣喜也略感意外的是,Anya走下座位,过来给了我一个拥抱。低声腼腆地说:"你是我见过的最好的老师。"如今回想起来她当时的笑脸和称赞,不由地感慨这是对一个老师最棒的回馈。

后记

这节课最后在孩子们的欢笑声中结束,但是我仍然继续思考着:这次小插曲里,我幸运地注意到了Anya的情绪变化,及时采取措施,避免了一次尴尬和间接伤害。但是这是不是万全之策呢?如果班级里有一个身有残疾的学生,教学中难免有尴尬,美国老师会怎么处理呢?

第五章 多样学生

事后我专门找校长和美国同事谈心。听完我的描述，校长肯定并感谢了我的临场反应。针对我提出的美国教师会如何处理类似情况的问题，他说，在一般场合，老师都不应该明显将身患残疾的孩子与其他同学区别对待。认为残疾同学和身边的同学一样并且一视同仁，才是对他们最大的尊重。如果在接下来的课程中又会涉及孩子的残疾部位，可以先跟孩子进行沟通，告知接下来的教学内容，希望其做好心理上的准备。而几个美国同事的处理方法则是，如非情况特殊（比如孩子出现明显的情绪波动或者过激反应），该怎么上就怎么上，因为这是他们人生必须经历的阶段，他们必须认识到自己和同龄人的不同，并且坦然接受这样的不同。

听完了他们的看法，我对美国社会对于残疾人的态度又加深了一层认识。"关怀、理解但不怜悯"可能是一个相对恰当的总结。生活中给残疾人提供关怀的例子并不鲜见，如在停车场里，离出口最近的一般都是蓝色残疾人车位，只有持残疾证的人才可以在那个位置停车，其他人如违规停车将处以高额罚款。一般的公共和商业场所，都要考虑到残障人士的需要。比如餐厅开业，洗手间一定要有一个面积较大、能让轮椅进出、有扶手的隔间；工作中，如果雇主以员工残疾为理由将其解雇，十有八九会被投诉并且遭受处罚。但是，尽管社会理解其难处并且给予许多关怀，很多美国人又极少因为残疾人士身体不便而过多关注，因为在他们看来，过度援助是对对方能力的不信任。所以，充分给予理解却又一视同仁，充分信任却又愿意在适当时候伸出援手，这才是对残疾人最大的尊重！

Tales of teachers
Case Studies and reflections from CFL classroom in North America

北 美 故 事
美国一线汉语教学案例与反思

第六章

教书育人

导读：

"'中文教师'这个职业的关键词不是'中文'，而是'教师'。所谓'教书育人'，在传授技能的过程中，以平常心对待每一个学生，发现其闪光点，帮助他们成长，成为一个更好的人、更快乐的人，这才是真正意义上的教育工作者，而不仅仅是一个语言培训师。"

这是《好学生的定义》一文的后记，而该文作者汪洋老师的这段思考和感悟，也是本章标题"教书育人"的最好注释。

"教书"易，"育人"难，对中文教师更是如此，中文的世界不难打开，学生的内心世界，却很难进入。

谁会想到，五个毫无色彩、简简单单的圆圈，在一个孩子的心中，代表的却是一幅冬季的冰雪世界？（《圆圈代表的含义》）"用表现换书签，用书签换奖品"的激励规则，换来的不是孩子的努力，而是师生之间一场关于"诚实"的角力（《熊猫贴事件》）；教师对漫画人物的无心选定，却伤害到了学生的爱美之心，甚至是自信心和自尊心（《触不到的学生》）；失而复得的钱包，并没有带给作者太多的喜悦，而是对那位"拾金却昧"的学生的再认识和有关美德的深层思考（《丢失的钱包》）。

碰触孩子的心灵很难，走进成人学生的内心和情感世界，又谈何容易？

顶着世界名校学生的光环，背负的却是来自学业、家庭和社会的重重压力（《象牙塔下的愁云》）；一位西装革履、外表光鲜的美国大学生，承受的却是战争带来的生理和心理的双重创伤（《班上的美国大兵》）；两位中文成绩同样出色的学生，老师与他们的谈话却与中文无关，一个是关于快乐的探讨，一个是关于诚信的对话（《学为好人》）——这些都是来自美国高校中文课堂上的真实学生的真实故事，却与中文教学没有太大的关系。

作为一名中文教师，教学之外，我们应该如何引导学生寻找成功和幸福的定义，如何帮助学生做到整体的成长？

或许这就是本章的故事带给我们的终极问题和思考。

第六章 **教书育人**

好学生的定义

汪洋，布朗大学东亚系高级中文讲师，著有Basic Spoken Chinese: Practice Essentials、Intermediate Spoken Chinese: Practice Essentials、《焦点中国：高级汉语综合课程》。

我办公桌旁边的花架上摆着一盆兰花，虽然花朵已经凋谢，只剩下两片胖胖的叶子，但是我每周都会定时给它浇水。花盆上贴着一张小纸条，上面工工整整地写了几个字："汪老师，谢谢您的好心，我十分幸福。"最简单的语言往往最能打动人心。这盆花是以前一个学生送的，每次看到这盆花，都会让我心里暖暖的，觉得自己能有中文教师这样一份职业很幸运。

最好的学生

可能有"王婆卖瓜，自卖自夸"之嫌，我在布朗大学教书十二年，常常跟人说，我们这里有最好的学生。跟其他学校相比，这里的学生可能会显得比较随性、闲散，可他们的随性中带着几分执着，闲散中夹杂着一种严肃，认真起来绝不输给任何其他名校的"学霸"。

记得以前我教过一个从奥地利来的学生，专业是物理，大二开始学中文。开学第一天介绍自己的时候，我问他为什么学中文，他特别高兴地告诉我："I don't know！"没过几个星期，我就发现这个学语言的理科生太聪明了。比如，才学了拼音没多久，他就跑来问我："老师，你说'照片'的时候，'照'好像不是四声！"（两个四声字连读，第一个四声在语流中不会发成全四声。）等到后来学语法，就更了不得了，总是用严谨的逻辑推理问出一堆问题，让我招架不住。他上了两年半的中文课以后，就直接选修了系里全中文教授的文学课。期末，他的教授特地给我发来了一篇这学生写的小论文，谈的是赵树理的《小二黑结婚》能否体现出毛泽东延安文艺座谈会上提倡的文艺方向，写作水平和思想深度绝对不低于他班上的中国本科生。

说句心里话，很长一段时间，这种貌似做事漫不经心，但领悟力、学习能力超强的天才学生就是我心中的"最爱"。每当我教到这样的学生，总会特别用心，衷心希望他们将来在自己的领域里对中美交流起到推动的作用，这对于我这样一个平凡的中文教师来说，是莫大的荣幸。不过，这个天才学生不是今天故事的主人公，主人公也不是像他这样的人，而是文章开头提到的那个送我兰花的学生，他叫吴思恩。

一个不是"最好"的学生

思恩是两年以前我中文一年级班上的学生。我之所以一开始就对他印象深刻，是因为他那一头染得鲜黄的头发。布朗大学特立独行的学生很多，我也教过不少。这样的学生大多很"高冷"，课外不愿跟老师、同学有过多的接触。虽然人不可貌相，但我还是把他归到了这一类。可是几个星期之后，我对他的印象就改变了。思恩上中文课的时候一点儿也不"高冷"，实际上常常处在"挣扎"的状态中，因为他的反应实在是太慢了，不是听不懂老师的问题，就是纠结于新学的语法。操练的时候，我总是先叫别人给他示范，最后再叫他回答一个类似的问题。即使是这样，他也很少能一次完整地说出令人满意的答案。

有一次，系里一位资深教授来听我讲课写年终评鉴。记得那节语法课的重点是带"很"的陈述句：subject+很+adjective。课上我通过精心准备的例子导入语法，帮学生理解"很"在句中弱化的语义，最后用英文帮学生辨析"我忙"和"我很忙"的区别。我当时觉得讲得很成功，学生回答问题也很顺利，正在自我感觉良好的时候，手随便一指叫到了思恩。我问他："布朗的学生忙不忙？"他很紧张，过了一会儿才吞吞吐吐地说："他们忙！"我心里一沉，我们这么半天都在练什么呢？怎么一点儿都没听进去呢？我用手指着黑板上的板书，纠正他说"他们很忙"。他一脸迷惑，想了想说："他们是很忙。"我暗叫糟糕，安慰自己没关系的，老师就是要授业解惑，因此又简单地解释了一下，并叫了另外两个学生回答类似的问题，然后又转向他问："中文老师好不

第六章 教书育人

好？"他愣了几秒终于听懂了问题，高兴地说："中文老师是很好！"这时我已经没有时间再跟他耗下去了，只好强行纠错，进行下一个环节。课后听课的教授还是给予了这堂课很积极的评价，但我心底却留下了那么一点儿遗憾。

这件事过去以后，我对思恩的印象很长一段时间都定格在那里。有经验的老师一定能体会到，时间一长，学生一多，老师心里会不自觉地把学生归类：可爱的，乖巧的，聪明的，耍小聪明的，用功的……对于思恩，我很自然地把他归到"不开窍"的那一类。在课上我还是很用心地教他，但说实话，我没有给他过多的关注，直到期末我和一位共事多年的同事居然因为他发生了一次很大的争执。

这位同事和我一起合教一年级，学生期末成绩自然也由我们一起决定。那天算完总分以后，我们发现思恩的成绩是89.4。这是一个尴尬的成绩。课学生期末总分如果在89.5以上不到90，只要学习态度认真，我们一般会四舍五入算作90分，也就是A（布朗大学成绩只分A、B、C，没有"+""−"细分），而89.4只能算作B。因为0.1分与A失之交臂，的确有点儿可惜，但我觉得B对思恩来说算是一个公平的成绩。可我的同事却不这样认为，坚持给思恩A。她这学期被分到跟思恩做"一对一"（每周在课外时间练习发音、口语的单班课），所以在课下有更多的时间了解他。在她看来，思恩不是课上表现最突出的学生，但却是最努力的学生，一个学期下来进步非常明显。如果只是因为0.1分之差没得A，一定会打击他学习的积极性。那怎么能帮他找到这0.1分呢？

总成绩的核算包含很多方面，如考勤、周考成绩、作业完成情况等等，这些方面都是客观的，有记录可查，唯一带主观评价的就是学生的课堂表现分，占总分的10%。对于吴思恩的平时表现，我给了8分，同事给了9.5分，最后平均分加到总分里一算，正好是89.4。为了让思恩得A，我的同事认为我给的分数过低，希望我能再加一点儿。而我当时不肯加分的理由是用功并不能代表一切，如果客观地看课堂表现，9.5分绝对是给高了。这位同事没想到我反将了她一军，不但不加分反而认为她应该降分。我们前后争了二十多分钟也没有结果。无奈之下，既然说服不了我，同事就干脆把思恩的平时成绩改成了10分，这样他的成绩就变成A了。我当时有点儿火大，觉得同事对于思恩的偏袒太过明显，10分是完美，想一想思恩的实际语言水平，尤其是想到上次别人听我课时他吞吞吐吐的表现，怎么能得10分呢？于是我把其他平时表现得满分的学生一一列举出来，与思恩比较，差距摆在那里。同事被我说得哑口无言，气氛顿时很冷。

其实事情发展到这个程度是我万万没想到的，究竟是我对思恩有成见，还是同事过于偏袒他？也许两者都有。分歧终归还是要解决的，最后作为一年级负责老师，我没有强迫我的同事修改成绩，还是选择尊重她的意见，同时也决定把思恩找来谈一次话，告诉他这个A里面有鼓励的成分。当天晚上我给思恩写了一封简短的信，信中只提到想跟他谈谈他的中文学习，问他什么时候有空儿，没想到第二天一早他就跑来了。

这是我教思恩以来第一次找他谈话。看得出来，他非常紧张，好像知道我叫他来是要谈一件很严重的事。我心里也有一点儿紧张，让他得A不是我的本意，现在不但给了他A的成绩，还要诚实地告诉他这个A来得很勉强，这样的谈话我还是第一次。我开门见山地告诉他，学期开始的时候他在课上显得比较吃力，上课反应有一点儿慢，语法基础也不牢固。他听了点点头表示同意。我接着说："可是老师们看得出来你是一个非常努力的学生。中文有一句话叫'勤能补拙'，思恩你不'拙'，就是还没有摸到门道，因为你很勤奋，很认真，这个学期取得了很大的进步，老师们都看到了，相信你一定能越学越好。"我说到这儿的时候，发现他一动不动，眼睛直直地看着我，全神贯注地听我说每一个字。我顿了顿，继续说："这学期你的总成绩是89.7，不到90分。但是对于态度认真、有潜力的学生，我们会采取四舍五入的原则，所以你这门课的成绩是A，这是你努力的结果，但里面也有我们对你的期望。"这段话说完，思恩的眼圈红了，他深吸了一口气，对我说："汪老师，我很担心自己的成绩。我非常想得A，这对我很重要，但是中文对我来说太难了。我要谢谢你对我的期望，而且总是那么关心我，耐心地回答我的问题。我在布朗这一年压力很大，我选的课都太难了，我觉得我的同学都比我聪明，我对自己没有信心。可是你和曾老师（我的同事）一直帮我，鼓励我，让我觉得自己有进步。你们是我在这里遇到的最好的老师，因为你们，我比以前更喜欢学中文，更想去中国了。"

思恩这番话让我很意外，我本以为他会感谢我，然后说一些"我一定会继续努力"的话，没想到他交心地跟我说了这么多，原来中文课对他这么重要，我平时按部就班的教学都让他如此心存感激。谈话结束的时候，我有一点儿惭愧，思恩那么喜欢学中文，我怎么就一直没发现呢？

第六章 教书育人

最好的学生 vs. 好学生

暑假过后，思恩继续选修中文二年级课程。我开始留意这个学生，每次在系里碰到他都会跟他聊一会儿。他告诉我暑假他在加州一个有很多中国老人的养老院餐厅打工，薪水虽然不多，但是随时都能跟那些老人用中文聊天。他在布朗交了很多中国朋友，有时我在校园里也能看到他们，很欢乐的一群年轻人，思恩那鲜黄色的头发还是那么显眼。还有一次，他来系里交作业，突然出现在我的办公室门口，问我是否看过《琅琊榜》，我当时以为他说的是"狼牙山五壮士"，结果被搞得一头雾水。我渐渐发现这个学生在教室外一点儿也不"高冷"，一点儿也不"纠结"，就是一个可爱、善良的大男孩。虽然现在思恩不是我的学生了，可是我时不时会向他的老师打听打听他的情况。前不久，负责二年级的老师告诉我思恩在他课上表现很积极，绝对是A的学生，我听了特别高兴。

今年暑假，思恩决定去北京留学，请我为他写推荐信。他申请的项目要求学生写一篇小短文介绍自己。思恩在文章中这样写道："我妈妈可以说是世界上最好的妈妈。她十岁的时候，她自己的妈妈死了，所以她成长过程中没有妈妈，因此她给我和姐姐很多爱，她常常跟我和姐姐说：'多看书，多学习，也要多出去玩儿！'我想办法用功学习，让自己快乐。学中文，我得用功，同时，学中文也让我很快乐，这就是我喜欢学中文的原因。"读到这儿，我突然明白思恩为什么那么用功，那么善良，那么感恩，那么喜欢学中文，我发觉自己好喜欢这个学生。

回想起这两年跟思恩的接触，我要感谢我的那位同事，当初如果没有她的坚持，我一定会错过真正了解这个学生的机会，只是把他当作一个用功但不开窍的学生。我一直以为最大的职业成就感来自教出最好的学生，可是"最好的学生"的定义是什么呢？非得是我前面提到的那个天才学生吗？如果两年以前问我这个问题，我的回答一定是肯定的。可如果有人现在问我同样的问题，我会反问他，"好"字前面为什么要加一个"最"字呢？加了这个"最"字，无形中就会让我用一个统一的标准来衡量学生。而这个统一的标准是什么呢？学生的中文水平还是聪明程度？这样做只会让老师忽视他们中文水平和聪明程度之外的东西。世界那么大，而每个学生的成长经历、秉性又是那么不同，用一个标准衡量其实是一种有失公平的做法。我现在终于明白，如果你用心对待每一个学生，认真了解他们，帮助他们在成长的过程中享受学习的乐趣，你就会发现，原来身边的"好学生"竟有那么多。

思恩临去中国前，在我办公室门口留下了一盆兰花和那张字条。我其实也想告诉他，能教到像他这样的好学生，我也很幸福。

后记

作为一名中文教师，以前我最关注的一直是学生的中文水平。但是现在想一想，"中文教师"这个职业的关键词不是"中文"，而是"教师"。所谓"教书育人"，在传授技能的过程中，以平常心对待每一个学生，发现其闪光点，帮助他们成长，成长为一个更好的人、更快乐的人，这才是真正意义上的教育工作者，而不仅仅是一个语言培训师。

第六章 教书育人

圆圈代表的含义

韩央央，华南师范大学汉语国际教育硕士，任教于美国南卡罗来纳州公立小学。曾在泰国等多地任教，有丰富的成人及幼儿汉语二语教学经验及青少年英语二语教育经验。关注中西方教育动态，倡导优势互补的融合教育。

那年深秋，美国

2016年的深秋，故乡西安已经渐冷。然而美国南卡罗来纳州的博福特，还在刮着温暖的海风。不知不觉，我在当地的一所公立小学任教，已有好几个年头了。

这是一所Title 1的小学。在美国，Title 1学校是政府Title 1基金资助的教育项目，目标是给予教育条件不是很理想的孩子更多的关心和特殊帮助，以便每个孩子都能公平地获得高质量的教育，并达到州立学科的最低标准，通过州立考试。简单说，这是一所"穷"学校。

按理，这样的学校可能会面临很多问题，比如师资好不好，学校的教学条件怎么样，老师得到的自我发展和进步的机会怎么样，或者学生在课堂和课外获得的支持如何等。这些问题，在我入职之前就担心过，入职之后，才真正让我大为惊讶。

画个圆圈

在学校，我除了教幼儿园中文沉浸式课程，还要教数学、科学，并协助自己的合作老师负责部分的英文分组教学。

还记得有段时间科学课讲的是季节。根据州立教学目标，学生需要了解四季及其转变顺序，季节变化对动植物和人类活动的影响，并为减少气候灾害提出建议方案。了解了课程目标之后，我设计好了课程内容，并找了相应的练习材料。在第一节课之后，学生已经知道了四季都有哪些，并且部分学生也知道了四季的变换顺序。第二节课，我希望启发学生更深入地了解季节。我们谈论了每个季节的不同，以及在不同季节里人们有哪些活动。我提出的问题是，你最喜欢的季节是哪个？每个孩子都跃跃欲试，急切地想要分享。之后，我进一步提问，在这个季节，你喜欢看什么、听什么、闻什么、尝什么，以及你喜欢感受什么。课堂讨论非常热烈，五岁的孩子最大的兴趣莫过于分享自己对生活的感受，以及窥探小伙伴的"秘密"。这个小活动，虽然只有几个简短的问题，但对他们来说，却和粉丝阅读所爱明星的简介一样兴奋。

分享会过后，就是个人练习阶段。我给每个孩子准备了一张练习纸，要求是选一个你最喜欢的季节，画出你对这个季节的五官感受。给学生解释了练习要求之后，学生们就兴奋地开始作画。

很快，班上最可爱的女孩子Veronica画完了并举手示意。

"拿过来给Ms. Han看看。"我对她说。

Veronica很安静地走了过来。"哇，真是太漂亮了！"我看到她的练习纸后赞叹了一声。这个小女孩最喜欢的季节是夏天，她在夏天喜欢看到自己戴墨镜，听到沙滩排球的声音，她想闻海水的气味，品尝冰激凌，想感受沙滩的沙子。每一幅图都是那么精美，都是那么贴切地表达了她的所想。她不仅用铅笔画了出来，而且还非常细致地涂上了颜色，作画也非常注重细节。这对于幼儿园的孩子来说，已经是很高的水平了。我心里大悦，有什么比看到学生优秀的一面更让老师开心呢？

我对Veronica一顿赞赏，并将她的练习纸作为范例给全班展示。很快，我看到一些孩子也很积极细致地对自己的作品进行了涂色。之后，又有几个孩子做完了，做得都很不错。渐渐地，有越来越多的孩子示意做完了，于是我就将这些作业收上来，孩子们则自己在iPad上继续自学有关的内容。

心情一直大好，直到我看到了Jordan的作业。没有绘画，没有涂色，整个练习纸上，只有五个像圆圈一样的形状。"这是什么？"我心想，"这是为了想赶快玩iPad，应付差事吗？太不认真了！"这么一想，我真有点儿生气。

Jordan是我们班学习相对比较差的孩子，反应不是很快，很多时候又很调皮，不爱听老师的话。

第六章 教书育人

我声音抬高了些，叫道："Jordan，你过来一下。"Jordan怯懦地答应着，脸上显露出一丝紧张的表情。

他走了过来。

一个解释的机会

"你这是什么？能给我解释下吗？"

Jordan看着我，没有说话。好像不知道从何说起。

"难怪，自己做错事情了呗。"我心里想。然而，我还是耐着心问他："你最喜欢的季节是什么呢？"

"冬天。" 他答道。

"哦，这样啊。那你想看到什么呢？这是个圆圈吗？代表什么？" 我继续问。

"雪。" Jordan 回答。

"啊！这是雪啊，你想看到雪。"

"那你想听到什么呢？这个圆圈又是什么呢？"

"雪。" Jordan 回答。

"听到雪？" 我有点儿疑惑。

小男孩看着我，点了点头，说："我冬天的时候，有时候可以听到雪。"

哇！不知道为什么，我有点儿惊讶。雪，应该是有声音的吗？应该是有的吧！只是，我们听见过吗？或者说，我们认真地听过雪的声音吗？雪静静地轻盈落下，滑过耳边，是否也曾对你耳语过？一瞬间，我想到了我的故乡、我的童年，冬季的时候雪花漫天飞舞，我和小伙伴踩在上面，咯吱咯吱，我们大声笑着，之后还故意再踩得厉害些，想要听得更真切。

我忽然有些触动。

我继续问了下去："那你想闻到什么呢？你又画了一个圆圈呢。"

"雪。"

"想要品尝什么呢？"

"雪。"

"你想要感受什么呢？"

"雪。"

哦，原来如此！每个圆圈，都代表雪。看雪，听雪，闻雪，品尝雪，感受雪。每个圆圈都画得很恰当！也许它不像雪花的形状，可是在孩子眼里，雪花就是圆形的，雪花还是白色的，所以没有涂色。

这是心思多么缜密的孩子！他为我勾勒出了一个富有诗情画意的场景，而做到这些，只需要五个圆圈。

我心里感受到了极大的震撼。"太棒了！Jordan！老师喜欢你的作品！这样，我们把冬天用正方形框出来，表示你喜欢冬天，好吗？"

Jordan点了点头，很开心地拿回自己的作品，并和我击掌，脸上的笑容非常可爱。而我此时，也在会心地微笑。还好，我没有批评孩子！还好，我给了孩子一个自己解释的机会！还好，我给了自己一个倾听美好心灵的机会！

后 记

教低龄学生的老师不仅要以自己的专业知识阐明授课要点，还要利用同理心，站在孩子的角度想问题，用孩子的眼睛看这个世界。同一件事情，孩子们看来也许会有完全不同的理解，这时候老师一定要给予孩子一个充分解释的机会，认真倾听，发现其合理性，并及时给予肯定或建议。否则，便会扼杀孩子的创造力，也会挫伤孩子的自信心。

一个圆圈，在成人的眼里也许只代表一个圆，然而在孩子的视角里，可以是任何可能。

第六章 教书育人

熊猫贴事件

倪小清，武汉大学中国古代文学专业硕士。写作本文时在美国匹兹堡大学孔子学院工作，任教于利格尼尔山谷学校。

一

我想，我这大半年里也算长了些见识，遇到了不少情况：笨口拙舌安慰过小朋友，奖励过也惩罚过典型学生，上课时投影仪坏了也能顺利启动方案B……但所有我经历过的情况里都不包括下面这种。

"你跟我说说，"我抿起嘴，问面前的小女孩，"你的书签是哪里来的？我好像从来没有给过谁8个书签。"

女孩小F的眼神游移了一瞬，很快又变成了一开始的无所谓的样子："我不知道。它们就是突然出现在我的桌子里了。"然后她抖了抖手中的书签，催促我道："我可以用它们换个熊猫冰箱贴吗？"

所谓的书签和冰箱贴，源自我进行课堂管理的一套规则：将学生分成4组，每组5个人，上完一节课，哪个组的学生没有违纪，那我就会奖励哪个组1个书签，累计得到10个书签就可以上一节视频课，同时我会将这10个书签平分给这一组的5个成员（即每人2个）；当一个人攒够一定数量的书签时，就可以到我这里来换取一些小礼品；学生之间可以互相转赠。熊猫冰箱贴就是需要用6个书签来交换的礼品，但问题是，小F之前已经用2个书签换过一支铅笔了，而我根本没有上够让一个人可以攒8个书签的课。

这其中一定有问题，我想。但我不能说。

小F是个刺儿头。光看她的外表，一个苍白的、瘦小的金发小女孩，你很难想象她是班上最难管的学生之一。她有些阅读障碍，有时会游离于班级之外，在别的同学考试或者上语文课的时候，她会去阅读老师的办公室进行拼读练习，或者自己在一边看语法简单的故事书。也许是因为这样，她有些"独"，透着一股不合群的"疯"劲儿。加之家长十分溺爱，小F做事更是我行我素，不爱听老师的话，甚至有的时候，还有一些小聪明。所以在跟小F交流的时候，我总是打起十二分精神，生怕一不留神让她钻了空子，因此不自觉地有一些严厉。这也正是我此刻举棋不定的原因——我不想让她觉得我在针对她。毕竟，我说过他们之间互相赠送书签是可以的，而我此刻没有什么证据证明她手上的书签就是有问题的。

我盯着她看了几秒，终于还是叹了一口气："可以。"严肃地教育小朋友实在非我所长。

只是很快问题又来了。小A也学小F那样。

"小A，你的这6个书签又是从哪儿来的？"我很头疼。

"是……你给我的呀。"女孩小A睁着无辜的蓝眼睛，"我可以换一个熊猫冰箱贴吗？"

"你已经换了一支铅笔，现在你又有6个书签了，所以你一共有8个，我从来没有给过谁8个书签。"

"什么？"她装作听不懂的样子。

我重复了一遍刚才说的内容，但语气已经不受控制地冷下来——我有些失望了。

"我不知道……是小F给我的……"她吞吞吐吐地说道。

"小F已经跟我换过冰箱贴了，也就是说她自己有8个，还给了你6个，那她一共有14个。"我停了下来，等着她自己坦白。

小A看起来要哭了，她的脸涨得通红，而声音却小小的："我不知道，我就看见小F和小E昨天在你桌子这里，她们从你抽屉拿了很多书签。"

居然还有一个！

我单独将小E叫过来，并没收了这两个女孩的书签，我想我必须得告诉班主任这件事。

班主任Mrs. B对小F犯错似乎一点儿也不意外，但是在我解释过整件事之

第六章 教书育人

后,她仍然十分震惊。

这是一所很不错的私立小学,学校对学生的品德是很看重的,出现这种事,的确是不可思议。

"你给她了吗,冰箱贴?"她问我。

"给了。"我说。

"哦,如果是我的话,可能不会给的。"

我语塞:"我只是……不想没任何理由就怀疑她。"

"你是有理由的,她没有办法解释那些书签的来历呀。"她说,我恍然大悟。

"你需要好好跟她们谈谈。这绝对是不允许的。"她说,"我也要跟全班同学都谈一谈,告诉他们我很失望,他们不能未经允许随便碰老师的桌子。"

"我有些太相信他们了,"我很懊恼,"我总以为把书签给了他们就可以,没有想到他们会这样做。也许我应该在书签上都写上名字。"

"写名字是个好主意,只是你可能没办法二次利用那些书签了。也许你可以记下他们书签的数量,如果他们用书签换了什么东西,你可以跟踪记录一下。有时候我会想也许这套规则并不算好,你之前也说过你不会给他们额外的奖品。"

"不,你的方法是很好的,只是需要考虑到更多的情况,毕竟学生的问题是层出不穷的。你得针对每一种可能的情况做出相应的规定。你不用感到沮丧,做错的是他们。"

"那么我需要停用这套规则吗?"我有些担心,如果必须要停用这套规则,很难说其他学生不会有情绪。

"你大可不必在全班都停用。只是对偷拿了你的书签的学生,惩罚还是必不可少的。"

我还有一个问题:"如果要跟小F谈,我应该怎么说呢?"对小A,我可以直来直去,因为她算是个老实孩子,只要稍严厉一些,她就会乖乖按老师说的做;而小F,如果我也像问小A那样问她,她的回应很可能是"我就是没拿"。

Mrs. B点了点头:"她的确是这样的孩子。所以你最好不要直接说'你拿了我的东西',不如旁敲侧击地说'我听说有人拿了我的书签,而我并不能肯定你的书签是从何而来,所以我需要重新考虑一下是否可以给你冰箱贴。'"

我想她说得对。现在事情已经很清楚了,我需要关心的不是小F承不承认，而是如何找到应对之策。

Mrs. B的建议果然有效。在她的帮助之下，小F很快将熊猫冰箱贴还给了我。她当然没有承认什么错误，而且很不高兴，但这对我来说已经不是最重要的事了，重要的是让所有的学生都知道底线在哪儿。

第二天上中文课的时候，我把课堂管理规则做了一些修正和补充：我会记录下每一个学生的书签数量，当他们用书签来换礼品的时候，我会在名册上减去相应的数量；只有我发的书签才能用来换礼品，在地上捡的或者去年的老师给的都不算数；已经换出的礼品不接受退回；同学之间可以互相转赠，但换礼品的时候需要详细说明书签的来历。

"同学们，"我慢慢地一字一句地说，"我讨厌说这样的话题，我准备这些可爱的熊猫小礼物，一开始就是为了让你们认真听讲，但不想你们做不诚实的事情。我给予你们信任，现在却很失望。"

最后我宣布："从我的抽屉里拿了书签的同学，你们多拿了几个，下次发书签的时候，我就会扣除几个。"

小E和小F无精打采的，而其他的学生静悄悄地坐着。

如果做错事而没有代价，那么说再多的大道理也没有用。统一强调过规定之后，至少我不用再重复"这些书签不能换礼品"的原因了。

我感到很轻松。

"倪老师，我现在有6个书签了，我能换冰箱贴了吗？"小F又出现在了我面前。

看来说轻松还太早。我深吸了一口气："书签哪儿来的？"

"我有4个，小E给了我两个。"她摸了摸手中扇形排开的6个书签。

"你没有4个了，你用两个换了铅笔，记得吗？"我强忍着没有责备她。

"那可能小E给了我4个吧！"小F轻快地说道，脸上满是"我朋友跟我就是这么铁"的表情。

"她也没有4个了，"我轻轻地说，"可能你不知道，她已经用4个书签换了一支熊猫圆珠笔了。"

然后我第四次问出了那句话："你的书签是哪儿来的？"

而她再次回道："我不知道，它们就在我桌上。"

"抱歉，小F，换不了了。"除了这，我说不出任何别的话了。

小F似乎终于意识到我是认真的，没法再被她蒙混过关了，不情愿地回到了座位上。

在那之后，我遵循Mrs. B的指导，在孩子们的日常管理问题上不再偷懒，而是制作了表格，将他们每天的积分情况及时记录下来，以防再有学生浑水摸鱼。他们私下互相交换的书签，我也都要求他们到我这里登记备案。这样一来，当然就不再有撒谎换礼物的事情出现了。即便还有学生想要尝试，后果可能也会更严重——他会被取消未来一周内获得积分的资格。

对于某些心思灵活的学生来说，这真可谓是个坏消息。但对于一直遵守规则的孩子们来说，中文课堂也给出了正确的价值观引导：积极发言、努力学习，才能够获得奖励书签，投机取巧是没有用的。

不过经此一事，之前犯错的小A和小F，似乎意识到了规则的重要性，而且对我比以往更亲近、更尊敬了。这着实让我没想到，也让我反思，一味追求与孩子们打成一片是不现实的，老师的权威性与善意的引导才是班级里最核心的凝聚力。

后记

对小孩子的教育是一个长期的过程。很多好的或者不好的习惯，往往是在幼年养成的。有时我会想，我只是一个中文老师，有必要在品德教育上花工夫吗？这不是我需要管的事情。而事实上，品德教育与课堂管理息息相关。如我经历的这件事，如果我真的也给了小A一个熊猫冰箱贴，那对别的诚实的学生，显然是不公平的；如果我间接鼓励了这种不诚实的行为，那么口头上说再多也没有用，大家只会有样学样，因为不诚实反而会得到更多奖励。小孩子是非常容易被误导的，所以当教学对象是小孩子的时候，一切工作务必要求细致，以应对他们尚不完整的认知体系与价值观。学生永远都在犯错，当他们犯了错，耐心、细心地去和他们谈，不必高声斥责，但内容一定是严肃的，对于糟糕的行为也绝对不能放纵，因为每一种教育都与成长息息相关。

触不到的学生

乔娇娇，武汉大学对外汉语专业研究生，写作本文时在美国匹兹堡大学孔子学院担任汉语教师志愿者。

宾夕法尼亚的冬，千里冰封，万里雪飘。清早，捧着一杯热咖啡，大步流星地走进远程教室，准备迎接我的第一波学生：Monica和Jeremy。

对着尚未打开的大屏幕，我整理了一下两鬓的碎发、微卷的衣领，涂上了最爱的口红，微微一笑，还看得见自己的酒窝。

按下红色按钮，熟悉的音乐响起，视频连接到了那一头的中文教室。Monica和Jeremy已经拿出笔记本，端坐在各自的座位上。

"乔老师，你好！"他俩齐声说。

"Monica、Jeremy，你们好，今天我们学习如何在线制作中文漫画，老师最后会把你们的漫画书打印出来，邮寄给你们。"我迫不及待地宣布这个好消息。

一听到做漫画，他们两个特别开心。

在介绍完Toondoo网站（一个在线制作漫画的网站）的几项基本功能之后，我觉得有必要给他们展示一下我的成品。（如左图）

"Monica，你是图片里的小女孩。Jeremy，你是图片里的小男孩。请你们两个先把第一幅漫画中的对话操练一遍，好

吗?"

　　Jeremy先给了Monica一个暗示开始的眼神,接着说:"你好吗?"

　　没想到却没有等来Monica的一句"我很好"。

　　Jeremy又善意地提醒她:"Monica, it's your turn. Say something!"

　　我看她眉头紧锁,若有所思,兴许是因为漫画没有标注拼音,她忘记怎么读了,便告诉她:"你应该回答'我很好'。"

　　然而我的提示并没有换来她的配合。她依旧缄默不语。

　　Monica一向如此,如果遇到她不会的东西,她的情绪就会一落千丈。我这样以为。

　　于是我又给他们举了一个更加简单易懂的例子(如上图),并且告诉他们这个小男孩是Jeremy,小女孩是Monica,而那个烈焰红唇、身形丰腴的老师就是我。

　　"同学们好!"说完之后,我双手摊开,面带微笑,等待他们的回答。

　　"乔老师好!"屏幕里传来的是Jeremy一个人的声音。

　　Monica单手托着脑袋,右手一直在笔记本上写着什么,笔尖划动的速度告诉我她不是在做笔记。

　　剩下的时间于我而言很煎熬,很尴尬,虽然隔着屏幕,但我依然能感受到压抑的气氛,以及Monica内心的抗拒。

　　我还是按照原来的计划完成了课时目标,并且布置了家庭作业。

　　作业的具体内容是让Monica和Jeremy根据我所给的语言材料,利用Toondoo在线制作中文漫画,要求是必须把我们学过的对话嵌入漫画中,漫画人物的设定最好是自己和身边的朋友,当然也可以是虚构的人物。

我原本信心满满,他俩一定会喜欢的,没有哪个孩子能够抵挡得住漫画的诱惑。可是Monica今天在课堂上为什么如此不配合,这还是我认识的那个她吗?

Monica是一个圆润可爱的非裔小姑娘,非常腼腆,常常默不作声,安静地记着笔记,但是每每提及她感兴趣的话题,总会有一些独到的见解;即使是不太感兴趣的话题,她至少也会积极配合。她的班主任和我这么形容她:"这个孩子非常害羞,属于慢热型的。教好她,需要一些耐心。"但是经过几节课的磨合,我们越来越有默契,课堂气氛也十分融洽。

夜晚,我裹着一条毯子,沏上一杯茶,蜷缩在沙发里,准备批改学生的作业。透过窗子,望着天上一闪一闪的小星星,又想起了Monica,上课时的种种细节在我大脑里翻江倒海,挥之不去。晚饭没吃几口的我,居然丝毫没有饥饿感。

打开电脑,邮件提醒我Jeremy和Monica都提交了我白天布置的漫画作业。

我惊讶于Monica还记得我布置的作业。打开她的作业,让我恍然大悟。

漫画里那个身穿迷你裙,头戴贝雷帽,发型时尚,腰肢纤细,面若凝脂的姑娘才是Monica。

她把自己画成了梦想中的样子,那么美好,那么自信;而我却把她画成了一个不带美感的样子:一个又胖又呆,又傻又丑,光着脚丫的黑人姑娘。虽然我自以为这个漫画形象有几分呆萌可爱。

我当时不过是随手找了一个漫画形象来表示她,Jeremy和我的漫画形象也是这么找来的。我只考虑到了肤色,却没有注意到漫

第六章 教书育人

画里的女孩子的穿着和身材。万万没想到,这个小小的举动却伤害了她的自尊心。

只有我自己知道,Monica在我心里有多美:一头蓬松的头发编成了数不清的可爱的小辫子,色彩艳丽的着装搭配总能给我带来好心情,认真完成我布置的每一份作业,勤奋地记录我所讲的每一个语言点……

我决定,从今往后每天用不同的话来赞美Monica。

I love your T-shirt, it is super cute.

You really have a good taste of shoes. Where did you buy them?

You look gorgeous today.

You are amazing in red.

I love your hair. It is very fashionable!

……

我几乎认识了Monica的每一件衣服、每一双鞋、每一种发型。

渐渐地,我们两个都忘却了这件事。不曾提起,就好像不曾发生过。她一开始对我的溢美之词诚惶诚恐,觉得自己没那么美好,时间长了,她便习惯了,也越来越自信了。上课时我总能感受到她的热情,那种发自内心在享受中文课的状态。

我常常设想如果我真的见到了Monica,又会是怎样一番情景呢?亲切还是陌生?热情还是冷淡?中文项目负责人Jane一开始就给我打了预防针,由于路途遥远,又要当天往返,所以我不太可能去Monica所在的学校面授。

确实,最终我也没有见到Monica,她和Jeremy也真的成了我触不到的学生,却也是我最挂念的学生。我们之间的师生情就好比一个四四方方的大屏幕,我在这头,学生在那头。

从学校同事那里得知,Monica下一学年会继续选修中文,还有什么比这个更让我感到欣慰的呢?

(注:笔者在美国任教期间,课程形式为远程教学和面对面教学相结合。文中提到的学校是位于宾夕法尼亚的一所公立高中,由于学生数量有限,笔者未能有机会亲临学校,见到学生。)

后 记

　　也许只是老师不经意间的一个小举动，却能牵动学生的喜怒哀乐。我从未想过一个漫画人物的选定会伤害到学生的爱美之心，甚至是自信心和自尊心。

　　然而关乎学生心灵成长的事再小也是大事。美国的学生是在一片赞美和鼓励声中成长起来的，他们有着较强的自尊心和自信心。这样的学生内心更加敏感，更加脆弱，也更容易情绪化。作为汉语老师的我们在准备教学内容时，尤其是涉及肤色、种族、长相等话题时，一定要考虑并照顾到少数族裔和特殊群体的感受。即使学生的外貌不符合主流的大众审美，也不要吝惜你的赞美和鼓励，而是要积极帮助孩子们建立起自信心，引导他们接受正确的价值观。中国有句老话："良言一句三冬暖，恶语伤人六月寒。"多说良言，暖暖学生的心，也暖暖自己的课堂。

象牙塔下的愁云
——北美常春藤名校中文学生心理状况纪实

许尔茜,自2012年起任职于哈佛大学东亚系中文组,连年获"哈佛大学优秀教学奖"。曾任北美《学语文》中级版主编,并曾执教于纽约州立大学布法罗分校、澳大利亚科林伍德学院及清华大学。主要研究兴趣为第二语言习得、语料库统计分析,特别着重于口语与读写能力的发展研究。研究成果多次发表于全美外语教师协会大会、新英格兰中文教师协会大会、加州中文教师协会年会及普林斯顿大学汉语教学研讨会。

阳光男孩

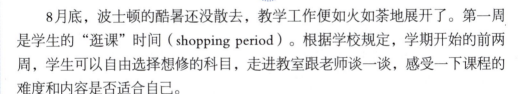

8月底,波士顿的酷暑还没散去,教学工作便如火如荼地展开了。第一周是学生的"逛课"时间(shopping period)。根据学校规定,学期开始的前两周,学生可以自由选择想修的科目,走进教室跟老师谈一谈,感受一下课程的难度和内容是否适合自己。

一个高大阳光的美国大男孩凯文,就是这时走进了我们中级汉语班的教室的。

"老师您好,我是大一的学生。我在中学学过四年中文,我妈妈最好的朋友是个中国人,她每个星期都会来我家辅导我一个小时的中文。"凯文热情地向我介绍,难掩心中的自信。

随后,经过入学测试,他顺利地进入我的中级班。正如凯文自己介绍的那样,他对中文已经有了很多的积累,中级班最初的内容对他来说甚至略显简单。我的问题刚抛出去,就看见他的眼中闪烁着光芒,多年的教学经验告诉我,他对刚才的问题已胸有成竹。

凯文是个黄头发白皮肤的美国人,他从小生活在美国,到了上学的年龄因为父亲工作外派的关系全家移居新加坡,这一待就是十几年。虽然他在新加坡上的学校都是全英文授课，但是这个国家与中国地缘关系很近，所以他有很多机会接触并学习中国的语言与文化。正如凯文所说，他有四年中文学习经历，也常常跟爸爸妈妈的朋友用中文聊天，所以听力和口语的基础比其他美国学生更胜一筹。进入大学后，中文课自然成了他的首选。对于大一学生来说，选一门自己有把握、以前略有基础的课，可以帮助他们更好地适应大学新环境，也会适当地减轻他们的精神压力。

一抹愁云

对凯文来说，开学几周的中文课程比较简单。每天不用怎么准备，上课的内容以前似乎都接触过，老师听写的生词大部分也都似曾相识。然而，随着时间的推移，事情的发展出现了变化，竟然不像预期的那么简单和顺利。有限的中文基础慢慢被"吃光"了，此时如果不付出百分之百的努力，过不了多久，已有的中文基础给学生成绩带来的"红利"就会消失，很快这门课就会由强项变成短板。

这样的例子在我过去十年的教学实践中不胜枚举。

哈佛大学和其他北美名校一样，它的中文项目有着百年的历史，外语训练的效果和效率都极高。一个零基础的美国学生从大一开始在这里上汉语课，四年后可以用中文写学术论文，读得懂鲁迅、胡适等大师的文学作品。丰厚成果的背后，是艰辛的付出。学生们选择了中文课，就意味着每天要去教室上一个小时，风雨无阻；每天回家准备第二天的听写，记住20至30个生词；每三周进行一次考试，熟练掌握并自如运用30个语法结构；每个月做一次小组活动，把学过的生词和语法进行组合，发挥自己的创造力，编写故事情节并拍摄成小视频……

日子就这样一天天过去，大一生活最初的兴奋就这样被听写、考试、报告以及无穷无尽的作业消耗殆尽。

早上一打开邮箱，凯文的信便进入了我的视线。已经记不清这是本周第几个学生请病假了。

> 许老师：
>
> 您好！我最近身体不舒服，今天的课又不能来上了。
>
> 您的学生：凯文

第六章 教书育人

不到10月,波士顿的天气已渐渐转凉,气温忽高忽低,着实让人容易生病。但学生们告诉我,天气的因素是次要的,他们生病的最主要原因是:没有时间睡觉!究其根源,课程压力是其一,更主要的是,这些跟学习有关的内容仅仅占据他们生活的一小部分,大量的时间和精力还要花费在社团活动上。

凯文也不例外,他这学期上了四门课,参加了学校的诗歌社团、击剑队,同时还在无伴奏合唱团做主唱。这意味着他周一到周五每天要早起参加两小时的击剑训练,上午穿梭于各个教学楼,下午合唱排练若干小时,晚上还要参加诗歌社团的讨论会。夜色已深,他才终于腾出时间坐在图书馆,开始准备第二天要交的功课和报告。

光环的背后

凯文只是无数学生的一个缩影。

一个学校棒球队的运动员学生告诉我,教练每天早上五点半监督他们开始练习,年年如此,月月如此;一个划船队的舵手介绍说,他们每天需要训练四个小时,到了比赛季周末到各大学参加比赛,拖着行李满美国跑,在大巴、飞机上补作业;一个刚刚竞选为学校女性商业社团主席的女学生,为组织活动四处奔波,每年10月他们都会召集全球来自美国、哥伦比亚、新加坡等国的八百多名大学生来参加他们组织的国际会议。日子忙得像要飞起来!

睡眠时间可以牺牲,社团活动的参与度却是万万不可以受影响。从小在中国接受教育的我有时实在不能理解他们参与课外活动的热情,这常常是可以凌驾于一切事务之上的。为了去别的州参加模拟联合国大赛,可以请假一个星期不来上课。语言课自然是不容易通过自学弥补的,脱节一周后上课回答问题明显反应放缓、语速变慢。随后,大部分学习能力强的学生会牺牲更多周末休息的时间把落下的课补上,但是还有一些学生就如此恶性循环下去,成绩慢慢与同班学生拉开了差距。

周四到了,这是第二次小考公布成绩的日子。凯文瞥了一眼从我手中递来的考试卷,然后低下头去。今天的课程内容是练习如何在市场上讨价还价。学生们对这个新奇的做法饶有兴致,毕竟在美国,他们没有机会体验这种市井文化带来的独特的生活气息与趣味。抽取完每组的任务后,大家很快活跃起来,争相使用教室大屏幕上出现的目标生词和语法练习对话。此时,一个学生向我使了一个眼色，他们组的凯文似乎并不配合。"没关系，你们几个先准备吧，凯文今天可能不太舒服。"我对这个学生说。这时，凯文躲在教室的一角，高大的身影蜷缩成一团，罩衫的帽子压在头上。他的脸色很差，在帽衫的遮挡下，我看不清他的表情。从拿到考试成绩到现在，他都没有抬过头。

下课时，我叫住了第一个冲出教室的他："凯文，你怎么了？一次考试没有那么重要，你不要有这么大的压力。"

"老师，其实我已经很长时间睡不着觉了，有时还会全身不停地发抖。我已经在吃医生给我开的药了……"

我沉默了，除了一个鼓励的拥抱，我也不知道怎么安慰这个高中全A、以优异成绩考入常青藤名校的学生。好成绩对于他们来说是必需的，是不管有任何借口都要达到的；然而只有好成绩还远远不够，好的人际关系、出色的社团活动，甚至有没有找到下一个暑假的实习工作……这一切对优秀的定义都环环相扣，变成一个又一个的任务，争相叠加在他们的身上。

这些常青藤学校的学生，正是因为他们的优秀，他们肩负了太多家庭、自己以及这个社会对他们的期待。除了成功，他们没有别的选择。如果成功不了，面对他们的就是心理防线的崩塌……

象牙塔的选择

现在我有了自己的孩子。

家人们常常对这个不到四岁的孩子说："孩子，等你长大后，也要像妈妈一样，进哈佛。"

孩子则似懂非懂地点点头。

我们要怎么让我们的下一代幸福，我们努力让孩子实现的人生目标对他们来说是动力还是压力？这些考上了常青藤学校的孩子们，他们真的幸福吗？如果可以，一所普通但让他们游刃有余的学校会不会是更好的选择，抑或，他们虽然站在金字塔尖也可以直面不完美的自己？

人生常常是单选题，容不得这些假设。

我们能做的，可能也只是常常提醒孩子："你努力了就好，人生路还长，咱们不着急。"

后 记

　　作为一名常年在常青藤大学任教的老师，我常常跟学生交流压力的问题。一个学生诚实地告诉我，他是他们整个家族的希望。他的父母从外国移民到美国，在餐馆、超市、按摩店辛苦地工作，为的就是有一天孩子可以出人头地。现在，孩子终于如愿考上了哈佛，他肩上扛的不只是他自己的人生，而是三代人的愿望和梦想。这种压力常常压得他喘不过气来。学生在作文中写道："我们其实不知道在我们的生活里什么是最重要的，我们只知道我们父母说的什么是最重要的：成绩和挣钱。"身为父母和教育工作者，我们应该反思如何引导孩子寻找成功和幸福的定义。成绩不是人生的全部，参加社会活动也要量力而行，更不要因为无法全面兼顾就认为自己一文不值。幸福的生活应该是立体的、丰满的。在追求事业成功的同时，别忘了停下脚步，做做自己喜欢的事情，陪陪自己心爱的家人和朋友。

班上的美国大兵

胡静，北京大学比较语言学硕士，美国威斯康星大学汉语语言学硕士。执教于宾夕法尼亚大学、耶鲁—新加坡国立大学学院、史密斯学院、威斯康星大学麦迪逊分校，担任过美国明德语言学校北京项目主任。主要从事对外汉语教学和汉语语言学方面的研究。

史密斯学院又开学了。我一跨进教室，就发现女生中坐着一位严肃的成年男生，西装革履，双目炯炯，跟旁边坐着的衣着随意、嬉笑打闹的小女生们形成了鲜明的对比。

也许你会纳闷，女子大学里怎么会有男生呢？原来史密斯学院与麻省西部其他四所大学（阿默斯特学院、曼荷莲学院、罕布什尔学院、马萨诸塞大学阿默斯特分校）组成五校联盟；五校的学生可以在任何一所大学任意选课，因此，这片地区也成了著名的新英格兰文化之地，与哈佛大学、麻省理工学院齐名。而这位男生正是从马萨诸塞大学阿默斯特分校来的。

下课以后，他开心而得意地用中文跟我说："您好！恭喜发财！""你学过中文？"我问到。"No, no..."他跟着我来到我的办公室讲起了他的故事。他告诉我他的中文名字叫"和平"，在美国军队服役了五年多，已经快24岁了。9月份进大学以前，他刚刚从伊拉克战场立功回国，多少年来他梦寐以求的事情就是上大学和学中文。

"学中文？"我听了非常感动，"你为什么想学中文呢？"

略微迟疑，他给我讲了他的故事。他很小的时候父母就离婚了，生父长什么样他都不记得了。母亲没有上过学，也没有像样的工作，却偏偏酗酒成性，成天喝得烂醉如泥，他活得像个孤儿。后来他进了一家餐馆打工，老板是华人，待他很好，给他讲中国历史故事，还教他说中文。难怪他见到我会说"你好"和"恭喜发财"，发音还挺地道。

第六章 教书育人

"他们给了我另外一个家,让我尝到了家庭的温暖,体会到中国人的慷慨与仁慈,了解到孔孟儒家之道,也听说了木兰从军等故事。打那时起,我就希望将来有一天能学中文,以后到中国去旅游和做生意。"他接着说,"在美国上大学,学费太贵了,我上不起,所以就参军了,退役以后政府就会帮我交学费。感谢上帝让我活着回来了。"

他的愿望终于实现了,现在终于能坐在我的班上跟史密斯学院的女生们一起学中文,可是路还长着呢。我鼓励他:"你一定能把中文学好。你敢上战场打仗,连死都不怕,还怕学中文吗?"

"不,老师,这不一样,"他回答,"中文是我想学的,可仗不是我想打的。谁都是怕死的,是上帝让我活着回来,是上帝给我这个机会让我学中文,希望上帝能给这个世界带来和平。"他猛地转身,拉下衬衫,脖子根部文着两个大大的汉字"和平"。"看到了吗?和平!这是我参军第一年文的,是我永久的愿望。我的中文名字也由此而来。"他接着说,"你说得对,我不怕学中文。"看着他充满希望的眼神,信心十足的样子,我笑了:"你一定能学好中文!"

然而,和平学中文的路并非一帆风顺,反而荆棘密布。一天,他来找我,萎靡沮丧。"老师,这些pictures(图画,他是指汉字)我没有办法画,我能不能只学说中文,不学画这些画呀?"

我知道,美国人觉得一个汉字就像一幅画,写汉字就像在画图,要让他们记住每个汉字就像让他们记住每幅画一样,那该有多难呀。

"不行,你不能只学说中文,不学写汉字,"我强硬地回答,"这儿的中文课不是口语培训班,而是史密斯的一年级中文强化班,我们的学生应该是中文听、说、读、写、译的全才。"

他不说话了,低下头,然后轻轻撸起右手衣袖。"天呀!"我一下子叫了出来,是只假手!他没有抬头看我。我心跳失衡,无言以对。

片刻,他抬起头,看着含泪的我,说:"战争让我失去了一只手,我以为凭坚强的意志可以学会写中国字,可是,真难!我现在还在训练我自己用左手吃饭,可以多给我一些时间吗?"

"当然,当然……" 我终于忍不住了,两行热泪夺眶而出。他一边说着"对不起",一边仓皇退步,转身冲出了我的办公室。

课堂上,他一天比一天沉闷。班里就他一个人总是默默无语,一双大眼直直地盯着前方,目光呆滞,神情僵化,仿佛战争已经让他变得麻木了。我时不时地点他提问,希望把他拉回课堂。我对大家说:"学中文一定要开口说话,我会叫每一个同学回答问题,你们会从错误中学习并取得进步。"可是每次叫到和平,他就卡在那儿了,有时他急得面红耳赤,也挤不出来一个字。

一天他来办公室找我,眼含泪花对我说:"老师,请求你上课不要再让我回答问题了好吗?"我回答:"你曾经是军人,有没有听说过拉尔夫·沃尔多·埃莫森的话'我们最伟大的胜利不是从不失败,而是每次失败后我们都能站起来'?你说错了没关系的……"

没等我说完,他打断我:"对不起,医生说我的大脑神经受到过严重刺激,我现在无法集中精力听课和学习,我的眼前仿佛总有晃动的死尸和流淌的鲜血,头顶上仿佛总有敌机在盘旋。"

我愣在那里,一句话也说不出来,不知道该不该鼓励他继续学下去。

"对不起,我让您失望了。我是战争的牺牲品,我恨我自己,我恨战争。记得刚参军的时候,我问我的长官,为何要打仗?他说为了和平,长官还引用了亚里士多德的名言'战争的目的必须是为了和平。'我从字典里查到了"和平"这两个中文字,把它文在了自己身上。战争还在继续,和平在哪里?噩耗一次次传来,昔日的战友有的战死,有的伤残,尽管我还活着,可战争带给我的后遗症让我活得很艰难,学得很痛苦。我祈求上帝让战争尽快结束吧。"

我答应他上课不再叫他回答问题。我希望他能继续学习,快乐地生活。

两个星期以后,他在我的班上消失了。没想到那次谈话成了我们俩最后的一次对话。他退了中文课,后来我听说他也退学了。他最终也没有能实现他的愿望。

后 记

时隔多年,每每提到战争,我就想起曾经短暂教过的学生和平。几年前,我离开史密斯学院来到耶鲁—新加坡国立大学学院。新加坡法律规定每个合格成年男人必须当兵,这个亚洲第一的文理学院一半以上的学生都是从新加坡当地招收的学生,校园里不乏当过至少两年兵的大男孩。虽然他们没有经历过学生和平所经历的战争,但是也同

第六章 教书育人

样经历了军营里的苦与痛,我也听到了同样的呼声:我们期待和平。

然而,作为老师,除了跟千千万万的大众一起期待和平以外,我还能为像和平这样的特殊学生做点什么呢?从事汉语教学多年,不管在万人的综合性大学,还是千人的文理学院,我都有形形色色来自不同种族、不同阶层、不同背景的学生。和平经历了战争,有的学生则经历了其他灾难。因此,了解每个学生的背景,因材施教、循循善诱、对症下药,方为良师。要是我早一点儿知道和平的生理和心理的创伤,我就不会一次次逼他回答问题,课上的一次次尴尬对他都是刺激。清夜扪心,能不自愧吗!

自那以后,每学期开学,我都会跟学生谈话,了解他们的人生历程、家庭背景、兴趣爱好。课堂上,我是他们的老师;教室外,我是他们的朋友或学姐。我跟他们谈生活、谈理想、谈人生。我知道他们学中文的情况,也争取了解他们的内心世界。尤其是弱势或特殊学生,我需要给予他们更多关注。

往事已矣,来者可追。

丢失的钱包

沈兴华，武汉大学应用语言学专业硕士，曾任教于美国匹兹堡大学孔子学院、北卡州公立高中，国内某国际学校。

周五的下课铃响起，学生们已经一哄而散，争先恐后地离开校园，毕竟，十天的春假是支撑每一个学生和老师熬过过去几个月的精神动力。如今，一声铃响，这个盼望已久的时刻终于到来了。在我欢欣雀跃的心情还没来得及随那天边的白云舒展开来的时候，一阵紧张在毫无准备的情况下涌上心头！

"我的钱包呢？"

翻遍所有可能的地方，还是没有找到。这个时候，紧张的情绪越发强烈，阵阵焦急如黑云压境般，迅速占领了我蓝天白云般的春假心情。迅速跑回学校，找遍教室，没有；找遍会议室，没有；找遍午餐室，没有……两个小时寻找无果后，黑云终于化为暴雨落了下来——钱包丢了。

沮丧地回到家，瘫在沙发上，开始计算损失，几十块的现金、驾照、银行卡、健身卡、购物卡……直接经济损失不大，主要是补办起来很麻烦。虽然我已经祈祷过无数次，希望故事书里的拾金不昧的情节发生在自己身上，但当电话铃真正响起那一刻，还是觉得有些不真实。

来电是陌生号码。有希望！

"你好，请问你是不是丢了钱包？里面有你的驾照，所以我从你们小区物业办公室查到了你的手机号码。"

对方的声音很稚嫩，甚至因为不自信，声音还有些微弱和颤抖。

"是在学校操场上捡到的。你是位中文老师吧？我应该见过你。"

原来是学校的学生捡到了，这下没问题了，惊喜！

第六章 教书育人

"钱包里有几张卡和驾照,但是已经没有现金了,我想是别人先捡到了钱包,拿走了里面的钱。"

嗯,看来现实中的拾金不昧是有折扣的,损失了钱,省去了麻烦。这个结果可以接受。

"是这样的,我可以把钱包给你送过来,但是……但是我希望你给我四十美元的报酬。"

听到这句貌似合理,但是我又完全没有想到的要求,我有些发蒙,一时间不知道该说什么。

"如果你觉得太多了,二十也行。"

我继续保持着沉默。

我的脑子嗡嗡作响。一是感情上受了伤害,自己学校的学生居然要钱才能还钱包!二是理性的考量,二十美元跟重新去办卡相比,损失还是小一些。

"好的,你送来吧,驾照上有我的地址。"

我不知道自己是如何挤出来了这几个字,只觉得喉咙被压得紧紧的。

在随后等"好心人"登门的两个小时里,我的心里五味杂陈,并且更加让人气愤的是,钱包里的钱大概也是这位"好心人"拿走的。他不仅拿了原来钱包里的钱,而且还进一步"勒索"我。

突然觉得心有点儿冷。

天色渐渐暗了下来,三月底的北卡罗来纳州已经春意盎然,这本应是一个春风沉醉的晚上。没有开灯,我呆坐在阳台上最后一抹的暮光中,不自觉地握紧一张二十美元的钞票,脑海中排练着与他任何可能的对话内容。"总之我是不会说谢谢的!"在如星际爆炸乱飞的头绪中,只有一种恨恨的感觉是最确定无疑的。

在大概想了几十种可以讽刺揶揄他的方案以后,门铃响起了。深呼吸,整理衣服,昂首挺胸地,我用力地打开了房门。

哦,原来是他。

"沈老师,你好。我想对你说对不起,其实是我把钱包里的钱花掉了。而且你也不用再给我钱了,我只是想把钱包给你送回来。"

剧情的发展再次超出了我的想象。

"在来你家的路上,我做了很剧烈的思想斗争。最后,我听到上帝对我说,要做正确的事情,所以我决定向你坦白。你钱包里的钱,我用来给我的弟弟妹妹们每个人买了一个冰激凌，当然我也给自己买了一个。他们都很想吃冰激凌，可是我们家没有钱买。我们都没有见过爸爸，妈妈每天要做三份工作。我平时放学要接弟弟妹妹们回家，今天他们看到了你的钱包，就央求吃一个冰激凌。我就买给他们了。现在钱花完了，我没有办法还给你。对不起。我想，对你坦白应该就是上帝说的正确的事情。"

杰克戴着厚厚的眼镜，右边半截袖子在春风中微微摆动。是的，那是全校同学都知道的独臂杰克。他的额头已经微微出汗，想必走到我家也是一段艰辛的路程。过时的长袖衬衫扣紧最上面一枚纽扣，也好像扣紧了这个十几岁的年轻的灵魂。

在我任教的学校里，学生们的背景差别很大。很多孩子家教良好、心智成熟，与老师交流起来无时无刻不体现着国内同龄学生还不具备的自信与周到；还有一些学生，明显来自低收入家庭，他们的学习成绩和行为表现会让很多老师头痛。很明显，杰克来自后面一个群体，甚至因为他的残疾，他的"落后"更加显得突出。但在这一刻，当他勇敢地主动承认了自己的行为之后，我感觉到了一些精神的鼓舞和温暖。我想错了，我有些惭愧。

"不要紧，我们都会犯错。你做出了正确的选择，我为你感到骄傲！谢谢你！"一边说，我一边把那张已经捏皱了的二十美元放进了他胸前的口袋，然后轻轻拍了拍他左边肩膀。

他肯定是没有想到我的反应，身体有些僵硬，没有说话，也不敢看我。过了一会儿，他抬起头来，用左手紧紧地握住了我的手。透过厚厚的眼镜，我能够看到他努力克制的一丝泪光。那一刻，我感觉到了希望和力量。

杰克走了，我重新回到阳台。天已经完全黑了下来，错过了美丽的夕阳，却遇见了朗月繁星。而春风，还是依旧温暖沉醉。

后记

拾金不昧，是我们从小就被教育要时时谨守的美德。但杰克在"拾金"之后，不仅据为己有，甚至还进一步索要"好处费"，这实在让我无法接受。不过仔细想一下，杰克虽然"昧"了"金"，却并没有"昧"了他的良知和善意。二者相比，孰轻孰重呢？在美国公立

第六章 教书育人

学校里，有很多学生是来自低收入的家庭，他们的成长环境可能远远比不上我们小时候在国内的成长环境，他们的言行举止可能也不会赢得我们内心的赞赏。对于这样的学生，我们常常会在心里给他们定位，戴着"有色眼镜"去审视评判他们的一言一行。不过，这样冷眼的审视和评判却无法让我们真正走进他们的心灵。作为老师，在处理与学生的关系时，一定要结合学生的成长环境，试着体会他们生活中的处境；在保护好自己的同时，也要尽量用爱和宽容来对待学生，给他们成长和改变的机会。文化和语言的隔阂也许永远都不会消除，但是真诚与爱心一定可以为学生提供更好的教育。

学为好人
——两次与中文教学"无关"的谈话

赵冉，2004年在卡耐基梅隆大学现代语言系获得第二语言习得专业博士学位。后在弗吉尼亚大学东亚系任教，于2016年秋季开始担任东亚系中文项目主任。教学与研究兴趣主要包括初级汉语的语音语法教学策略、课堂提问与互动策略、课外分级读物编写以及培养学生心智同步成长的教学理念。

看到《白鹿原》里的朱先生提笔写下"学为好人"这看似简单的四个字时，我想起了今年发生在办公室的两件事。

一 我成功但不快乐

回到办公室的时候，景谦已经在门外等候了，他是一个华裔学生。这是他第二次来办公室，第一次是开学不久时来问这门课如何拿到A。我请景谦坐下，问道："景谦，有事吗？要跟老师练习，还是有什么问题？"

"哦，这个句子应该怎么写？"景谦指着作业上一个画了红线的句子问。

"只要调整一下语序就好了。你自己试着改一下？"

景谦很容易改对了，但是并不急着走，我忽然意识到这个问题并不是他来办公室的原因。他坐在那里开始显得有些不自在，像是有什么事不知道该怎么说。我正要说点儿什么缓解气氛，景谦突然开口了："老师，你可不可以告诉我怎么做一个更好的人？"

我愣了几秒钟。教书十多年，从来没有出现过这样的问题。我定了定神，问景谦："是发生什么事了吗？怎么想起问这个？"

"我很孤独，没有朋友，女朋友也跟我分手了，我觉得这都是我的错，我想成为一个更好的人。"景谦的眼睛开始湿润，努力地忍着不让泪水流出来。

第六章 教书育人

"谢谢你愿意跟老师分享。跟爸爸妈妈交流过吗?"

"他们只对我的学习成绩感兴趣。说过一次,他们只说分了就分了,还有别的女孩子,别因为感情的事影响了学习。我就没再说了。"

"父母当然也是为你好。毕竟你要考医学院的话,成绩还是很重要的。我们这些亚洲父母是不是都挺烦人的?"我试图从他的角度谈父母的想法。

"我知道的。不过我并不觉得成功比快乐重要。我觉得我的父母虽然事业都很成功,可是他们两个每天自己做自己的事情,不过是为了我和妹妹才在一起,我不觉得他们快乐。而我家的邻居,他们也是我父母的年纪,虽然只有普通的工作,可是感情很好,每天开开心心的。我想要那样的生活。可是因为我不好,把女朋友都丢了。我太自私了。"

"我真的为你骄傲,能有自己对幸福的看法,而且能对自己有反思。你现在觉得孤独,那你试着认识新朋友了吗?我看你每天跟美悦、立德坐在一起,你们看上去是好朋友啊。"

"他们都是很好的人,可是我们只是同学。我认识他们的时候,他们都已经有自己最好的朋友了。我不觉得可以跟他们有特别深的……"

"交流。"我帮景谦填上他正在搜索的词汇。

"有时候我觉得学校太大了,那么多人,可都是跟我没有关系的人。我当初来这个学校就是因为我的女朋友要来。她是我在这里唯一的朋友。可是现在……我应该等她回到我身边吗?所有认识我的人都跟我说不应该等,应该往前走。"

这次我克制住了当语言老师的冲动,只是说:"但是你还爱着她,对不对?"

"嗯。"景谦坦然地承认了自己的感情和脆弱。

"那就给自己一段时间,不必急着重新开始。像你自己说的,先做一个更好的自己,做一个有爱的人,爱会来找你的。每天做一点点对别人好的事,爱是可以练习的。你能问老师一个这么好的问题就是很好的开始,我为你骄傲,也对你有信心。"

这段谈话持续了大概半个小时,以一些具体的参加公共服务社团的建议结束。因为整个谈话是用中文进行的,我也就没有太纠结这样类似心理辅导的谈话是不是我分内的工作。事实上,大学里一般都不鼓励老师为学生做心理辅导,因为可能遇到的情况有时不是做老师的可以正确处理的,可能需要专业人士的介入。但这件事不禁让我思考教育的本质是什么,教授中文知识和技能无疑是我们的主业，但是"育人"就真的属于"分外"的事吗？我们固然不愿意教出中文成绩非常差的学生，无论学生的人品多么好。但是难道我们愿意自己培养出来一个中文完美，但却品质很差的学生吗？这两种学生，我们会更为哪一种学生而骄傲呢？

二　论成绩的不重要性

办公室里这样貌似与中文学习无关的谈话还有一次，但这次不是学生主动找上门来的。

下课回办公室，打开门，地上赫然放着一张对折起来的打印纸。我想又是哪个熊孩子迟交的作业吧。打开一看，心一下提到了嗓子眼儿。原来是一封匿名的举报信。大意是要老师了解一下学生海辰在听写的时候有用手机作弊的行为。这在我们这个崇尚学生自治与荣誉的大学可不是一件小事。如果"罪名"坐实，学生会被直接开除，没有任何缓和的余地。"荣誉制度"是这个大学的特色，学生们为此骄傲不已，但也一直争议不断，认为这个不给人第二次机会的做法一来太严厉，二来反而会让很多人不向荣誉委员会报告那些不太严重的违纪行为，就比如这件事。

学生没有直接"报案"给荣誉委员会，而是报告给了老师，想必也是希望老师能够做出更妥当的处理吧。但是，我并不知道应该怎么做。这时，我想起了前系主任Rick。

我来到他的办公室求助："有件事我需要向您请教。"向Rick讲了事情的来龙去脉后，他指导我先请学生为自己辩护一下，看看有没有什么误会。如果不是误会，那么要让学生的辅导员知道这件事。听上去老主任也不支持一言不合就开除的做法。

海辰来到办公室的时候似乎并不知道我为什么找他。

我把那封匿名信递给了他。海辰摸摸头，很抱歉地看着我承认了自己的过失，一点儿都没有给自己找借口。他说有一次是给妈妈回短信，但有一次的确是作弊了。我看他这样有担当，本来就不够硬的心顿时又软了下来。

"海辰你知道自己错在哪儿了吗？"

"我太看重成绩了。"

"你知道后果吗？"

第六章 教书育人

"我知道。"

"值得吗?"

"不值得。"

"这件事不会从我这里报给荣誉委员会,但是我会告诉你的辅导员,还有你这门课所有听写的成绩都只能算作零分。做错了事,总得承担后果。"

"谢谢老师。"

我后来在班上不点名地强调了诚实的重要性,更加强调了成绩的不重要性。我问学生:"不值得用哪些东西来换取一个好成绩?"学生们一起讨论这个问题,提到了身体的健康、内心的安宁、与亲密的人之间的关系等。

如今的社会竞争日渐激烈,学生们深造、就业无不需要像样的成绩作为基本的保障,学生和家长对成绩的重视不难理解。但是如何在操作上平衡学习与身心健康的关系,在认识上如何摆正成绩的位置,这对家长都未必容易,何况还处于成长期的学生们呢?

这恐怕应该是每个人一生的功课。

后来我在校园里又看到了海辰,看来他的辅导员也没有把他送交"荣誉法庭"。

后 记

景谦和海辰这两件事都发生在成年学生身上,让我不禁反思,我们做老师的在教学上可以有哪些作为来帮助学生整体成长(educating the whole student)。"师者,所以传道受业解惑者也。"在中国受过基础教育的老师们多多少少都受过《师说》的影响,很多老师会自然而然地把"育人"作为工作的一部分,特别是初级班的老师,大多天天跟学生见面,不知不觉就把自己当成了班主任。但同时西方的文化环境又使我们为此颇为犹豫。是不是跟大多数美国大学教师一样课上把专业知识教好就行了,不应该过多地介入学生的心理成长?

教书与育人之间的关系是什么?如何平衡?如何才能追随我们的"师心"而不逾矩呢?根据这些年来的观察体会,再加上相关文献的学习,与各个学科教师的交流,我得出的结论是:育人非常有必要,但是要围绕着教书来进行。如果割裂开来,好心的育人就可能被看作说教，甚至是多管闲事，适得其反。但是如果跟语言学习融合得巧妙，就可以达到润物细无声的效果，在不知不觉中让学生领会，老师在乎的不只是学生的成绩，还包括怎样"学为好人"的方方面面。一个互助互信的师生关系和课堂气氛建立好了，教书的部分只会更顺利，更愉快，也更高效。

美国名校中文教师系列讲座

扫码观看18场美国名校中文教师系列讲座，一书一码